»DER NOBELPREIS WÄRE EINE KATASTROPHE.«

Literaturnobelpreisträger*innen im Gespräch

Paris Review Interviews

Kampa

Für den Blick hinter die Verlagskulissen:
www.kampaverlag.ch/newsletter

Der Kampa Verlag wird in der Schweiz vom Bundesamt für Kultur
mit einem Strukturbeitrag für die Jahre 2021–2024 unterstützt.

Für die deutschsprachige Ausgabe
Copyright © 2023 by Kampa Verlag AG, Zürich
Covergestaltung: Lara Flues
Satz: Tristan Walkhoefer, Leipzig
Gesetzt aus der Stempel Garamond LT / 230120
Druck und Bindung: GGP Media GmbH, Pößneck
Auch als E-Book erhältlich
ISBN 978 3 311 14047 4

INHALT

William Faulkner

EIN GUTER SCHRIFTSTELLER
IST VOLLKOMMEN RÜCKSICHTSLOS.

Mit Jean Stein (1956)

William Faulkner wurde 1897 in New Albany, Mississippi geboren. Sein Vater war dort als Schaffner bei der Eisenbahn tätig, die wiederum Faulkners Urgroßvater, Oberst William Falkner (ohne »u«) und Autor der *Weißen Rose von Memphis*, gebaut hatte. Kurz nach Williams Geburt zog die Familie in das rund fünfzig Kilometer entfernte Oxford, wo der junge Faulkner seine Abschlussprüfung an der lokalen Highschool nicht bestand, obwohl er ein unersättlicher Leser war. Im Jahr 1918 meldete er sich als Pilot bei der Königlich Kanadischen Luftwaffe. Ein gutes Jahr verbrachte er an seiner Heimatuniversität »Ole Miss«, danach war er beim Postamt der Universität angestellt, bis er hinausgeworfen wurde – wegen Lesens während der Arbeit.

Durch Sherwood Anderson ermutigt, schrieb Faulkner sein erstes Buch, *Soldiers' Pay* (1926). Sein erster Publikumserfolg wurde *Sanctuary* (1931), ein sensationeller Roman, den Faulkner, wie er sagte, geschrieben hat, um Geld zu verdienen, nachdem seine vorherigen Bücher – *Mosquitoes* (1927) und *Sartoris* (1929), *The Sound and the Fury* (1929) und *As I Lay Dying* (1930) – nicht genug eingebracht hatten, um eine Familie davon ernähren zu können.

Danach folgte eine Reihe von Romanveröffentlichungen, von denen die meisten das zum Thema hatten, was mittlerweile unter der Bezeichnung »Yoknapatawpha Saga« bekannt wurde: *Light in August* (1932), *Pylon* (1935), *Absalom Absalom!* (1936), *The Unvanquished* (1938), *The Wild Palms* (1939), *The Hamlet* (1940) und *Go Down, Moses* (1942). Seine Hauptwerke, die er nach dem Zweiten Weltkrieg schrieb, waren: *Intruder in the Dust* (1948), *A Fable* (1954) und *The Town* (1957). Seine *Collected Stories* wurden 1951, *A Fable* wurde 1955 mit dem National Book Award ausgezeichnet. Im Jahr 1949 bekam Faulkner den Nobelpreis für Literatur zugesprochen.

> *Das Gespräch fand im Frühjahr 1956*
> *in New York City statt.*

Mr. Faulkner, vor einer Weile sagten Sie, dass Sie Interviews nicht mögen, stimmt das?

Ich bin gegen Interviews, weil ich ausfällig werde, sobald man mir persönliche Fragen stellt. Wenn die Fragen meine Arbeit betreffen, versuche ich sie zu beantworten. Betreffen sie mich persönlich, beantworte ich sie oder auch nicht. Doch auch wenn ich darauf antworte, ist es möglich, dass ich auf die gleiche Frage morgen eine ganz andere Antwort geben würde.

Was würden Sie über sich selbst – den Schriftsteller William Faulkner – sagen?

Wäre ich nicht auf die Welt gekommen, dann hätte eben ein anderer meine Sachen geschrieben, und das gilt genauso für Hemingway oder für Dostojewski, es gilt für uns alle. Eine Bestätigung dieser Ansicht ist doch, dass es für Shakespeares Stücke drei Anwärter auf die Urheberschaft gibt. Wichtig ist nicht, wer *Hamlet* oder den *Sommernachtstraum* geschrieben hat, wichtig ist allein, dass es jemand getan hat. Der Künstler selbst ist unwichtig. Nur was er schafft, ist von Bedeutung, denn es gibt seit eh und je nichts Neues zu berichten auf dieser Welt. Shakespeare, Balzac und Homer haben alle über die gleichen Dinge geschrieben, und hätten sie ein- oder zweitausend Jahre länger gelebt, so hätten die Verleger überhaupt keiner anderen Autoren mehr bedurft.

Doch selbst vorausgesetzt, dass alles schon gesagt wäre – ist die Persönlichkeit des einzelnen Schriftstellers nicht doch vielleicht bedeutsam?

Bestimmt, aber nur für ihn selbst. Alle anderen sollten intensiv genug mit seinem Werk beschäftigt sein, als dass sie sich auch noch um die Persönlichkeit des Schriftstellers kümmern könnten.

Und was ist mit Ihren Zeitgenossen?

Wir alle konnten unseren Traum von Vollendung nicht verwirklichen. Angesichts unseres grandiosen Versagens rate ich uns daher, weiterhin das Unmögliche zu tun! Könnte ich mein eigenes Werk noch einmal schreiben, so würde ich es bestimmt besser machen, und diese Überzeugung ist die fruchtbarste Einstellung für einen Schriftsteller. Sie ist der Grund, weshalb er weiterarbeitet, weshalb er es immer wieder versucht; er glaubt jedes Mal, dieses Mal klappe es, dieses Mal werde er seinen Traum verwirklichen. Natürlich schafft er es nicht, aber diese Illusion ist der Grund, weshalb seine Einstellung so fruchtbar ist. Brächte er es wirklich fertig, würde seine Arbeit also auch nur ein einziges Mal mit seiner Vorstellung, seinem Traum von Vollendung übereinstimmen, dann bliebe ihm zu tun nur noch übrig, sich das Messer an die Kehle zu setzen und sich in den Abgrund jenseits des erreichten Gipfels zu stürzen, also Selbstmord zu begehen. Ich bin ein gescheiterter Dichter. Wahrscheinlich träumt jeder Romancier anfangs davon, Lyrik zu schreiben, merkt aber schon bald, dass er's nicht hinbekommt, und versucht es dann mit der Kurzgeschichte, dem nach der Lyrik anspruchsvollsten literarischen Genre. Erst wenn er auch daran gescheitert ist, beginnt er, Romane zu schreiben.

Gibt es so etwas wie ein Rezept, das man befolgen kann, um ein guter Romanschriftsteller zu werden?

Neunundneunzig Prozent Talent. Neunundneunzig Prozent Disziplin. Neunundneunzig Prozent Arbeit. Man darf sich nie zufriedengeben mit dem, was man erreicht hat. Keine Arbeit ist jemals so gut, wie sie sein könnte. Ein Schriftsteller muss immer ein wenig kühner träumen und höher zielen, als er eigentlich kann. Es genügt nicht, nur seine Zeitgenossen oder Vorgänger übertreffen zu wollen! Man muss versuchen, sich selbst zu übertreffen. Ein Künstler wird von Dämonen gejagt. Er weiß nicht, warum sie sich gerade ihn als Opfer gewählt haben, und gewöhnlich hat er auch keine Zeit, sich darüber den Kopf zu zerbrechen. Er ist völlig amoralisch, in dem Sinne, dass er jederzeit dazu fähig wäre, zum Räuber, Bettler oder Dieb zu werden, falls ihm das helfen würde, der Vollendung seines Werkes näher zu kommen.

Meinen Sie damit, ein Schriftsteller müsse rücksichtslos sein?

Der Schriftsteller ist einzig und allein seinem Werk Rechenschaft schuldig. Wenn er ein guter Schriftsteller ist, wird er vollkommen rücksichtslos sein. Er ist von seinem Traum besessen. Seine Besessenheit quält ihn so sehr, dass er alles tut, um sich davon zu befreien. Er findet keinen Frieden, bis er es geschafft hat. Dabei geht alles über Bord: Ehre, Stolz, Anstand, Sicherheit und Glück, einfach alles – und zwar nur deshalb, weil sein Buch fertig werden muss. Müsste ein Schriftsteller hierfür seine Mutter ausrauben, er würde keinen Moment zögern. Die »Ode auf eine griechische Urne« [Gedicht von John Keats, Anm. d. Übers.] wiegt eine Menge alter Damen auf.

Demnach spielte der *Mangel* an Sicherheit, Glück und Ehre eine ziemlich wichtige Rolle im schöpferischen Prozess?

Nein. Diese Dinge sind nur für den Künstler selbst wichtig, für seinen Frieden, seine innere Ruhe. Die Kunst selbst hat mit solchen Dingen wie Ruhe und Frieden nichts zu tun.

Wie müsste die Lebenslage denn aussehen, die einem Künstler die besten Arbeitsbedingungen böte?

Kunst hat mit der Lebenslage nichts zu tun. Sie kümmert sich nicht darum, unter welchen Umständen sie entsteht. Was mich anbetrifft, war die beste Beschäftigung, die mir je angeboten wurde, die als Wirt in einem Bordell. Meiner Meinung nach ist es das beste Milieu, in dem ein Künstler arbeiten kann. Es gibt ihm völlige wirtschaftliche Unabhängigkeit, er ist frei von Angst und Hunger, hat ein Dach über dem Kopf, und fast nichts zu tun. Er muss nur ein paar simple Beträge verwalten und einmal im Monat Bestechungsgelder an die lokale Polizei entrichten. In den Morgenstunden herrscht da tiefste Ruhe, genau zu jener Zeit also, in der man am besten arbeiten kann. Abends ist dann wieder Betrieb, wenn er sich langweilt, kann er jederzeit am gesellschaftlichen Leben seines Hauses teilnehmen. Außerdem ist er in diesem Milieu eine geachtete Person. Er hat nichts zu tun, denn die Buchführung wird von Madame höchstpersönlich besorgt. Alle, die im Haus wohnen, sind weiblichen Geschlechts, blicken zu ihm auf und nennen ihn »Sir«. Auch die Schwarzhändler aus der Nachbarschaft reden ihn mit »Sir« an. Er hingegen darf die Polizisten duzen.

Das richtige Milieu, das ein Künstler benötigt, ist also eine Umgebung, die ihn in Frieden lässt, die ihn allein lässt und ihm doch genug Zerstreuungsmöglichkeiten bietet – und all das für keinen allzu hohen Preis. Ein ungünstiges Milieu treibt einem Künstler hingegen den Blutdruck in die Höhe und bewirkt, dass er mehr Zeit verärgert und frustriert verbringen muss. Ich selbst kann von mir sagen, dass ich nur einiger weniger Dinge zu meiner Produktion bedarf: Papier, Tabak, Essen und ein bisschen Whisky.

Bourbon Whiskey?

Nein, so wählerisch bin ich nicht. Zwingt man mich aber, mich zwischen Scotch oder Wasser zu entscheiden, dann nehme ich den Scotch.

Apropos »wirtschaftliche Unabhängigkeit«: Glauben Sie, dass sie für den Schriftsteller eine Conditio sine qua non ist?

Nein. Der Schriftsteller braucht keine wirtschaftliche Unabhängigkeit. Bleistift und Papier, das ist alles, was er braucht. Ich habe noch niemanden kennengelernt, der mit geschenktem Geld allein ein gutes Buch geschrieben hat. Ein guter Schriftsteller wendet sich nicht an Stiftungen. Er ist viel zu beschäftigt mit seiner Arbeit. Wenn er kein erstklassiger Schriftsteller ist, dann betrügt er sich mit der Ausrede, er habe keine Zeit oder keine wirtschaftliche Unabhängigkeit. Gute schriftstellerische Arbeit aber können auch Einbrecher, Schwarzhändler oder Pferdediebe leisten. Die Menschen haben eben Angst und probieren gar nicht erst aus, wie viel Not und Armut sie ertragen können. Sie haben Angst herauszufinden, wie stark sie sind. Einen guten Schriftsteller kann nichts umhauen. Das Einzige, was ihm etwas anhaben kann, ist der Tod. Die guten Schriftsteller haben keine Zeit, sich um Erfolg oder Reichtum zu kümmern. Erfolg ist etwas Weibliches und wie eine Frau: Wenn du vor ihr zurückschreckst, wirst du übergangen. Deshalb ist es besser, ihr die kalte Schulter zu zeigen, dann wird sie vielleicht eher angekrochen kommen.

Können Arbeiten für den Film Ihr eigentliches Schreiben beeinträchtigen?

Nichts kann einen Schriftsteller beeinträchtigen, wenn er ein erstklassiger ist. Und wenn er's nicht ist, dann ist ihm sowieso nicht zu helfen. Für einen zweitrangigen Schriftsteller stellt sich das Problem gar nicht, denn er hat seine Seele längst verkauft. Und mit dem Geld einen Swimmingpool angelegt.

Muss ein Schriftsteller, wenn er für den Film arbeitet, Kompromisse eingehen?

Ja, immer. Denn der Film ist seinem Wesen nach eine Kollaboration, und jede Kollaboration wird zusammengehalten vom Kompromiss. Das eben meint dieses Wort: Geben und Nehmen.

Mit welchen Schauspielern arbeiten Sie am liebsten zusammen?

Mit Humphrey Bogart klappte es am besten. Wir arbeiteten zusammen an *To Have and Have Not* und *The Big Sleep*.

Würden Sie gerne noch einen anderen Film machen?

Ja, ich würde gerne einen Film über George Orwells *1984* machen. Ich habe mir dazu einen Schluss ausgedacht, der die These bestätigen würde, auf der ich unvermindert beharre: dass der Mensch unzerstörbar ist, einfach weil er den Willen zur Freiheit hat.

Wie haben Sie denn die besten Filmarbeiten zuwege gebracht?

Die besten Szenen – soweit sie mit meiner eigenen Dreharbeit zu tun hatten – kamen zustande, wenn die Schauspieler und der Autor das Drehbuch wegwarfen und dann die Szene bei den Proben improvisierten, kurz bevor die Kamera angeschaltet wurde. Wäre mir dazu keine Gelegenheit geboten worden, und hätte ich die Dreharbeit nicht ernst genommen oder hätte ich mich nicht in der Lage gefühlt, sie ernst zu nehmen, dann hätte ich aus Ehrlichkeit gegenüber dem Film und mir selbst die Finger davon gelassen. Heute weiß ich, dass ich nie ein guter Drehbuchautor sein werde; die Filmarbeit wird nie diese Dringlichkeit für mich haben wie mein eigenes Schreiben.

Können Sie einiges von Ihren legendären Hollywood-Erfahrungen erzählen?

Mein Vertrag mit MGM war soeben ausgelaufen, und ich wollte gerade nach Hause. Da sagte der Regisseur, mit dem ich zusammengearbeitet hatte: »Wenn Sie einen anderen Job hier wollen, sagen Sie's mir; ich sprech schon mit dem Studio über einen neuen Vertrag.« Ich bedankte mich und fuhr nach Hause. Rund sechs Monate später telefonierte ich mit meinem Freund, dem Regisseur, und fragte ihn, ob ich auf sein Angebot zurückkommen könnte. Kurz darauf erhielt ich von meinem Agenten in Hollywood einen Brief. Darin: ein Scheck für das Gehalt der ersten Woche. Ich war überrascht, denn ich hatte erst einmal eine offizielle Mitteilung erwartet – eine Aufforderung des Studios oder einen Vertrag. Erst dachte ich natürlich, der Brief mit dem Vertrag hat eben Verspätung und wird mit der nächsten Post schon noch kommen. Stattdessen schickt mir in der nächsten Woche mein Agent wieder einen Scheck mit dem Gehalt für die zweite Woche. Das war im November 1932, und das ging so weiter bis zum Mai des nächsten Jahres. Dann erhielt ich ein Telegramm vom Studio. Darin stand: *»William Faulkner, Oxford, Miss. Wo sind Sie? MGM Studio.«* Ich drahtete zurück: *»MGM Studio, Culver City, California. William Faulkner.«* Die junge Frau vom Studio fragte mich, wo denn der Text zum Absender sei. »Das ist bereits alles«, sagte ich ihr. »Aber in der Dienstverordnung steht«, meinte sie, »dass ich kein Telegramm ohne Text durchgeben darf, Sie müssen also irgendwas schreiben.« Wir schauten uns daher in der Mappe mit Glückwunschformularen um und suchten da was raus, ich glaube, aus der Sparte »Geburtstagsgrüße«. Das schickte ich dann ab. Kurz darauf kam vom Studio via Telefon die Anweisung, sofort das erstbeste Flugzeug nach New Orleans zu nehmen und dort beim Regisseur Browning vorzusprechen. Nun hätte ich zwar in Oxford einen Zug nach New Orleans nehmen können und wäre acht Stunden später dort gewesen. Aber ich gehorchte dem Studio und fuhr nach Memphis, denn von dort aus startete ab und zu ein Flugzeug Richtung New Orleans. Drei Tage später flog dann tatsächlich eins.

Um sechs Uhr nachmittags erreichte ich Mr. Brownings

Hotel und meldete mich an. Dort war gerade eine Party im Gang. Er sagte mir, ich solle mich die Nacht über erst mal richtig ausschlafen und mich auf einen frühen Start am nächsten Morgen einstellen. Ich fragte ihn nach der Story. »Ach ja«, sagte er, »gehen Sie doch mal ins Zimmer soundso, da sitzt der Drehbuchautor, der wird Ihnen schon sagen, worum es geht.«

Ich begab mich also zum besagten Zimmer. Drinnen saß der Drehbuchautor ganz allein. Ich stellte mich vor und fragte ihn nach der Handlung. »Wenn Sie den Dialog erst mal geschrieben haben«, sagte er, »werde ich Ihnen die Handlung schon zeigen.« Ich ging also wieder zu Browning und erzählte ihm, was geschehen war. »Gehen Sie noch einmal hin«, sagte er, »und erzählen Sie ihm, dass der und der – ach, lassen Sie nur, schlafen Sie sich erst mal richtig aus, damit wir morgen früh zeitig anfangen können.«

Am nächsten Morgen fuhren wir alle außer dem Drehbuchautor in einer sehr schicken gemieteten Barkasse nach Grand Isle, das etwa hundertfünfzig Kilometer weit weg war und wo der Film gedreht werden sollte. Wir trafen dort just rechtzeitig zum Mittagessen ein und hatten danach gerade noch Zeit zur Rückfahrt, schafften es also, vor Einbruch der Dunkelheit wieder zurück in New Orleans zu sein.

Und so ging das ungefähr drei Wochen lang. Ab und zu äußerte ich Bedenken, was die Story anbelangte, doch Browning beschwichtigte mich jedes Mal: »Machen Sie sich keine Sorgen, schlafen Sie erst mal richtig aus, damit wir morgen früh zeitig anfangen können.«

Eines Abends bei unserer Rückkehr, als ich gerade erst mein Zimmer betreten hatte, läutete das Telefon. Am anderen Ende war Browning. Er forderte mich auf, sofort zu ihm ins Zimmer zu kommen. Ich ging also hin, und er zeigte mir ein Telegramm. Darin stand: »*Faulkner ist entlassen.* MGM *Studio.*« – »Nur keine Angst«, sagte Browning, »ich werde sofort den Soundso anrufen und veranlassen, dass er Sie nicht nur wieder auf die Gehaltsliste setzt, sondern Ihnen auch noch eine schriftliche Entschuldigung zukommen lässt.« Dann klopfte es an der Tür, ein zweites Telegramm war eingetroffen. Diesmal stand auf der Seite: *»Browning ist entlassen. MGM Studio.«* So fuhr ich also zurück nach Hause. Ich nehme an, auch Browning ist wohl irgendwohin abgedampft. Nur dieser Drehbuchautor wird wohl noch immer irgendwo in seinem Zimmer sitzen, den Scheck mit dem Wochengehalt in der Hand. Der Film wurde nie fertig gedreht. Aber ein Krabbenfischerdorf, das hatten sie gebaut. Mitten im Wasser eine lange Plattform auf Pfählen, darauf Hütten gebaut, sodass es Ähnlichkeit hatte mit einem Kai. Das Studio hätte davon Dutzende für vierzig oder fünfzig Dollar pro Stück kaufen können. Aber sie bauten sich selbst eins, eine Attrappe: eine Plattform mit einer einzigen imitierten Häuserwand, sodass man, wenn man eine der Türen öffnete, um das »Haus« zu betreten, direkt im Ozean landete. Als sie am ersten Tag daran bauten, kam ein Cajun-Fischer angepaddelt – in seiner engen, schwer zu steuernden Piroge, die er aus einem hohlen Baumstamm angefertigt hatte. Den ganzen Tag saß er da, mitten in der sengenden Sonne, und beobachtete diese sonderbaren Weißen, die da so ein sonderbares Ding aufbauten. Am nächsten Tag kam er mit der ganzen Familie: Seine Frau, die ihr Baby stillte, seine anderen Kinder und die Schwiegermutter saßen in der Piroge. Alle saßen sie den ganzen Tag in der sengenden Sonne und betrachteten das alberne, unverständliche Treiben der Weißen. Zwei oder drei Jahre später war ich einmal in New Orleans, und ich hörte davon, dass die Cajuns noch immer meilenweite Wege auf sich nahmen, um das unechte Krabbendorf zu besichtigen, das diese Weißen erst herangeschleppt, aufgebaut und dann zurückgelassen hatten.

**Sie sagten, der Schriftsteller muss Kompromisse einge-
hen, wenn er für den Film arbeitet. Wie ist das bei seinem
eigenen Schreiben? Hat er irgendeine Verpflichtung gegenüber seinen Lesern?**

Er hat nur die Verpflichtung, sein Werk zu schreiben – so
gut er es eben kann. Wenn er damit fertig ist, kann er tun
und lassen, was er will, und allen möglichen Verpflichtungen
nachgehen, die er danach noch haben mag. Was mich angeht:
Ich habe keine Zeit, mich um die Öffentlichkeit zu kümmern. Die Meinung von John Doe zu meinem Werk oder
dem anderer interessiert mich nicht. Ich habe meinen eigenen Maßstab und richte mich zum Beispiel danach, ob ich
vom Lesen eines eigenen Buches so viel Genuss habe, wie
ich empfinde, wenn ich *La Tentation de Saint Antoine* lese
oder das Alte Testament. So was muntert mich auf. Genauso
erheitert es mich, wenn ich einen Vogel beobachte. Sollte es
so etwas wie eine Reinkarnation geben, dann möchte ich als
Bussard wieder auf die Welt kommen. Der wird nie belästigt
und ist kaum je in Gefahr, und er selbst kann alles fressen.

**Welche Technik benutzen Sie, um Ihrem eigenen Maß-
stab gerecht zu werden?**

Falls ein Schriftsteller an Technik interessiert ist, sollte er
besser Chirurg oder Maurer werden. Es gibt keinen me-
chanischen Weg, keine Abkürzung, um das Schreiben hinter sich zu bringen. Der junge Schriftsteller wäre doch ein
Narr, wenn er eine Theorie befolgen würde. Sie müssen aus
ihren eigenen Fehlern lernen; Menschen lernen nur durch
eigene Fehler. Ein guter Künstler lebt in der Überzeugung,
niemand sei gut genug, dass er ihm, dem Schriftsteller, einen
Ratschlag geben könnte. Ein solcher Schriftsteller besitzt
eine besondere Art von Eitelkeit. Mag er einen älteren

Schriftsteller auch noch so sehr bewundern, er muss sich vornehmen, ihn zu übertreffen.

Sie weisen die Nützlichkeit einer Technik also zurück?

Nein, überhaupt nicht. Manchmal prescht die Technik vor und setzt den Traum ins Werk, noch ehe der Schriftsteller selbst etwas zuwege gebracht hat. Doch das ist dann eine »Tour de force« beim Schreiben, und die abgeschlossene Arbeit ist dann einfach nur eine Sache von der Art, wie wenn man Ziegelsteine so mauert, wie's die Bauzeichnung vorschreibt: Hier weiß der Schriftsteller, wo er jedes einzelne Wort einzusetzen hat – und zwar noch bevor er das erste geschrieben hat. So erging es mir mit *As I Lay Dying*. Das war keine leichte Arbeit. Ehrliche Arbeit ist nie leicht. Sie war allerdings leicht, als ich das ganze Material bereits beisammen hatte. Zum Schreiben brauchte ich nur gerade sechs Wochen, genauer: die freien Stunden während dieser Zeit – das, was übrig bleibt, wenn man täglich zwölf Stunden körperlicher Arbeit verrichtet. Ich hatte mir eine Gruppe Menschen imaginiert, die konfrontierte ich mit den ganz einfachen und zeitlosen Naturkatastrophen – Überschwemmung und Feuersbrunst – und steuerte mit einfachen, natürlichen Handlungsmotiven das Geschehen. Ganz allgemein gilt, dass das Schreiben leichter fällt, wenn die Technik draußen bleibt. Bei der Arbeit an einem Buch komme ich immer zu einem gewissen Punkt – sagen wir, bei Seite 275, an dem sich die Figuren selbstständig machen, die Initiative übernehmen und das Buch so zu Ende führen, wie's ihnen passt. Natürlich weiß ich nicht, was geschehen würde, wenn ich das Buch auf Seite 274 beenden würde. Ein Künstler muss die Fähigkeit haben, sein eigenes Werk objektiv beurteilen zu können. Und dann muss er auch genug Aufrichtigkeit und Mut haben, sich darüber nicht selber zu belügen. Da keines meiner bisherigen Bücher meinem eigenen Maßstab genügt hat, muss sich mein Urteil danach richten, welches Buch mir am meisten Kummer und Qualen bereitet hat. So wie viele Mütter ja auch den Dieb oder den Mörder unter ihren Kindern mehr lieben als jenes Kind, das Priester geworden ist.

Und welches Buch wäre das?

The Sound and the Fury. Fünfmal hab ich's geschrieben, fünfmal versucht, die Geschichte zu erzählen, um diesen Albtraum loszuwerden, der mich so fürchterlich quälte. Es ist die Tragödie von Caddy und ihrer Tochter, zweier verlorener Frauen. Dilsey ist eine meiner Lieblingsfiguren, denn sie ist tapfer, mutig, großzügig, freundlich und ehrlich. Viel tapferer, großzügiger und ehrlicher als ich selbst.

Wie kam Ihnen denn die Idee zu *The Sound and the Fury*?

Es fing mit einer inneren Vorstellung an. Von deren Symbolträchtigkeit wusste ich damals noch nichts. Diese Vorstellung war nichts anderes als der schmutzige Hosenboden eines kleinen Mädchens; es saß in einem Birnbaum, schaute durch ein Fenster in das Zimmer, in dem die Beerdigung für die Großmutter stattfand, und berichtete das Gesehene seinen Brüdern, die unter dem Baum standen. Nach und nach stellte ich die einzelnen Figuren vor und erklärte, was sie dort machten und wie ihre Hose so dreckig geworden war, und da merkte ich, dass all das unmöglich in eine Kurzgeschichte reinpasst und dass daraus ein Roman werden müsste. Mit der Zeit erkannte ich, wie symbolträchtig das Bild von der dreckigen Mädchenhose eigentlich war, und so entwickelte ich aus diesem Bild jenes vater- und mutterlose Mädchen, das, eine Regenrinne hinunterkletternd, seinem einzigen Zuhause entflieht, das es je hatte und in dem es nie Liebe oder Zuneigung oder Verständnis erfahren hatte.

Damals hatte ich bereits begonnen, die Story aus der Perspektive eines unwissenden Kindes zu erzählen, weil ich spürte, dass es wirksamer sein würde, wenn ich jemanden erzählen ließ, der zwar Bescheid wusste um die Dinge, die vor sich gingen, aber nicht verstehen konnte, weshalb. Doch bald spürte ich, dass die Geschichte so noch nicht richtig erzählt war. So versuchte ich es noch einmal neu, diesmal ließ ich einen anderen Bruder erzählen. Aber auch das war noch nicht das, wie ich es mir vorstellte. So schrieb ich die Geschichte also zum dritten Mal, diesmal aus der Perspektive des dritten Bruders. Doch auch das funktionierte nicht. Daraufhin versuchte ich, die Versatzstücke der Erzählung zusammenzubringen und die Lücken dadurch zu schließen, indem ich mich selbst zum Erzähler machte. Auch diese Version war für mich noch unvollkommen. Und sie blieb es so lange, bis ich fünfzehn Jahre nach dem Erscheinen des Buches einen letzten Versuch unternahm, die Geschichte – als Appendix zu einem anderen Buch – endlich zu Ende zu erzählen und sie loszuwerden, sodass ich selbst zur Ruhe kommen konnte. Keiner meiner Erzählungen bin ich zärtlicher zugeneigt. Sie ließ mich nicht los, und ich konnte sie einfach nie auf adäquate Weise erzählen, obwohl ich mich sehr darum bemüht hatte; und ich würde es gern noch einmal versuchen, auch wenn ich wohl wieder daran scheitern würde.

Wenn Sie an Benjy denken – was für Gefühle löst das bei Ihnen aus?

Alles, was ich für Benjy empfinden kann, ist Kummer und Mitleid für die ganze Menschheit. Man kann für Benjy keine anderen Gefühle hegen, weil er selbst keine Gefühle hat.

Das Einzige, was ich in Bezug auf ihn fühle, ist Sorge. Die Sorge darüber, ob er als Figur glaubhaft ist, so wie ich sie erschaffen habe. Er ist ja ein Prolog, so wie der Totengräber in den elisabethanischen Dramen ein Prolog ist. Er erfüllt seine Aufgabe und tritt dann ab. Benjy steht jenseits von Gut und Böse, denn er hat keinen Begriff von Gut und Böse.

Könnte Benjy denn so etwas wie Liebe empfinden?

Benjy hatte so wenig Verstand, dass er noch nicht einmal vermochte, egoistisch zu sein. Er war ein Tier. Zwar empfand er Zärtlichkeit und Liebe, aber er konnte keine Worte für diese Gefühle finden, und es war ja die Bedrohung von Zärtlichkeit und Liebe, die ihn veranlasste, zu bellen, als er die Veränderung in Caddy wahrnahm. Er hatte nun keine Caddy mehr; aber er war so verblödet, dass er nicht einmal bemerkte, wie sehr Caddy ihm fehlte. Er spürte nur, dass irgendetwas nicht stimmte, was ein Vakuum in ihm hinterließ, eine Leere, in die er seine Trauer einhüllte. Er versuchte, dieses Vakuum zu füllen, aber womit? Das Einzige, was er hatte, waren Caddys weggeworfene Hausschuhe. Sie wurden Fetische seiner Zärtlichkeit und Liebe, für die er zwar keine Worte finden konnte, von denen er aber doch wusste, dass sie ihm fehlten. Er war schmutzig, weil er orientierungslos geworden war und ihm Schmutz nichts ausmachte. Er konnte schlicht nicht mehr zwischen Schmutz und Sauberkeit unterscheiden, genauso wenig wie zwischen Gut und Böse. Die Schuhe waren ihm ein Trost, obschon er sich weder an die frühere Besitzerin noch an die Ursache seines Kummers erinnern konnte. Wäre Caddy wiedergekommen, so hätte er sie wahrscheinlich nicht einmal wiedererkannt.

Hat es mit der Narzisse, die Benjy bekommt, eine besondere Bewandtnis?

Sie sollte ihn ablenken. Es war nur eine Blume, wie sie – der Jahreszeit entsprechend – an jenem 5. April eben erhältlich war. Mehr steckte nicht dahinter.

Sehen Sie einen besonderen künstlerischen Wert darin, einen Roman in der Form einer Allegorie zu verfassen, so wie Sie das mit der christlichen Allegorie in *A Fable* getan haben?

Das ist genauso wertvoll wie das Winkeleisen für den Zimmermann, wenn er ein Haus bauen muss, das viele rechte Winkel hat. In *A Fable* war die christliche Allegorie das passende Instrument, um diese bestimmte Geschichte zu erzählen, so wie es das Winkelmaß für den Bau eines rechteckigen Gebäudes ist.

Wollen Sie damit sagen, dass sich der Künstler des Christentums wie eines Instruments bedienen kann, so wie sich der Zimmerman bei einem anderen einen Hammer ausleiht?

Dem Zimmermann, den wir meinen, wird es nie an Werkzeug fehlen. Auch an Christentum würde es nie fehlen, wenn wir uns nur darüber einigen könnten, was »Christentum« bedeutet. Für mich meint dieses Wort den individuellen Verhaltenskodex eines jeden Menschen, durch den er sich zu einem besseren Menschen macht, als wenn er nur seiner »Natur« folgen würde. Was auch immer ein jeweiliges Symbol sein mag – ob es sich nun um ein Kreuz oder um einen Halbmond handelt –, immer erinnert ein Symbol den Menschen an den kategorischen Imperativ, fordert es von ihm, so zu handeln, als hinge das Schicksal der Menschheit von seiner Handlungsweise ab. Die verschiedenen Allegorien sind die Maßstäbe, an denen er sich misst und mithilfe derer der Mensch lernt, was er ist. Dem Menschen Gutes beizubringen, kann nicht auf die Weise geschehen, wie man ihm mathematische Regeln beibringen kann. Allegorien können ihm nur dabei behilflich sein, sich selbst zu entdecken, ihm zeigen, wie er für sich selbst einen moralischen Kodex und eine Norm im Rahmen seiner Fähigkeiten und Bestrebungen entwickeln kann. Dies tun die christlichen Allegorien, indem sie ihm ein unvergleichliches Beispiel für das Leiden und die Opfer und das Versprechen der Hoffnung geben. Schriftsteller haben immer schon Allegorien aus dem Bereich des moralischen Bewusstseins verwendet, und sie werden es weiterhin tun, gerade weil solche Allegorien unvergleichliche Beispiele sind, mit denen etwas Großartiges demonstriert wird. Die drei Männer in *Moby-Dick* repräsentieren die Dreieinigkeit des Gewissens: das Nichtwissen, das sorglose Wissen und das Sorge tragende Wissen. Die gleiche Trinität findet sich auch in *A Fable:* Da ist einmal der junge jüdische Fliegeroffizier, der sagt: »Das ist schrecklich, ich weigere mich, es anzunehmen, auch wenn ich dafür mit dem Leben bezahlen muss«; dann ist da der alte französische Generalquartiermeister, der sagt: »Das ist schrecklich, aber wir können darum weinen und es ertragen«; und schließlich ist da noch der englische Bataillons-Meldeläufer, der erklärt: »Das ist schrecklich, und ich werde etwas dagegen tun.«

Stehen die beiden unverbundenen Themen in *The Wild Palms* in einem symbolischen Konnex? Haben die Kritiker recht, wenn sie darin eine Art ästhetischer Kontrapunktik sehen, oder ist der Zusammenhang ein pures Zufallsprodukt?

Ach nein, das ist kein Zufall. Es war eine einheitliche Geschichte, die Geschichte von Charlotte Rittenmeyer und Harry Wilbourne – zwei Menschen, die alles für ihre Liebe

24

opferten und denen sie dann doch verloren ging. Bis ich den Anfang geschrieben hatte, war mir nicht bewusst, dass sich daraus zwei getrennte Erzählstränge entwickeln würden. Erst als ich den in der endgültigen Fassung an erster Stelle stehenden Abschnitt von *Wild Palms* fertig hatte, wurde mir plötzlich bewusst, dass irgendetwas noch fehlte. Es benötigte Emphase, etwas, das alles zusammenzieht und strafft, so wie das in der Musik der Kontrapunkt bewirkt. So schrieb ich an der *Old-Man*-Handlung, bis *Wild Palms* mir keine Ruhe mehr ließ. Da unterbrach ich die *Old-Man*-Erzählung dort, wo heute der erste Abschnitt zu Ende geht, und machte mich wieder an *The Wild Palms*, bis der Grundimpuls nachließ. Ich bekam's aber sofort wieder in den Griff, indem ich einen weiteren Teil der Antithese fertigstellte; jenen, in dem von dem Mann erzählt wird, der seine große Liebe findet und daraufhin, auf den restlichen Seiten des Buches, vor ihr flieht. Das geht so weit, dass er sich sogar freiwillig zurück ins Gefängnis begibt, wo er sich in Sicherheit vor den Nachstellungen der Liebe wähnt. Es sind nur zufällig zwei unabhängige Erzählstränge geworden, vielleicht aus innerer Notwendigkeit. Die eigentliche Erzählung jedoch ist die von Charlotte und Wilbourne.

Hat für Sie das Schreiben mit persönlichen Erfahrungen zu tun, und wenn ja, wie viel hat es damit zu tun?

Das kann ich nicht sagen. Das hab ich mir noch nie überlegt. Denn das »Wie viel« ist nicht wichtig. Ein Schriftsteller braucht dreierlei: Erfahrung, Beobachtungsgabe und Imaginationskraft. Von diesen Eigenschaften können zwei – hin und wieder sogar nur eine – das Fehlen der andern kompensieren. Bei mir beginnt der Prozess des Erzählens oft mit einer einzelnen Idee, einer Erinnerung oder mit einer Vorstellung. Beim Schreiben der Erzählung arbeitet man sich langsam vor bis zu dem Moment, an dem man anfangen muss zu erklären, warum das alles geschah oder welche Folgen es zeitigte. Ein Schriftsteller will glaubhafte Personen in glaubhaften, bewegenden Situationen schildern, und zwar will er das so bewegend wie eben möglich darstellen. Um das zu bewerkstelligen, muss er als eines seiner Werkzeuge natürlich die ihm bekannte Umgebung nutzen. Die Musik ist, so würde ich sagen, wohl das einfachste Ausdrucksmittel, da sie in der Erfahrung und Geschichte des Menschen die erste Stufe war. Da ich aber am besten mit Worten umzugehen weiß, muss ich mich wohl oder übel unbeholfenerer Worte bedienen, um auszudrücken, was durch reine Musik viel besser ausgedrückt werden könnte. Die Musik könnte es zwar besser und einfacher sagen, aber ich bevorzuge den Gebrauch von Worten, wie ich ja auch lieber lese als zuhöre. Ich ziehe das Schweigen dem Klang vor, und das durch Worte entstandene Bild geht aus dem Schweigen hervor. Das bedeutet: Der Donner und die Musik der Prosa sind Kinder des Schweigens.

Manche Leute sagen, sie könnten Ihre Bücher selbst nach zwei- oder dreimaligem Lesen nicht verstehen. Welche Vorgehensweise würden Sie diesen Leuten empfehlen?

Sie sollten sie viermal lesen.

Sie sagten vorhin, Erfahrung, Beobachtungsgabe und Imaginationskraft seien wichtig für einen Schriftsteller. Würden Sie dazu auch noch die Inspiration zählen?

Ich habe keine Ahnung, was das Wort »Inspiration« bedeutet. Ich weiß schlicht nicht, was das sein soll, Inspiration. Ich hab' zwar schon mal davon gehört, gesehen hab' ich so was aber noch nie.

Es heißt, Sie seien als Schriftsteller fasziniert von der Gewalt, stimmt das?

Das ist das Gleiche, wie wenn man sagte, ein Zimmermann sei von seinem Hammer fasziniert. Gewalt ist doch nur eins von vielen Werkzeugen. Ein Schriftsteller kann mit nur einem Instrument genauso wenig herstellen wie ein Zimmermann mit nur einem Werkzeug.

Können Sie uns etwas von Ihren schriftstellerischen Anfängen erzählen?

Ich lebte damals in New Orleans und verdiente mir mit allen möglichen Beschäftigungen das, was ich zum Leben brauchte. Dann traf ich Sherwood Anderson. Wir gingen nachmittags in die Stadt und redeten mit allerlei Menschen. Abends trafen wir uns wieder und tranken ein, zwei Flaschen; er sprach, und ich hörte zu. Vormittags blieb er unerreichbar. Da zog er sich zurück, um allein zu sein und zu arbeiten. Am nächsten Tag wiederholte sich das Ganze. Damals sagte ich mir: Wenn so das Leben eines Schriftstellers aussieht – dann muss ich unbedingt Schriftsteller werden! Also begann ich mein erstes Buch zu schreiben. Ich spürte plötzlich, dass mir das Schreiben Spaß machte. Ich vergaß beim Schreiben sogar, dass ich Mr. Anderson drei Wochen nicht mehr gesehen hatte. Bis er eines Tages durch meine Tür kam, sozusagen sein erster Besuch, und sagte: »Was ist denn mit dir los? Bist du böse auf mich?« Als ich ihm entgegnete, ich sei gerade dabei, ein Buch zu schreiben, sagte er nur: »Ach, du lieber Gott!« Und machte sich davon. Als ich das Buch dann fertig hatte – es war *Soldiers' Pay* –, traf ich Mrs. Anderson auf der Straße. Sie frage mich, wie ich mit der Arbeit an meinem Buch vorankomme, und ich antwortete ihr, ich hätte es fertig geschrieben. »Sherwood hat mir erzählt«, sagte sie daraufhin, »dass er mit Ihnen einen Deal eingehen will. Unter der Bedingung, dass er Ihr Manuskript nicht lesen muss, will er es seinem Verleger andrehen.« – »Klar«, sagte ich, und so war ich Schriftsteller geworden.

Welcher Art waren die »Beschäftigungen«, mit denen Sie sich Ihr Brot verdienten?

Ich machte, was sich gerade anbot. Ich war zu allem Möglichen zu gebrauchen: als Bootsführer etwa oder als Anstreicher, auch als Pilot. Ich brauchte wenig Geld, weil das Leben damals billig war in New Orleans, und ich brauchte nur einen Ort zum Schlafen, ein bisschen was zu essen, Tabak und ein wenig Whisky. Es gab viele Jobs, die ich für zwei, drei Tage machen konnte. Davon konnte ich einen ganzen Monat leben. Ich bin von Natur aus ein Vagabund und Tramper. Geld bedeutet mir nicht so viel, dass ich dafür arbeiten wollen würde. Meiner Meinung nach ist es eine Schande, dass auf der Welt so viel gearbeitet wird. Es zählt zu den traurigsten Dingen, dass Menschen tagaus, tagein nur eines acht Stunden am Tag tun können: arbeiten, arbeiten und nochmals arbeiten! Keiner kann acht Stunden lang essen, keiner acht Stunden lang trinken, keiner acht Stunden lang lieben – aber acht Stunden lang ununterbrochen arbeiten, das kann man. Das ist auch der Grund, weshalb Menschen sich selbst und ihre Mitmenschen so unglücklich und unzufrieden machen.

Sie müssen sich mit dem Menschen Sherwood Anderson verbunden fühlen – aber was halten Sie von ihm als Schriftsteller?

Er war der Vater meiner Generation amerikanischer Schriftsteller und der Tradition des amerikanischen Schreibens, an die unsere Nachfolger anknüpfen werden. Er ist nie so gewürdigt worden, wie er es verdient hätte. Dreiser könnte man als seinen älteren Bruder bezeichnen, und Mark Twain wäre dann der Vater von beiden.

Was halten Sie von den europäischen Schriftstellern jener Zeit?

Die zwei großen Autoren während meiner Zeit waren Thomas Mann und James Joyce. An den *Ulysses* sollte man gleich herangehen wie der naive Baptistenprediger ans Alte Testament: voller Glauben.

Wie sind Sie eigentlich zu Ihrer Bibelkenntnis gekommen?

Mein Urgroßvater Murray war, zumindest für uns Kinder, ein freundlicher und sanfter Mann. Obwohl er ein Schotte war, war er zu uns – seinen Enkelkindern – weder besonders fromm noch streng; er war einfach ein Mensch mit eisernen Prinzipien. Einer seiner Grundsätze war der, dass jeder – von den Kindern bis zu den Erwachsenen – morgens beim gemeinsamen Frühstück einen Bibelspruch parat haben musste. Hattest du deinen Bibelvers nicht, dann gab's auch kein Frühstück. Man war so lange entschuldigt, bis man in den Nebenraum gegangen und dort seinen Vers gelernt hatte. Hierfür gab es eine Tante – eine Art Oberfeldweibel für diese Pflicht –, die sich mit dem Fehlbaren zurückzog und ihm ordentlich auf die Sprünge half, damit er die Hürde beim nächsten Mal sofort nehmen konnte.

Es musste ein authentischer, buchstabengetreuer Vers sein. Als wir noch klein waren, durften wir jeden Morgen den gleichen aufsagen, sofern man ihn gut auswendig konnte. Das ging so lange, bis wir älter und größer geworden waren. Dann, eines Morgens (inzwischen konnte man seinen

Vers herunterrasseln und ließ die Zunge drauflosgaloppieren, ohne noch etwas zu hören von dem, was man sagte, denn in Gedanken war man bereits zehn Minuten weiter: beim Speck, Steak, Brathähnchen, Maisgrütze, Süßkartoffeln oder den zwei, drei unterschiedlichen Toast-Sorten) – spürte man plötzlich, wie sich seine Augen auf einen richteten, sehr blaue, sehr freundliche und milde und selbst in diesem Moment keinesfalls strenge Augen, einfach nur die Augen eines Mannes mit eisernen Grundsätzen. Und am nächsten Morgen musste man dann einen anderen Vers aufsagen. Auf diese Weise fanden wir heraus, dass unsere Kindheit zu Ende war; wir waren aus ihr herausgewachsen und hatten die ersten Schritte in die Erwachsenenwelt getan.

Lesen Sie auch Bücher zeitgenössischer Autoren?

Nein, die Bücher, die ich heute lese, sind altbekannte, die ich liebte, als ich jung war. Zu denen kehre ich zurück, wie man zu seinen alten Freunden zurückkehrt: das Alte Testament, Dickens, Conrad, Cervantes' *Don Quijote*. Dazu kehre ich jedes Jahr zurück, so wie einige es mit der Bibel handhaben. Dann Flaubert, Balzac (der ja eine ganze eigene Welt aus sich selbst heraus gestaltet hat, einen Blutkreislauf, der sich durch zwanzig Bücher hindurchzieht) und Dostojewski, Tolstoi, Shakespeare. Gelegentlich lese ich auch Melville, von den Lyrikern vor allem Marlowe, Campion, Jonson, Herrick, Donne, Keats und Shelley. Auch Housman lese ich immer noch. Ich habe diese Bücher schon so oft gelesen, dass ich nicht immer auf der ersten Seite anfange und sie bis zu Ende lese. Ich lese vielleicht nur eine einzige Szene oder folge einer Figur, ganz so, wie wenn man sich mit einem Freund einige Minuten unterhalten würde.

Was ist mit Freud?

Als ich in New Orleans lebte, sprach jeder über Freud, aber gelesen habe ich ihn nie. Genauso wenig wie Shakespeare ihn gelesen hat. Ob Melville es getan hat? Ich bezweifle es. Moby Dick hat ihn aber ganz bestimmt nicht gelesen.

Lesen Sie auch mal Kriminalromane?

Ich lese Simenon, weil er mich ein wenig an Tschechow erinnert.

Welches sind Ihre Lieblingsfiguren?

Meine Lieblingsfiguren sind: Sarah Gamp – eine grausame, rücksichtslose Frau, eine Säuferin und Opportunistin, unzuverlässig, das meiste ihres Charakters böse, aber immerhin hatte sie Charakter. Daneben aber auch Mrs. Harris, Falstaff, Prinz Heinz, Don Quijote und natürlich Sancho Pansa. Auch Lady Macbeth habe ich immer bewundert. Und dann Zettel, Ophelia und Mercutio. Dieser und Mrs. Gamp haben dem Leben die Stirn geboten, baten niemals um Gefälligkeiten, jammerten nie. Selbstverständlich auch Huck Finn und Jim [Hawkins]. Tom Sawyer konnte ich nie ausstehen: ein furchtbarer Wichtigtuer. Hingegen schätze ich auch den Sut Lovingood, die Figur aus einem Buch von George Harris – er hat es um 1840 oder 1850 in den Bergen von Tennessee geschrieben. Er machte sich keine Illusionen über sich selbst und tat, was er konnte. Zu bestimmten Zeiten war er ein Feigling, war sich dessen aber auch bewusst und schämte sich nicht dafür. Er gab nie jemandem die Schuld für sein Unglück und verfluchte auch Gott nie dafür.

Wie steht es um die Zukunft des Romans?

Ich glaube, solange die Menschen Romane lesen, wird es auch Romanciers geben. Und umgekehrt. Es sei denn, die Bildmagazine und Comics bringen es doch noch fertig, dass die Lesefähigkeit der Menschen völlig verkümmert und die Literatur wieder zu einer Bilderschrift wird, wie man sie in den Höhlen der »Neandertaler« findet.

Worin besteht Ihrer Meinung nach die zentrale Aufgabe der Kritik?

Der Künstler hat keine Zeit, sich mit Kritikern zu beschäftigen. Nur Möchtegern-Schriftsteller lesen Rezensionen. Die wirklichen Schriftsteller haben dafür gar keine Zeit. Der Kritiker will sich ja auch hervorheben. Was er tut, tut er nicht für den Künstler. Der Künstler ist dem Kritiker überlegen, denn der Künstler schreibt etwas, das den Kritiker bewegt. Der Kritiker hingegen schreibt vielleicht etwas, das alle bewegt – außer den Künstler.

Haben Sie also nie das Bedürfnis, über Ihr Werk mit jemandem zu diskutieren?

Nein, ich bin zu beschäftigt damit, es zu schreiben. Was ich schreibe, muss mir gefallen, und wenn das der Fall ist, brauche ich nicht darüber zu reden. Gefällt es mir aber nicht, dann wird es auch durch das Sprechen darüber nicht besser; man kann es nur verbessern, indem man weiter daran arbeitet. Ich bin kein Literat, sondern nur ein bescheidener Schriftsteller. Fachsimpelei bereitet mir keinerlei Freude.

Die Kritiker behaupten, Blutsverwandtschaften seien zentral in Ihren Romanen – stimmen Sie zu?

Das ist irgendeine Ansicht, und, wie gesagt, ich lese ja keine Kritiken. Ich bezweifle allerdings, dass jemand, der Menschen darstellen will, irgendwie mehr an deren Blutsverwandtschaft interessiert ist als an der Form ihrer Nasen, es sei denn, diese ist notwendig für den Fortgang der Handlung. Konzentriert sich der Schriftsteller auf das Notwendige, also auf das, was wahr ist, weil es mit dem menschlichen Herzen zu tun hat, so bleibt ihm kaum Zeit für andere Sachen, für Ideen zum Beispiel oder für Fakten wie die Nasenformen und Blutsverwandtschaften, denn Ideen und Fakten haben nur sehr wenig mit der Wahrheit zu tun, wie ich finde.

Die Kritiker sind auch der Meinung, dass sich Ihre Charaktere nie bewusst für das Gute oder das Böse entscheiden.

Das Leben interessiert sich nicht für Gut und Böse. Don Quijote wog zwar ständig ab, was gut und was böse ist, aber er lebte ja auch in einem Traumzustand. Er war eben verrückt. An der Realität partizipierte er nur in jenen Momenten, in denen er so sehr damit beschäftigt war, mit den Menschen auszukommen, dass ihm keine Zeit blieb, zwischen Gut und Böse zu unterscheiden. Da die Menschen nur lebendigen Leibes existieren, müssen sie ihre Zeit darauf verwenden, am Leben zu bleiben. Das Leben ist Bewegung, und diese Bewegung wird von dem angeleitet, was den Menschen bewegt: Ehrgeiz, Macht, Vergnügen. Die Zeit, die ein Mensch der Moral widmen kann, muss er gewaltsam jener Bewegung abringen, deren Teil er ist. Früher oder später wird er dazu gezwungen, sich zwischen Gut und Böse zu entscheiden, denn das moralische Gewissen verlangt nach einer solchen Entscheidung, damit er auch am nächsten Tag noch mit sich selbst in Einklang leben kann.

Sein moralisches Gewissen ist gewissermaßen der Fluch der Götter, den er akzeptieren musste, damit er von ihnen im Gegenzug das Recht aufs Träumen erhielt.

Könnten Sie genauer ausführen, was Sie unter »Bewegung« in Bezug auf den Künstler verstehen?

Das Ziel eines jeden Künstlers besteht darin, Bewegung, also Leben, mit künstlerischen Mitteln festzuhalten und dieses so festzuhalten, dass es sich hundert Jahre später, wenn ein Fremder es anschaut, wieder bewegt, eben weil es Leben ist. Der Mensch ist sterblich, und seine einzige Möglichkeit, unsterblich zu werden, besteht darin, dass er etwas Unsterbliches hinterlässt. Etwas Hinterlassenes, das niemals stirbt, weil es ewig in Bewegung ist. Nur so kann der Künstler seine Auffassungen, kann er das, was er von sich selbst dachte, in jene Wand des endgültigen, unwiderrufbaren Vergessens einritzen, durch die jeder einmal hindurch muss.

Von Malcolm Cowley stammt die Behauptung, Ihre Charaktere tendierten dazu, sich dem Schicksal zu ergeben.

Das mag seine Meinung sein. Ich würde sagen, auf einige trifft das zu, auf andere nicht – und das ist bei den Figuren eines jeden Schriftstellers so. Ich würde sagen, Lena Grove in *Light in August* hat sich kräftig gegen ihr Schicksal gewehrt. Für ihr Schicksal war nicht von Bedeutung, ob ihr Mann nun Lucas Burch hieß oder nicht. Ihr Schicksal bestand darin, einen Mann zu haben und Kinder zu gebären, das wusste sie, und so zog sie aus und kümmerte sich darum, ohne Hilfe von jemandem zu erbeten. Sie war die Führerin ihrer Seele. Einer der ruhigsten, vernünftigsten Aussprüche, die ich je gehört habe, war derjenige, als sie zu Byron Bunch sagte, während sie dessen letzte Verzweiflung und verzweifelten Vergewaltigungsversuch zurückschlug: »Schämst du dich nicht? Möglicherweise hast du das Baby geweckt.« In keinem Augenblick war sie verwirrt, verängstigt oder erschrocken. Sie wusste noch nicht einmal darum, dass sie kein Mitleid brauchte. Ihr letzter Satz zum Beispiel lautet: »Ich bin doch erst seit einem Monat unterwegs und schon in Tennessee. Meine Güte, ein Körper kommt ganz schön rum!«

Auch die Bundren-Familie in *As I Lay Dying* ist ziemlich gut mit ihrem Schicksal umgegangen. Der Vater, der seine Frau verloren hatte, brauchte natürlich eine neue, also bekam er eine. Er übernahm nicht nur von einem Moment auf den anderen das Kochen für die ganze Familie, sondern erwarb auch ein Grammophon, um ihnen eine Freude zu bereiten, während sie sich ausruhten. Die schwangere Tochter scheiterte dieses Mal zwar mit ihrem Abtreibungsversuch, doch sie ließ sich nicht entmutigen. Sie würde es noch einmal versuchen, und auch wenn sämtliche Versuche bis zuletzt immer wieder scheitern würden – so hätte sie eben noch ein weiteres Kind.

Malcolm Cowley behauptet auch, es falle Ihnen schwer, sympathische Charaktere im Alter zwischen zwanzig und vierzig Jahren zu erschaffen.

Die Menschen zwischen zwanzig und vierzig sind auch nicht sympathisch! Das Kind versteht zwar zu handeln, hat aber kein Wissen. Einsicht erlangt man erst, wenn die Handlungsfähigkeit bereits verloren gegangen ist: in den Vierzigern. Zwischen zwanzig und vierzig nimmt der kindliche Wille zu handeln immer stärker zu und wird immer gefährlicher, aber in diesem Alter hat der Mensch einfach noch keine Einsicht. Da seine Handlungsfähigkeit durch Umwelt und Druck von außen zum Bösen hingelenkt wird, ist der Mensch stark, noch bevor er moralisch wird. Die ganze Angst der Welt rührt von Menschen zwischen zwanzig und vierzig her. Nehmen Sie nur die Leute aus meiner Umgebung, die all die Spannungen zwischen den Ethnien verursacht haben – die Mylams und die Bryants im Mordfall Emmet Till –, oder die Gangs von Schwarzen, die sich eine Weiße schnappen und sie aus Rache vergewaltigen, nehmen Sie all diese Napoleons, Hitlers und Lenins – das alles sind doch personifizierte Symbole für das Leiden der Menschen und ihre Angst. Und sie alle waren ausnahmslos zwischen zwanzig und vierzig.

Sie gaben damals während des Emmet-Till-Mordfalls eine Stellungnahme zuhanden der Medien ab. Würden Sie ihr heute noch etwas hinzufügen?

Nein, ich kann nur wiederholen, was ich schon damals sagte: Wenn wir Amerikaner überleben wollen, dann schaffen wir das nur, wenn wir uns dazu entscheiden, in erster Linie Amerikaner sein und bleiben zu wollen, und dafür auch kämpfen. Das geht nur, wenn wir der ganzen Welt zeigen, dass wir ein Volk sind, eine Front aus weißen und schwarzen Amerikanern, aus roten und aus blauen, meinetwegen auch grünen. Der einzige Sinn dieses bedauerlichen und tragischen Verbrechens, dessen sich zwei erwachsene Weiße in meiner Heimat Mississippi schuldig gemacht haben, als sie sich an einem schwarzen Kind vergriffen – der Sinn dieses Verbrechens besteht vielleicht darin, dass wir überprüfen, ob wir es verdient haben, weiter zu existieren oder nicht. Denn wenn wir in unserer verzweifelten amerikanischen Zivilisation tatsächlich jenen Punkt erreicht haben, dass wir Kinder, gleich welcher Hautfarbe und aus welchem Grunde auch immer, ermorden müssen, dann haben wir es nicht verdient, dass wir weiter existieren, und dann werden wir wohl auch nicht mehr lange existieren.

Was ist mit Ihnen zwischen den Werken *Soldiers' Pay* und *Sartoris* geschehen? Oder, anders ausgedrückt, was veranlasste Sie, die Saga von Yoknapatawpha zu verfassen?

Beim Schreiben von *Soldiers' Pay* merkte ich, dass mir das Schreiben Spaß bereitet. Doch danach fand ich heraus, dass nicht nur jedes einzelne Buch, sondern alles, was ein Schriftsteller schreibt, also das Gesamtwerk eines Autors, eine ganz eigene Handschrift haben muss. *Soldiers' Pay* und *Mosquitoes* habe ich einfach um des Schreibens willen verfasst, aus reinem Vergnügen. Als ich mit *Sartoris* begann, merkte ich, dass meine eigene kleine Heimat so viel Stoff zum Schreiben hergibt, dass ich kaum lange genug leben würde, um alles davon auszuschöpfen. Und noch etwas wurde mir klar: Wenn es mir gelänge, das Tatsächliche so stark zu sublimieren, dass es ins Geheimnisvolle umschlüge, dann würde ich die grenzenlose Freiheit haben, all meine Talente zur absoluten Bestform auszuprägen. Als ich das geschafft hatte, tat sich eine Goldgrube mit anderen Menschen und Charakteren vor mir auf, mit denen ich mir meine ganz eigene Welt erschaffen konnte. Ich kann – darin einem Gott gleich – diese Menschen bewegen, kann sie nicht nur im Raum, sondern auch in der Zeit hin- und herbewegen. Die Tatsache, dass es mir – jedenfalls meiner eigenen Einschätzung zufolge – gelungen ist, meine Figuren erfolgreich dieser Zeitregie zu unterwerfen, bestätigte für mich meine eigene These, wonach die Zeit ein fließender Zustand ist, der nur insofern existiert, als er eine punktuelle Inkarnation einzelner Menschen darstellt. So etwas wie »es war« gibt es gar nicht, es gibt nur »es ist«. Wenn es jenes »es war« gäbe, dann gäbe es weder Kummer noch Sorgen. Ich stelle mir die von mir geschaffene Welt gerne als eine Art Schlussstein im Universum vor; als einen Schlussstein, den man – mag er auch noch so klein sein – nicht entfernen kann, ohne dass das Universum einstürzt. Mein letztes Buch wird das Buch vom Jüngsten Gericht sein, das Goldene Buch vom Yoknapatawpha-Land. Danach werde ich meinen Stift zerbrechen und aufhören müssen.

Aus dem Englischen von Benedikt Koller

William Faulkner, The Art of Fiction No. 12,
The Paris Review, 12 / Frühling 1956.

Ernest Hemingway

MANCHMAL HABE ICH GLÜCK
UND SCHREIBE BESSER, ALS ICH KANN.

Mit George Plimpton (1958)

Ernest Hemingway: Gehen Sie zum Pferderennen?

George Plimpton: Ja, manchmal.

Hemingway: Dann lesen Sie das Wettprogramm. Da finden Sie die wahre Kunst der Fiktion.

Unterhaltung in einem Café in Madrid,
im Mai 1954

Ernest Hemingway schreibt im Schlafzimmer seines Hauses in San Francisco de Paula, einem Stadtteil von Havanna. Er hat ein eigenes Arbeitszimmer in einem quadratischen Turm an der Südwestseite des Hauses, aber er arbeitet lieber im Schlafzimmer und zieht sich nur in den Turm zurück, wenn ungebetene Besucher ihn dazu drängen.

Das Schlafzimmer befindet sich im Erdgeschoss und grenzt unmittelbar an den Hauptraum des Hauses. Ein dickes Buch mit dem Titel *The World's Aircraft Engines* hält die Tür zwischen beiden Räumen einen Spalt offen. Das Schlafzimmer ist groß und hell. Das Tageslicht fällt durch die nach Osten und Süden weisenden Fenster auf weiße Wände und einen gelben Fliesenboden. Zwei einander gegenüberstehende halbhohe Bücherregale trennen den Raum in zwei Hälften. In der einen steht ein großes, niedriges Doppelbett, davor ordentlich nebeneinander je ein Paar viel zu große Hausschuhe und Slipper. Auf den beiden Nachttischchen am Kopfende stapeln sich Bücher. In der anderen Hälfte befindet sich ein massiver Schreibtisch mit fein säuberlich aufgereihten Papierstößen und Erinnerungsstücken und einem Stuhl auf beiden Seiten. An der Wand dahinter steht ein Schrank, abgedeckt mit einem Leopardenfell. Entlang der anderen Wände reihen sich weiß lackierte Bücherregale, und auf dem Boden davor türmen sich Bücher zwischen alten Zeitungen, Stierkampfjournalen und von Gummibändern zusammengehaltenen Briefbündeln.

Auf einem der vollgestopften Regale – das an der Wand neben dem Ostfenster steht und einen knappen Meter vom Bett entfernt ist – befindet sich Hemingways »Arbeitstisch«, eine kaum dreißig Quadratzentimeter große Fläche, die auf der einen Seite von Büchern und auf der anderen von einem Stapel aus Papieren, Manuskripten und Pamphleten begrenzt wird. Sie bietet gerade genug Platz für eine Schreibmaschine, ein darüber stehendes Lesepult, fünf oder sechs Bleistifte und einen Klumpen Kupfererz, mit dem er die Seiten beschwert, wenn es zieht.

Von Anfang an hat Hemingway im Stehen geschrieben. In seinen großen Hausschuhen steht er auf einem abgeschabten Kudu-Fell, Schreibmaschine und Lesepult auf Brusthöhe vor sich.

Zu Beginn eines neuen Projekts schreibt Hemingway am Lesepult mit Bleistift auf dünnem Schreibmaschinenpapier. Die leeren Bögen befinden sich auf einem Klemmbrett links neben der Schreibmaschine, auf dessen Metallklammer »kostenpflichtig« steht. Er legt das Blatt schräg auf das Pult, fixiert es mit der linken Hand und füllt es mit einer Handschrift, die mit den Jahren größer und kindlicher geworden ist, kaum Satzzeichen und Großbuchstaben kennt und statt eines Punkts oft ein X benutzt. Ist die Seite voll, klemmt er sie mit der Schrift nach unten auf ein zweites Klemmbrett, das rechts neben der Schreibmaschine liegt.

Wenn das Schreiben gut läuft oder bei Passagen, die ihm persönlich leichtfallen – Dialogen, beispielsweise –, stellt Hemingway das Lesepult zur Seite und schreibt an der Schreibmaschine weiter.

Das tägliche Schreibpensum wird auf einem Streifen Pappkarton notiert – »man will sich ja nicht selbst hinters Licht führen« –, der unter dem Kopf einer Gazelle an der Wand hängt. Die Zahlen notierter Wörter schwanken zwischen 450, 575, 462, 1250 und 512, wobei Hemingway an manchen Tagen Extraschichten einlegt, um tags darauf ohne schlechtes Gewissen im Golf angeln gehen zu können. Als ein Mensch mit festen Gewohnheiten benutzt Hemingway nie den großzügigen Schreibtisch in der anderen Raumhälfte. Er bietet zwar mehr Platz zum Schreiben, beherbergt aber ebenfalls allerlei Krimskrams: Briefstapel; einen Stofflöwen, der aus einem Nachtlokal am Broadway stammen könnte; ein kleines Leinensäckchen mit Raubtierzähnen; Schrotpatronen; einen Schuhanzieher; einen Löwen, ein Nashorn, zwei Zebras und ein Warzenschwein, alle aus Holz geschnitzt und ordentlich hintereinander auf der Tischplatte aufgereiht. Und natürlich Bücher, die sich auf dem Schreibtisch türmen, neben Tischen am Boden liegen oder wahllos in Regale gezwängt sind, darunter Romane, Geschichtswerke, Gedichtsammlungen, Theaterstücke und Essays. Ein Blick auf die Titel zeigt das breite Spektrum. In dem Regal, das ihm als Stehpult dient, befinden sich auf Kniehöhe Virginia Woolfs *Der gewöhnliche Leser*, Ben Ames Williams' *House Divided*, *The Partisan Reader*, Charles A. Beards *The Republic*, Tarlés *Napoleon in Russland*, *How Young You Look* von Peggy Wood, Alden Brooks' *Will Shakespeare and the*

Dyer's Hand, Baldwins *African Hunting*, T.S. Eliots *Gesammelte Gedichte* und zwei Bücher über General Custers letztes Gefecht am Little Big Horn.

Trotz des augenscheinlichen Durcheinanders lässt das Zimmer bei genauerem Hinsehen einen Besitzer erkennen, der ordnungsliebend ist, sich aber von nichts trennen mag – vor allem nicht von Gegenständen mit Erinnerungswert. Auf einem Regal steht eine höchst ungewöhnliche Sammlung von Andenken: eine Giraffe aus Holzperlen; eine kleine gusseiserne Schildkröte; Miniaturmodelle einer Lokomotive, zweier Jeeps und einer venezianischen Gondel; ein Spielzeugbär, der sich mit einem Schlüssel aufziehen lässt; ein Äffchen, das zwei Becken hält; eine kleine Gitarre und das Modell eines Doppeldeckers der U.S. Navy, das schief auf einem runden Tischset aus Stroh steht, weil ihm ein Rad fehlt. Man fühlt sich an den Krimskrams eines kleinen Jungen erinnert, den er im Schuhkarton hinten im Schrank verwahrt. Es ist jedoch offensichtlich, dass diese Gegenstände ihrem Besitzer etwas bedeuten, wie auch die drei Büffelhörner in Hemingways Schlafzimmer, nicht wegen ihrer Größe, sondern weil bei der Jagd im Busch etwas furchtbar schieflief und doch noch ein glückliches Ende nahm. »Ihr Anblick muntert mich immer auf«, sagt er.

Hemingway mag Aberglauben dieser Art zugeben, aber er zieht es vor, nicht darüber zu reden, weil er das Gefühl hat, die Gegenstände könnten dadurch ihren Wert verlieren. Das Gleiche gilt für das Schreiben. Während unseres Gesprächs betonte er immer wieder, das Handwerk des Schreibens nicht durch ein Übermaß an Reflexion zu verderben. »Ein Teil des Schreibens ist solide und kann nicht zerredet werden, aber der andere Teil ist zerbrechlich, und wenn man darüber redet, bilden sich Risse, und man hat zuletzt gar nichts.«

Aus diesem Grund redet Hemingway nur ungern über das Schreiben – auch wenn er ein großartiger Erzähler ist, reichlich Humor hat und ein erstaunliches Wissen von Dingen besitzt, die ihn interessieren –, nicht weil er keine genauen Vorstellungen davon hat, sondern weil er der festen Überzeugung ist, diese Vorstellungen sollten unausgesprochen bleiben, und dass Fragen danach ihn »irremachen« (um eines seiner Lieblingswörter zu gebrauchen), bis zu dem Punkt, an dem er nur noch unverständig daherredet. Zahlreiche Antworten dieses Interviews entstanden deshalb auch an seinem Schreibpult. Der gereizte Ton mancher Antworten geht gleichfalls auf die Überzeugung zurück, dass das Schreiben eine private, einsame Beschäftigung ist, die keiner Zeugen bedarf, bis das Werk vollendet ist.

Diese Hingabe an seine Kunst mag der gängigen Vorstellung von Hemingway als unbekümmertem Draufgänger und Teufelskerl widersprechen. Tatsache ist, dass Hemingway zweifellos das Leben genießt, gleichzeitig aber eine mindestens ebenso große Leidenschaft für alles aufbringt, was er tut – eine Haltung, die von großer Ernsthaftigkeit geprägt ist und alles verabscheut, was falsch, aufgesetzt und verlogen ist.

Nirgends zeigt sich die Hingabe an seine Kunst deutlicher als in dem gelb gefliesten Schlafzimmer, in dem Hemingway in aller Frühe voller Konzentration an seinem Schreibpult steht, das Gewicht von einem Fuß auf den anderen verlagernd, heftig schwitzend und aufgeregt wie ein kleiner Junge, wenn die Arbeit gut vorankommt, gereizt und missmutig, wenn sie vorübergehend ins Stocken gerät – Sklave einer selbst auferlegten Disziplin bis zur Mittagszeit, wenn er sich mit einem knorrigen Stock auf den Weg zum Swimmingpool macht, um sein tägliches Pensum von achthundert Metern zu schwimmen.

Sind die Stunden des Schreibens für Sie angenehm?

Sehr.

Können Sie den Prozess näher beschreiben? Wann schreiben Sie? Haben Sie feste Arbeitszeiten?

Wenn ich an einem Buch oder einer Kurzgeschichte arbeite, schreibe ich jeden Morgen, sobald es hell wird. Niemand stört einen, und es ist noch frisch oder kühl, und man wird mit dem Schreiben warm. Man liest das, was man am Vortag geschrieben hat, und da man immer aufhört, wenn man weiß, was als Nächstes kommt, macht man von dort aus weiter. Man schreibt bis zu einem Punkt, an dem man noch Schwung hat und weiß, wie es weitergeht, und dann hört man auf und versucht die Zeit bis zum nächsten Morgen rumzubringen, bis man sich wieder an die Arbeit macht. Wenn man um sechs angefangen hat, schreibt man vielleicht bis Mittag. Wenn man aufhört, fühlt man sich leer und gesättigt zugleich, wie nach dem Liebesakt. Nichts kann einen verletzen, nichts kann passieren, nichts bedeutet etwas, bis zum nächsten Tag, wenn man seine Arbeit fortsetzt. Das eigentlich Schwierige ist das Warten bis zum nächsten Tag.

Können Sie die Gedanken an ein aktuelles Projekt verdrängen, wenn Sie nicht arbeiten?

Natürlich. Aber man braucht dazu Disziplin, und die muss man sich antrainieren.

Überarbeiten Sie das Geschriebene vom Vortag, wenn Sie es am nächsten Tag lesen? Oder geschieht dies später, nach Abschluss der Arbeit?

Ich überarbeite jeden Tag das, was ich am Tag zuvor geschrieben habe. Wenn der Text fertig ist, gehe ich alles selbstverständlich noch einmal durch. Eine weitere Gelegenheit für Korrekturen und Änderungen bekommt man, wenn ein anderer den Text abtippt und man die sauber getippten Seiten liest. Die letzte Chance sind die Druckfahnen. Man ist für jeden dieser Arbeitsschritte dankbar.

Nehmen Sie viele Änderungen vor?

Das kommt darauf an. Den Schluss von *In einem anderen Land*, die letzte Seite, habe ich neununddreißig Mal geschrieben, bis ich endlich zufrieden war.

War es ein technisches Problem? Worin bestand die Schwierigkeit?

Die Wörter an die richtige Stelle zu setzen.

Gibt Ihnen das Wiederlesen am nächsten Tag den nötigen Schwung fürs Schreiben?

Beim Wiederlesen gelangt man zu dem Punkt, von dem aus es weitergehen *muss*, in dem Wissen, dass man bis dahin sein Bestes gegeben hat. Schwung findet man immer.

Aber es gibt Tage, an denen die Inspiration ausbleibt?

Natürlich. Aber wenn man rechtzeitig aufgehört hat und weiß, was als Nächstes kommt, kann man weitermachen. Solange man einen Anfang hat, ist alles in Ordnung. Alles Weitere ergibt sich.

Thornton Wilder spricht von privaten Ritualen, die

einem Schriftsteller den Arbeitseinstieg erleichtern. Er sagt, Sie hätten ihm einmal erzählt, Sie würden zwanzig Bleistifte anspitzen.

Ich glaube nicht, jemals zwanzig Bleistifte besessen zu haben. Sieben Bleistifte stumpf zu schreiben, ist ein gutes Tagespensum.

Welche Orte begünstigen Ihr Schreiben? Das Hotel Ambos Mundos muss dazugehören, da Sie dort mehrere Bücher geschrieben haben. Oder hat die Umgebung nur wenig Einfluss auf Ihre Arbeit?

Das Ambos Mundos in Havanna war ein guter Ort zum Schreiben. Diese Finca ist ein famoser Ort, oder war es zumindest. Aber ich habe überall gut gearbeitet. Ich meine, ich habe unter unterschiedlichen Bedingungen so gut ich konnte gearbeitet. Das Telefon und Besucher hindern einen an der Arbeit.

Ist innere Ausgeglichenheit eine Voraussetzung fürs Schreiben? Sie haben mir einmal gesagt, dass Sie nur schreiben können, wenn Sie verliebt sind. Können Sie das näher erläutern?

Was für eine Frage. Aber mutig. Man kann überall schreiben, solange einen die Leute in Ruhe lassen und einen nicht unterbrechen. Oder besser gesagt, man kann es, wenn man nur skrupellos genug ist. Aber am besten schreibt man zweifellos, wenn man verliebt ist. Wenn es Ihnen recht ist, möchte ich das nicht weiter ausführen.

Was ist mit finanziellem Erfolg? Kann er dem Schreiben schaden?

Wenn er früh einsetzt und man das Leben so sehr liebt wie seine Arbeit, brauchte man einen starken Charakter, um der Versuchung zu widerstehen. Ist das Schreiben erst einmal zum größten Laster und zur größten Leidenschaft geworden, kann nur der Tod etwas dagegen ausrichten. Finanzielle Sicherheit ist in dem Fall eine große Hilfe, da man sich keine Sorgen machen muss. Sorgen zerstören die Fähigkeit zu schreiben. Dazu gehört auch eine schlechte Konstitution, da sie mit Sorgen verbunden ist, die das Unterbewusstsein angreifen und die eigenen Reserven aufzehren.

Können Sie den exakten Zeitpunkt benennen, an dem Sie beschlossen, Schriftsteller zu werden?

Nein, ich wollte immer schon Schriftsteller werden.

Philip Young schreibt in seiner Studie über Sie, der traumatische Schock über Ihre schwere Granatverletzung 1918 habe einen großen Einfluss auf Ihr Schriftstellerdasein ausgeübt. Ich erinnere mich, dass Sie in Madrid kurz darauf eingingen und wenig mit der Behauptung anfangen konnten. Sie sagten damals, das Wesen eines Künstlers werde nicht erworben, sondern nach den Mendelschen Gesetzen vererbt.

Offenbar war ich in jenem Jahr in Madrid geistig nicht auf der Höhe. Als Entschuldigung mag gelten, dass ich mich nur kurz zu Mr. Youngs Buch und seiner Trauma-Theorie der Literatur äußerte. Möglicherweise war mein Verstand durch die beiden Gehirnerschütterungen und die Schädelfraktur, die ich in dem Jahr erlitten hatte, in Mitleidenschaft gezogen. Ich erinnere mich, dass ich die Auffassung vertrat, die künstlerische Einbildungskraft sei das Ergebnis stammesgeschichtlicher Erfahrungen. Das klingt sehr nach den

Folgen einer Gehirnerschütterung, und ich denke, wir sollten es dabei belassen. Warten wir ab, wie sich das nächste Trauma auswirkt. Einverstanden? Aber vielen Dank, dass Sie keine Namen von Familienangehörigen genannt haben, die in diesem Zusammenhang gefallen sein mögen. Das Schöne am Reden ist, in alle Richtungen zu denken, aber das meiste davon, vor allem wenn es einfach dahergeredet ist, sollte nicht gedruckt werden. Sobald es veröffentlicht ist, muss man dazu stehen. Vielleicht hat man es nur gesagt, um herauszufinden, ob man daran glaubt oder nicht. Was Ihre ursprüngliche Frage angeht, so sind die Folgen von Verwundungen sehr unterschiedlich. Leichte Verletzungen ohne Knochenbrüche sind unerheblich. Manchmal stärken sie sogar das Selbstvertrauen. Mehrfache Knochenbrüche und Nervenschäden sind für einen Schriftsteller nicht gut, so wie für jeden anderen auch nicht.

Was ist Ihrer Meinung nach das beste geistige Training für einen angehenden Schriftsteller?

Sagen wir, er soll beschließen sich aufzuhängen, weil das Schreiben eine so verdammt schwierige Aufgabe ist. Und dann soll man ihn mitleidslos abschneiden und er vor sich selbst den Schwur leisten, für den Rest seines Lebens so gut zu schreiben wie möglich. Zumindest kann er mit der Geschichte seines Aufknüpfens anfangen.

Was ist mit Leuten, die eine akademische Laufbahn anstreben? Glauben Sie, dass die große Zahl von Schriftstellern in akademischen Positionen ihre literarischen Karrieren kompromittiert haben?

Das hängt davon ab, was Sie unter »kompromittieren« verstehen. Verwenden Sie das Wort in dem Sinne, wie eine Frau sich kompromittiert? Oder meinen Sie einen Kompromiss, bei dem man beim Lebensmittelhändler oder Schneider anschreiben lässt und dann später etwas mehr bezahlt? Ein Schriftsteller, der schreiben und lehren kann, sollte beides tun können. Viele namhafte Autoren haben bewiesen, dass es funktioniert. Ich weiß, dass ich es nicht könnte, und ich bewundere diejenigen, die es gemacht haben. Ich denke aber, dass das akademische Milieu ihm wichtige Erfahrungen vorenthält und so sein Weltwissen einschränkt. Wissen aber erfordert vom Schriftsteller mehr Verantwortung und erschwert das Schreiben. Der Versuch, etwas von bleibendem Wert zu schreiben, ist ein Fulltime-Job, auch wenn das eigentliche Schreiben nur wenige Stunden am Tag einnimmt. Man kann einen Schriftsteller mit einem Brunnen vergleichen. Es gibt so viele verschiedene Brunnen, wie es Schriftsteller gibt. Der entscheidende Punkt ist, stets sauberes Wasser zu haben, und es ist besser, regelmäßig nur eine bestimmte Menge zu entnehmen, als den Brunnen leer zu pumpen und darauf zu warten, dass er sich wieder füllt. Ich sehe, dass ich Ihre Frage aus dem Auge verloren habe, aber es war auch keine besonders interessante Frage.

Würden Sie einem jungen Schriftsteller raten, für Zeitungen zu schreiben? Wie hilfreich war für Sie die Arbeit bei *The Kansas City Star*?

Beim *Star* war man gezwungen zu lernen, wie man einen einfachen Aussagesatz schreibt. Das ist für jeden nützlich. Zeitungsjournalismus wird einem jungen Schriftsteller nicht schaden, sofern er nicht den Absprung verpasst. Es ist eines der ältesten Klischees, und ich entschuldige mich dafür. Aber wer verstaubte Fragen stellt, bekommt auch verstaubte Antworten.

Sie haben einmal in der *Transatlantic Review* geschrieben, Sie hätten nur für Zeitungen geschrieben, weil die Bezahlung gut war. Dort heißt es: »Wenn man seine wertvollen Reserven zerstört, indem man darüber schreibt, muss zumindest das Geld stimmen.« Betrachten Sie das Schreiben als eine Art Selbstzerstörung?

Ich kann mich nicht erinnern, das je geschrieben zu haben. Es klingt so dumm und brachial, dass ich es gesagt haben könnte, um nicht auf den Nägeln zu kauen und mir einen verständigen Satz abzuringen. Ich betrachte das Schreiben definitiv nicht als Selbstzerstörung, obwohl Tagesjournalismus für einen ernsthaften Schriftsteller von einem bestimmten Punkt an Selbstzerstörung bedeuten kann.

Glauben Sie, dass die intellektuelle Anregung durch andere Autoren wichtig für einen Schriftsteller ist?

Auf jeden Fall.

Existierte im Paris der zwanziger Jahre eine Art »Gruppengefühl« zwischen Ihnen und anderen Schriftstellern und Künstlern?

Nein. Es gab kein Gruppengefühl. Wir respektierten einander. Ich hatte großen Respekt vor den Malern, einige waren so alt wie ich, andere älter – Gris, Picasso, Braque, Monet (der damals noch lebte) –, und vor einigen Schriftstellern: Joyce, Pound, die gelungenen Sachen von Stein …

Haben Sie manchmal das Gefühl, beim Schreiben von dem beeinflusst zu werden, was Sie gerade lesen?

Nicht mehr seit dem *Ulysses* von Joyce. Er hatte keinen

unmittelbaren Einfluss auf mich. Aber zu der Zeit waren bestimmte Wörter für uns tabu, und wir mussten um jeden einzelnen Ausdruck kämpfen. Joyces Werke änderten alles, denn sie ermöglichten uns, die Fesseln abzustreifen.

Haben Sie von anderen Autoren etwas über das Schreiben gelernt? Sie haben mir gestern gesagt, Joyce, beispielsweise, konnte es nicht ertragen, über das Schreiben zu reden.

In Gesellschaft von Leuten aus dem eigenen Metier spricht man gewöhnlich über die Bücher anderer Autoren. Je besser der Schriftsteller, desto weniger wird er von seinen eigenen Büchern sprechen. Joyce war ein sehr großer Schriftsteller, und er redete nur gegenüber Idioten von seiner eigenen Arbeit. Bei von ihm geschätzten Autoren ging er davon aus, sie würden seine Werke lesen und wissen, was er schreibe.

Sie scheinen in jüngerer Zeit die Gesellschaft anderer Schriftsteller zu meiden. Warum?

Die Sache ist komplizierter. Je länger man schreibt, desto einsamer wird man. Die meisten der engsten und ältesten Freunde sterben. Andere ziehen fort. Man sieht sie nur noch selten, aber man schreibt Briefe und bleibt mit ihnen fast auf die gleiche Weise in Kontakt wie damals, als man sich im Café traf. Man schreibt witzige, manchmal auch verrückt obszöne und ausgelassene Briefe, und es ist beinahe so gut wie miteinander zu reden. Aber man ist mehr allein, weil man nur so arbeiten kann, und die Zeit zum Schreiben wird immer kürzer, und wenn man sie verschwendet, ist das eine Sünde, für die es keine Vergebung gibt.

Welchen Einfluss hatten diese Leute – Ihre Zeitgenossen –

auf Ihre Arbeit? Wie groß war Gertrude Steins Einfluss, wenn überhaupt? Oder der von Ezra Pound? Oder von Max Perkins?

Es tut mir leid, aber ich verstehe mich nicht auf diese Art von Leichenschau. Es gibt amtliche Leichenbeschauer, literarische und nichtliterarische, denen dieses Amt obliegt. Miss Stein schrieb recht ausführlich und mit beachtlichem Einfallsreichtum über ihren Einfluss auf mein Werk. Sie musste das tun, nachdem sie durch ein Buch namens *Fiesta* gelernt hatte, wie man Dialoge schreibt. Ich mochte sie sehr und fand es großartig, dass sie gelernt hatte, Dialoge zu schreiben. Für mich war es selbstverständlich, von anderen zu lernen, Lebenden und Toten, und ich hatte keine Vorstellung, wie stark es sie beeinflussen würde. In anderen Bereichen schrieb sie bereits sehr gut. Ezra verstand sich ausgesprochen gut auf Themen, mit denen er sich auskannte. Langweilt Sie dieses Gerede nicht? Mir ist diese Art Tratsch, bei dem man die schmutzige Wäsche von vor fünfunddreißig Jahren hervorholt, ausgesprochen zuwider. Es wäre etwas anderes, wenn man versuchen würde, die ganze Wahrheit zu erzählen. Das hätte zumindest einen Wert. Doch in diesem Zusammenhang ist es leichter und besser, Gertrude für alles zu danken, was ich von ihr über das abstrakte Verhältnis von Wörtern gelernt habe, zu wiederholen, wie gern ich sie mochte, Ezra meine Wertschätzung als großem Dichter und treuem Freund zu versichern und zu sagen, dass mir Max Perkins so viel bedeutete, dass ich seinen Tod nie verwunden habe. Er hat mich nie darum gebeten, irgendein Wort in meinen Texten zu ändern, ausgenommen einiger Ausdrücke, die zu der Zeit nicht gedruckt werden durften. Dort blieben dann Leerstellen, und jeder, der sich auskannte, wusste, welche Wörter gemeint waren. Für mich war er nicht einfach nur ein Lektor. Er war ein weiser Freund und ein wunderbarer Gefährte. Mir gefiel es, wie er seinen Hut trug, und die seltsame Art, wie sich seine Lippen bewegten.

Wer sind Ihrer Meinung nach Ihre literarischen Vorgänger, die Autoren, von denen Sie am meisten gelernt haben?

Mark Twain, Flaubert, Stendhal, Bach, Turgenjew, Tolstoi, Dostojewski, Tschechow, Andrew Marvell, John Donne, Maupassant, der gute Kipling, Thoreau, Captain Marryat, Shakespeare, Mozart, Quevedo, Dante, Virgil, Tintoretto, Hieronymus Bosch, Brueghel, Patinir, Goya, Giotto, Cézanne, Van Gogh, Gaugin, San Juan de la Cruz, Góngora – es würde einen ganzen Tag dauern, sie alle aufzuzählen. Und dann würde es so klingen, als wollte ich mir eine Gelehrsamkeit anmaßen, die ich nicht besitze, als mich bloß an all die Leute zu erinnern, die mein Leben und mein Werk beeinflusst haben. Das ist keineswegs eine blödsinnige Frage. Es ist eine sehr gute, aber auch sehr ernste Frage, die eine genaue Gewissenserforschung verlangt. Ich habe auch einige Maler erwähnt, weil ich von Malern ebenso viel über das Schreiben lerne wie von Schriftstellern. Sie fragen sich, wie das geht? Es würde einen weiteren Tag dauern, es zu erklären. Ich denke, was man von Komponisten und vom Studium der Harmonie und des Kontrapunkts lernt, ist offensichtlich.

Spielen Sie ein Instrument?

Ich habe früher Cello gespielt. Meine Mutter nahm mich ein ganzes Jahr aus der Schule, damit ich mich mit Musik und Kontrapunkt beschäftigte. Sie hielt mich für begabt, aber ich hatte nicht das geringste Talent. Wir spielten Kammermusik. Eine Violinistin kam zu uns ins Haus, meine Schwester spielte Viola und meine Mutter Klavier. Ich spielte Cello schlechter als jeder andere Mensch auf Erden. Natürlich habe ich während dieses Jahres auch andere Dinge gemacht.

Lesen Sie Werke der genannten Autoren wieder? Twain, zum Beispiel?

Bei Twain muss man zwei bis drei Jahre warten. Man behält seine Sachen zu gut. Von Shakespeare lese ich jedes Jahr etwas, darunter immer den *Lear*. Das muntert einen auf.

Lesen ist also eine Ihrer regelmäßigen und genussvollen Beschäftigungen?

Ich lese ständig Bücher – alles, was mir unter die Finger kommt. Manchmal zügle ich meine Lektüre, damit mir die Vorräte nicht ausgehen.

Lesen Sie die Manuskripte anderer Autoren?

Das kann zu großen Problemen führen, es sei denn, man kennt den Autor persönlich. Vor einigen Jahren strengte ein Mann eine Plagiatsklage gegen mich an. Er behauptete, ich hätte Teile von *Wem die Stunde schlägt* aus einem von ihm stammenden unveröffentlichten Drehbuch übernommen. Er hatte bei irgendeiner Party in Hollywood daraus vorgelesen. Er sagte, ich sei dort gewesen, zumindest konnte er sich an einen Mann namens Ernie erinnern, und das reichte seiner Meinung nach aus, mich auf eine Million Dollar zu verklagen. Zur gleichen Zeit hatte er auch Klagen gegen die Produzenten der Filme *Die scharlachroten Reiter* und *Der lustige Bandit* laufen, denen er ebenfalls vorwarf, aus seinem Drehbuch gestohlen zu haben. Natürlich ging der Prozess für ihn verloren. Der Mann war danach bankrott.

Kommen wir noch einmal zurück auf die Liste mit Namen, und lassen Sie uns einen Maler herausgreifen, sagen wir, Hieronymus Bosch. Die albtraumhafte Symbolik seiner Bilder scheint meilenweit von der Welt Ihrer Bücher entfernt.

Ich habe Albträume und kenne die anderer Leute. Aber man muss sie nicht aufschreiben. Alles, was man kennt, findet Eingang ins Werk, auch wenn man nicht davon redet. Wenn aber ein Schriftsteller Dinge ausspart, die er nicht kennt, entstehen Löcher im Text.

Heißt das, die genaue Kenntnis von den Werken der Künstler auf Ihrer Liste füllt den »Brunnen«, von dem Sie vorhin gesprochen haben? Oder waren sie Ihnen eine gezielte Hilfe bei der Entwicklung einer eigenen Schreibtechnik?

Sie waren ein Teil meiner Ausbildung, sehen, hören, denken, fühlen und schreiben zu lernen. Der Brunnen ist der Ort, aus dem man seine Inspiration schöpft. Niemand weiß, woher sie kommt, am wenigsten man selbst. Man weiß nur, ob sie vorhanden ist oder ob man warten muss, bis sie zurückkehrt.

Würden Sie einräumen, dass Ihre Romane einen symbolischen Gehalt haben?

Vermutlich existieren Symbole in ihnen, da Kritiker sie fortwährend aufspüren. Wenn Sie nichts dagegen haben, möchte ich lieber nicht darüber reden und danach befragt werden. Es ist schwer genug, Bücher und Kurzgeschichten zu schreiben, ohne sie auch noch erklären zu müssen. Außerdem nimmt man den Berufsexegeten die Arbeit weg.

Wenn fünf oder sechs ausgewiesene Experten damit ihr Auskommen haben, warum sollte ich mich da einmischen? Lesen Sie meine Werke aus reiner Freude an der Lektüre. Was immer Sie sonst noch darin entdecken, sind Dinge, die Sie in die Lektüre hineintragen.

Noch eine letzte Frage zu diesem Thema: Ein Mitarbeiter in der Redaktion sieht in *Fiesta* eine Parallele zwischen den Personen in der Stierkampfarena und den Hauptfiguren des Romans. Er weist darauf hin, dass wir gleich im ersten Satz erfahren, dass Robert Cohn Boxer ist. Später, während der *desencajonada*, wird der Stier auf eine Art beschrieben, als würde er seine Hörner wie die Fäuste eines Boxers einsetzen. Und so wie der Stier von einem jungen Ochsen abgelenkt und besänftigt wird, fügt Robert Cohn sich Jake, der genau wie ein Stier zeugungsunfähig ist. Der Redakteur sieht in Mike den Picador, der Cohn wiederholt aufstachelt. Die Theorie geht noch weiter, aber er fragt sich, ob es eine bewusste Entscheidung war, das Ritual des Stierkampfs als Modell für die Romanhandlung zu nehmen.

Mir scheint, Ihr Redaktionsmitarbeiter hat eine blühende Phantasie. Wo wird denn gesagt, Jake sei zeugungsunfähig wie ein Stier? Tatsächlich hat er ganz andere Verletzungen, aber seine Testikel sind völlig intakt. Deshalb hat er die gleichen Regungen wie jeder andere Mann, nur leidet er unter Impotenz. Der entscheidende Punkt ist, dass seine Verletzung physisch und nicht psychisch ist und dass er nicht zeugungsunfähig ist.

Diese Fragen zum literarischen Handwerk sind sehr lästig.

Eine vernünftige Frage ist weder erfreulich noch lästig. Dennoch bin ich davon überzeugt, dass es für einen Schriftsteller nicht gut ist, über sein Schreiben zu sprechen. Er schreibt, damit man ihn liest, und da sollten keine weiteren Erklärungen und weitschweifige Abhandlungen nötig sein. Sie können sicher sein, dass ein Werk sehr viel mehr enthält, als man bei der ersten Lektüre mitbekommt, und als Schöpfer dieses Werks ist es nicht die Aufgabe des Schriftstellers, dem Leser Führungen durch das komplizierte Terrain seiner Bücher zu geben.

Im Zusammenhang damit erinnere ich mich, dass Sie auch davor gewarnt haben, ein Schriftsteller solle nicht über aktuelle Projekte reden, weil er dadurch aus dem Tritt kommen kann. Woran liegt das? Ich frage das, weil es viele Schriftsteller gibt – ich denke da an Twain, Wilde, Thurber oder Steffens –, die ihr Material zurechtgeschliffen haben, indem sie es an ihren Zuhörern ausprobierten.

Ich kann mir nicht vorstellen, dass Twain *Huckleberry Finn* jemals an Zuhörern »ausprobiert« hat. Hätte er es getan, hätten sie ihm vermutlich geraten, die guten Sachen rauszuwerfen und die schlechten zu behalten. Von Wilde sagen Leute, die ihn kannten, er sei ein besserer Redner als Schriftsteller gewesen. Steffens redete ebenfalls besser, als er schrieb. Was er schrieb und redete, war manchmal schwer zu glauben, und ich war Zeuge, wie viele seiner Geschichten sich mit den Jahren veränderten. Wenn Thurber so gut redet, wie er schreibt, muss er einer der größten und unterhaltsamsten Redner sein. Derjenige unter meinen Bekannten, der am besten über sein Handwerk reden kann und das flotteste Mundwerk hat, ist Juan Belmonte, der Matador.

Können Sie sagen, wie viel bewusste Anstrengung in die Entwicklung Ihres Stils geflossen ist?

Das ist eine Frage, deren Beantwortung mehrere Tage in Anspruch nehmen würde, und danach könnte man vor lauter Reflektiertheit nicht mehr schreiben. Ich kann aber sagen, was Anfänger als Stil bezeichnen, ist gewöhnlich bloß die unvermeidliche Unbeholfenheit, etwas zu schaffen, was es zuvor nicht gegeben hat. Kaum ein neuer Klassiker ähnelt irgendeinem vorherigen Klassiker. Zuerst sehen die Leute nur die Unbeholfenheit. Sie haben noch keinen Blick für die Feinheiten und glauben, die Unbeholfenheit sei der Stil, und viele imitieren ihn. Das ist bedauerlich.

Sie haben mir einmal in einem Brief geschrieben, die schlichten Umstände, unter denen zahlreiche Ihrer Texte entstanden sind, seien äußerst aufschlussreich. Ist »Die Killer« dafür ein Beispiel? Sie sagten, Sie hätten den Text zusammen mit »Zehn Indianer« und »Heute ist Freitag« an einem Tag geschrieben. Und gehört Ihr erster Roman _Fiesta_ auch dazu?

Nun denn. _Fiesta_ begann ich an meinem Geburtstag, dem 21. Juli, in Valencia. Meine Frau Hadley und ich waren frühzeitig nach Valencia gereist, um gute Plätze für die _Feria_ zu bekommen, die am 24. Juli begann. Alle in meinem Alter hatten bereits einen Roman geschrieben, nur ich kämpfte mit jedem Absatz. Ich fing also an meinem Geburtstag mit dem Buch an und schrieb für die Dauer der _Feria_ jeden Morgen im Bett. Danach fuhren wir nach Madrid, wo es keine _Feria_ gab, und ich schrieb dort weiter. Wir hatten ein Hotelzimmer mit einem Tisch, und ich genoss den Luxus, an diesem Tisch und in einer Bierkneipe um die Ecke in der Pasaje Alvarez zu schreiben, wo es kühl war. Schließlich wurde es zu heiß zum Schreiben, und wir gingen nach Hendaye. Dort gab es ein kleines, billiges Hotel an einem langen, bezaubernden Strand, und ich kam gut voran. Zuletzt fuhren wir zurück nach Paris, wo ich sechs Wochen nach Beginn den ersten Entwurf in der Wohnung über der Sägemühle in der Rue Notre-Dame-des-Champs 113 abschloss. Ich zeigte ihn dem Romancier Nathan Asch, der mir sagte, Hem, was soll das heißen, du hast einen Roman geschrieben? Das ist kein Roman. Das ist ein Reisebuch. Ich ließ mich dadurch nicht entmutigen und schrieb eine zweite Fassung im Hotel Taube in Schruns in Vorarlberg, in der ich die Reisebeschreibungen (den Teil über den Angeltrip und Pamplona) beibehielt.

Die von Ihnen genannten Erzählungen schrieb ich an einem Tag, es war der 16. Mai, in Madrid, nachdem die Stierkämpfe zum San-Isidro-Fest wegen heftigen Schneefalls abgesagt worden waren. Am Vormittag schrieb ich die Kurzgeschichte »Die Killer«, an der ich zuvor schon einmal gescheitert war. Nach dem Mittagessen legte ich mich ins Bett, wo es wärmer war, und schrieb »Heute ist Freitag«. Ich befand mich in einem solchen Schaffensrausch, dass ich verrückt zu werden glaubte, und ich hatte noch sechs weitere Geschichten im Kopf. Ich zog mich an und ging ins Fornos, das alte Stierkämpfer-Café, trank Kaffee und ging dann zurück ins Hotel und schrieb »Zehn Indianer«. Danach war ich ganz niedergeschlagen, trank etwas Brandy und legte mich schlafen. Ich hatte ganz vergessen zu essen, und ein Kellner brachte mir Stockfisch, ein kleines Steak, Bratkartoffeln und eine Flasche Valdepeñas.

Die Besitzerin der Pension war immer ganz besorgt, dass ich zu wenig aß, und hatte den Kellner hinaufgeschickt. Ich erinnere mich, dass ich im Bett saß, speiste und den Valdepeñas trank. Der Kellner sagte, er würde mir eine zweite

Flasche bringen. Er sagte, die Señora wolle wissen, ob ich die ganze Nacht durchschreiben wolle. Ich verneinte und sagte, ich würde eine Pause einlegen. Warum versuchen Sie nicht, noch eine Geschichte zu schreiben, fragte der Kellner. Man kann immer nur eine schreiben, sagte ich. Unfug, erwiderte er. Sie können sechs am Stück schreiben. Ich werde es morgen versuchen, sagte ich. Versuchen Sie es heute Nacht, sagte er. Was glauben Sie, warum die alte Dame Ihnen das Essen hat bringen lassen?

Ich bin müde, erklärte ich. Ach was, sagte er. Sie sind doch nach drei läppischen Geschichten nicht müde. Übersetzen Sie eine für mich.

Lassen Sie mich in Ruhe, sagte ich. Wie soll ich schreiben, wenn Sie mich nicht in Ruhe lassen? Und dann saß ich im Bett, trank den Valdepeñas und dachte, was für ein verdammt guter Schriftsteller ich war, wenn die erste Kurzgeschichte sich tatsächlich als so gut erwies, wie ich gehofft hatte.

Wie genau ist Ihre Vorstellung von einer Kurzgeschichte, bevor Sie sie aufschreiben? Gibt es beim Schreiben noch Änderungen bezüglich des Themas, der Handlung oder der Figuren?

Manchmal kennt man die ganze Geschichte. Manchmal entsteht sie erst beim Schreiben und man weiß selbst nicht, worauf es hinausläuft. Alles ist im Fluss. Genau diese Bewegung macht die Geschichte aus. Manchmal ist die Bewegung so langsam, dass man sie kaum bemerkt. Aber es gibt immer Veränderung und Bewegung.

Trifft das auch auf Ihre Romane zu, oder haben Sie hier einen klaren Entwurf, dem Sie strikt folgen?

Bei *Wem die Stunde schlägt* hatte ich jeden Tag das gleiche Problem. Grundsätzlich stand die Handlung. Aber was im Einzelnen passierte, entwickelte ich von Tag zu Tag.

Waren *Die grünen Hügel Afrikas*, *Haben und Nichthaben* und *Über den Fluss und in die Wälder* ursprünglich als Kurzgeschichten geplant, die sich dann zu Romanen auswuchsen? Wenn ja, sind die beiden Formen einander so ähnlich, dass der Autor ohne große Umstellungen von einer zu anderen wechseln kann?

Nein, das stimmt nicht. *Die grünen Hügel Afrikas* ist kein Roman, sondern wurde mit der Absicht geschrieben, herauszufinden, ob eine streng wahrheitsgetreue Beschreibung der Umgebung und der täglichen Ereignisse eines Monats sich mit einem Werk der Einbildungskraft messen kann. Anschließend schrieb ich zwei Kurzgeschichten, »Schnee auf dem Kilimandscharo« und »Das kurze glückliche Leben des Francis Macomber«. Diese beiden Kurzgeschichten verarbeiten die gleichen Erfahrungen, die ich während des einmonatigen Jagdausflugs gemacht und in *Die grünen Hügel Afrikas* als Tatsachenbericht wiedergegeben hatte. *Haben und Nichthaben* und *Über den Fluss und in die Wälder* waren beides ursprünglich Kurzgeschichten.

Fällt es Ihnen leicht, zwischen verschiedenen literarischen Projekten zu wechseln, oder schließen Sie ein Werk erst ab, bevor Sie etwas Neues beginnen?

Die Tatsache, dass ich eine wichtige Arbeit unterbreche, um diese Fragen zu beantworten, beweist nur meine Dummheit, für die ich hart bestraft zu werden verdiene. Und so wird es kommen. Dessen können Sie sicher sein.

Haben Sie sich je in Konkurrenz mit anderen Schriftstellern gesehen?

Nein, niemals. Früher habe ich versucht, besser zu schreiben als eine Reihe toter Autoren, von deren Größe ich überzeugt war. Seit vielen Jahren schon versuche ich einfach so gut zu schreiben, wie ich kann. Manchmal habe ich Glück und schreibe besser, als ich kann.

Glauben Sie, dass die Kräfte eines Schriftstellers im Alter nachlassen? In *Die Grünen Hügel Afrikas* sagen Sie an einer Stelle, von einem gewissen Alter an verwandelten sich amerikanische Schriftsteller in greise Mütterchen.

Das glaube ich nicht. Leute, die wissen, was sie tun, sollten so lange durchhalten, wie ihr Kopf mitmacht. Wenn Sie die betreffende Stelle im Buch nachschlagen, werden Sie feststellen, dass ich mit einem humorlosen Österreicher in einen Disput über die amerikanische Literatur verwickelt bin, während ich eigentlich etwas ganz anderes tun möchte. Ich habe die Unterhaltung nur wortgetreu wiedergegeben. Nicht, um tiefe Weisheiten zu verkündigen. Immerhin sind einige Bemerkungen gar nicht so übel.

Wir haben noch gar nicht über das Personal Ihrer Bücher gesprochen. Sind die Figuren in Ihrem Werk ausschließlich der Realität entnommen?

Natürlich nicht. *Einige* haben reale Vorbilder. Größtenteils erfindet man seine Figuren aus dem Wissen und den Erfahrungen mit Menschen.

Können Sie etwas darüber sagen, wie Sie eine reale Person in eine fiktive Figur verwandeln?

Wenn ich das täte, entstünde daraus ein Handbuch für Verleumdungsklagen.

Unterscheiden Sie, wie E. M. Forster, zwischen »flachen« und »runden« Charakteren?

Wenn man jemanden beschreibt, erscheint er flach wie eine Fotografie, was ich für unzureichend halte. Wenn man ihn aus dem entwickelt, was man weiß, sollte er viele Dimensionen besitzen.

Welchen Ihrer Figuren sind Sie besonders verbunden?

Die Liste wäre zu lang.

Sie können also in Ihren Büchern lesen, ohne das Gefühl zu haben, nachträglich noch etwas ändern zu wollen?

Ich lese manchmal darin, um mich aufzumuntern, wenn ich mit dem Schreiben nicht vorankomme, und dann erinnere ich mich, dass es immer anstrengend war, manchmal beinahe unmöglich.

Wie finden Sie die Namen für Ihre Figuren?

Ich gebe mir Mühe.

Kommen Ihnen die Titel für Ihre Romane und Kurzgeschichten während des Schreibens?

Nein. Ich mache eine Liste mit Titeln, *nachdem* ich die Geschichte oder das Buch beendet habe – manchmal mit bis zu hundert Vorschlägen. Dann streiche ich sie nacheinander durch, gelegentlich auch alle.

Machen Sie das auch mit Kurzgeschichten, deren Titel im Text vorkommt – »Hügel wie weiße Elefanten«, zum Beispiel?

Ja. Die Titel kommen immer nachher. Ich traf damals ein Mädchen in Prunier, wo ich ein paar Austern essen wollte. Ich wusste, dass sie eine Abtreibung hinter sich hatte. Ich ging zu ihr, und wir unterhielten uns, nicht über die Abtreibung, und auf dem Weg nach Hause kam mir die Idee zu der Geschichte. Ich verzichtete aufs Mittagessen und schrieb die Geschichte am Nachmittag desselben Tages.

Wenn Sie nicht schreiben, beobachten Sie also aufmerksam Ihre Umwelt auf der Suche nach geeignetem Material?

Gewiss doch. Wenn ein Schriftsteller aufhört, zu beobachten, ist er erledigt. Aber er muss dies weder bewusst tun, noch ständig darüber nachdenken, wie er seine Beobachtungen verwenden könnte. Möglicherweise ist das in seinen Anfangsjahren so. Später aber gelangt alles, was er sieht, in den großen Speicher seiner Erfahrungen und seines Wissens. Wenn es zur Verdeutlichung beiträgt, ich versuche immer nach dem Eisbergmodell zu schreiben. Sieben Achtel davon liegen unter Wasser, nur ein kleiner Teil ist sichtbar. Alles, was man weiß, kann man weglassen, und es macht den Eisberg nur noch stärker. Es liegt alles an dem Teil, der unsichtbar bleibt. Wenn ein Schriftsteller etwas weglässt, weil er etwas nicht weiß, dann ist ein Loch in der Geschichte.

Der alte Mann und das Meer hätte einen Umfang von mehr als tausend Seiten haben können, wenn ich über jeden einzelnen Dorfbewohner und sein Leben geschrieben hätte, wie er geboren wurde, aufwuchs, selbst Kinder hatte und so weiter. Andere Schriftsteller verstehen sich ganz ausgezeichnet darauf. Beim Schreiben wird man durch das eingeschränkt, was bereits auf zufriedenstellende Weise gelöst wurde. Deshalb habe ich versucht, etwas anderes zu machen. Zuerst habe ich versucht, alles Überflüssige wegzulassen, um dem Leser eine Erfahrung zu vermitteln, die nach der Lektüre zu seiner eigenen Erfahrung wird und sich tatsächlich zugetragen zu haben scheint. Das ist keine leichte Aufgabe, und ich habe sehr hart daran gearbeitet.

Wie auch immer, ohne auf die technischen Details einzugehen, ich hatte dieses Mal das unglaubliche Glück, die Erfahrung vollständig wiedergeben zu können, und noch dazu eine Erfahrung, die nie zuvor vermittelt worden war. Mein Glück bestand darin, einen guten Mann und einen guten Jungen zu haben, wobei Schriftsteller in jüngerer Zeit vergessen haben, dass es so etwas gibt. Und dann ist das Meer ein ebenso wertvoller Gegenstand der Literatur wie der Mensch. Auch darin hatte ich Glück. Ich hatte Marline bei der Paarung beobachtet und kannte mich damit aus. Also ließ ich es weg. In den gleichen Gewässern war ich einem Schwarm von mehr als fünfzig Pottwalen begegnet, und einmal hatte ich ein fast zwanzig Meter langes Exemplar harpuniert, das anschließend entkam. Also ließ ich auch das weg. All die vielen Geschichten, die ich aus dem Fischerdorf kannte, ließ ich weg. Aber alles dieses Wissen gehört zum Teil des Eisbergs, der unter Wasser liegt.

Archibald MacLeish hat von einer Methode der Vermittlung von Erfahrungen gesprochen, die seiner Meinung nach zuerst von Ihnen entwickelt wurde, als Sie Baseball-Reportagen für den *Kansas City Star* schrieben. Der Kniff besteht darin, Erfahrungen durch genau beobachtete Details zu vermitteln, die dem Leser das große Ganze da-

durch vor Augen führen, dass sie ihm Dinge bewusst machen, die er zuvor nur unbewusst wahrgenommen hat.

Die Anekdote kann so nicht stimmen. Ich habe für den *Star* nie über Baseball geschrieben. Archie erinnert sich vermutlich an meine Lehrlingszeit in Chicago um 1920, als ich nach den unscheinbaren Dingen suchte, die Gefühle ausdrückten, etwa die Art, wie ein Outfielder seinen Handschuh achtlos hinter sich warf, das Quietschen der Gummisohlen eines Boxers im Ring, das aschfahle Gesicht von Jack Blackburn, nachdem er aus dem Gefängnis entlassen worden war, und andere Dinge, die ich mir notierte, so wie ein Maler Skizzen anfertigt. Man sah Blackburns seltsame Gesichtsfarbe, die Narben von Rasierklingen und die Art, wie er Schlägen auswich, bevor man seine Geschichte kannte. Dies waren die Dinge, die einen berührten, ehe man die Hintergründe erfuhr.

Haben Sie jemals eine Situation beschrieben, von der Sie kein persönliches Wissen hatten?

Das ist eine seltsame Frage. Meinen Sie mit persönlichem Wissen eine Erfahrung am eigenen Leib? In dem Fall ist die Antwort positiv. Ein Schriftsteller, der etwas taugt, beschreibt nicht. Er erfindet oder erschafft aus persönlichem und vermitteltem Wissen, und manchmal scheint er ein Wissen zu besitzen, das er sich selbst nicht erklären kann und das aus weit zurückliegenden Erfahrungen seiner Vorfahren stammen könnte. Wer bringt der Taube bei, zum heimischen Schlag zurückzufinden? Woher hat der Stier in der Arena seinen Todesmut, oder der Jagdhund seinen scharfen Geruchssinn? Ich führe hier nur Dinge fort, über die wir damals in Madrid gesprochen haben, als ich geistig nicht voll zurechnungsfähig war.

Wie viel Abstand müssen Sie zu einer Erfahrung besitzen, um sie literarisch verarbeiten zu können? Ihre beiden Flugzeugabstürze in Uganda, beispielsweise?

Das hängt von der Erfahrung ab. Ein Teil des eigenen Selbst betrachtet die Dinge von Anfang an vollkommen abgeklärt. Ein anderer Teil hingegen ist eng darin verstrickt. Ich glaube, es gibt keine feste Regel, ab wann man darüber schreiben sollte. Es hängt davon ab, wie gefestigt eine Person ist, und von ihren Selbstheilungskräften. Für einen erfahrenen Schriftsteller ist es zweifellos nützlich, mit einem brennenden Flugzeug abzustürzen. Er lernt auf einen Schlag mehrere bedeutende Dinge. Ob er davon profitieren kann, hängt von der Art des Überlebens ab. In Würde zu überleben, jenes altmodische und große Wort, ist so schwierig wie eh und je und für einen Schriftsteller entscheidend. Diejenigen, die aufgeben, werden immer mehr geachtet, da niemand ihren langen, zähen, unnachgiebigen, kein Pardon gewährenden Kampf verfolgen muss, der für sie der einzig mögliche Weg bis zu ihrem Tod ist. Wer stirbt oder vorzeitig aus guten Gründen hinwirft, wird eher respektiert, denn er handelt verständlich und menschlich. Scheitern und wohlmaskierte Feigheit liegen dem Menschen näher und finden stets mehr Anerkennung.

Darf ich Sie fragen, in welchem Ausmaß sich Ihrer Meinung nach ein Schriftsteller mit den gesellschaftspolitischen Problemen seiner Zeit beschäftigen sollte?

Jeder hat sein eigenes Gewissen, und es sollte keine Regeln dafür geben, wie ein Gewissen zu funktionieren hat. Bei einem politischen Schriftsteller kann man in dem einen Punkt sicher sein, dass sein Werk nur dann Bestand haben wird, wenn man beim Lesen die politischen Passagen überspringt. Viele der sogenannten politisch engagierten Autoren ändern ihre Überzeugungen fortlaufend. Das ist für sie und ihre politisch-literarischen Verlautbarungen sehr aufregend. Manchmal müssen sie ihre Standpunkte über Nacht neu formulieren. Vielleicht kann man es als eine Form des Strebens nach Glück gelten lassen.

Hat der politische Einfluss Ezra Pounds auf John Kasper, einen Befürworter der Rassentrennung, Ihr Eintreten für Pounds Freilassung aus dem St.-Elizabeth-Krankenhaus in irgendeiner Weise beeinträchtigt?

Nein. Überhaupt nicht. Ezra sollte freigelassen und in Italien Gedichte schreiben dürfen, unter der Verpflichtung, sich von aller Politik fernzuhalten. Kasper sähe ich gern so schnell wie möglich im Gefängnis. Große Dichter sind nicht notwendigerweise Pfadfinderführer oder üben einen vorteilhaften Einfluss auf die Jugend aus. Nur um ein paar Namen zu nennen: Verlaine, Rimbaud, Shelley, Byron, Baudelaire, Proust oder Gide hätten nicht weggesperrt werden müssen, um zu verhindern, dass Menschen wie Kasper ihre Ansichten, Verhaltensweisen oder ihre Moral nachäffen. Ich bin sicher, in zehn Jahren wird man an dieser Stelle eine Fußnote einfügen müssen, um den Leuten zu erklären, wer John Kasper überhaupt war.

Würden Sie Ihrem Werk irgendeine didaktische Absicht unterstellen?

Der Ausdruck didaktisch ist häufig missbraucht und verhunzt worden. *Tod am Nachmittag* ist ein lehrreiches Buch.

Man sagt, jeder Schriftsteller behandelt in seinen Werken eine oder zwei Ideen. Würden Sie sich dem anschließen?

Wer hat das behauptet? Das klingt mir viel zu simpel. Vielleicht hatte der Mann, der das gesagt hat, nur eine oder zwei Ideen.

Nun, vielleicht sollte ich es anders formulieren. Von Graham Greene stammt der Satz, eine starke Leidenschaft gibt einem Regal mit Romanen die Geschlossenheit eines Systems. Sie selbst, glaube ich, haben gesagt, große Literatur entsteht aus einem Gespür für Ungerechtigkeit. Glauben Sie, dass ein Romanschriftsteller von einem solchen starken Empfinden beherrscht sein sollte?

Mr Greene besitzt eine Gabe für markante Sätze, die mir fehlt. Ich könnte keine klugen Maximen über ein Regal mit Romanen, einen Schnepfenschwarm oder eine Gänseschar machen. Lassen Sie mich es dennoch versuchen. Ein Schriftsteller, der kein Gefühl für Recht oder Unrecht besitzt, sollte besser das Jahrbuch einer Schule für Hochbegabte herausgeben, als Romane schreiben. Ein weiterer Gemeinplatz. Sie sehen, es ist gar nicht so schwer, wenn der Sachverhalt offensichtlich ist. Die wichtigste Gabe für einen guten Schriftsteller aber ist ein eingebauter, stoßsicherer Shit-Detektor. Das ist sein Radar, und alle großen Schriftsteller haben ihn besessen.

Noch eine letzte grundlegende Frage: Was ist für Sie als kreativer Schriftsteller die Funktion Ihrer Kunst? Warum ein Abbild von Tatsachen anstatt die Tatsachen selbst?

Was ist daran so verwirrend? Aus dem, was geschehen ist, und aus dem, was existiert, und aus allem, was er weiß und was er nicht wissen kann, erschafft der Schriftsteller etwas, das nicht bloßes Abbild ist, sondern etwas vollkommen

Neues, wahrer als alles, was wahr und lebendig ist, und er erweckt es zum Leben, und wenn er es gut genug macht, verleiht er ihm Unsterblichkeit. Das ist der einzige Grund für sein Tun, der ihm bekannt ist. Aber was ist mit all den Gründen, die niemand kennt?

Aus dem Englischen von Georg Deggerich

Ernest Hemingway, The Art of Fiction No. 18,
The Paris Review, 18 / Frühling 1958.

Gabriel García Márquez

ICH BIN KEIN INTELLEKTUELER.

Mit Peter Stone (1981)

Das Interview mit Gabriel García Márquez fand in seinem Studio gleich hinter seinem Haus in San Angel Inn statt, einem bezaubernden alten Stadtteil von Mexiko-Stadt, der für seine farbenprächtigen Blumen bekannt ist. Das Studio liegt wenige Schritte vom Haupthaus entfernt. Es ist ein flaches längliches Gebäude, das ursprünglich als Gästewohnung gedient haben mag. Drinnen befinden sich an einem Ende eine Couch, zwei Sessel und eine improvisierte Bar, bestehend aus einem kleinen weißen Kühlschrank, auf dem mehrere Flaschen Mineralwasser stehen.

Der auffälligste Gegenstand im Raum ist eine vergrößerte Fotografie über dem Sofa, die García Márquez mit einem eleganten Cape an einem windumtosten Aussichtspunkt stehend zeigt und auf der er ein wenig so aussieht wie Anthony Quinn.

García Márquez saß am anderen Ende des Studios an seinem Schreibtisch. Zur Begrüßung kam er flink und mit federndem Schritt auf mich zu. Er ist von kräftiger Statur, zwischen eins dreiundsiebzig und eins fünfundsiebzig groß und sieht aus wie ein gestandener Mittelgewichts-Boxer, mit breitem Brustkorb, wenn auch etwas dürren Beinen. Die Kleidung war leger: Kordhose, ein leichter Rollkragenpullover und schwarze Lederboots. Er hat lockiges, dunkelbraunes Haar und trägt einen Schnurrbart.

Das Gespräch wurde an drei Terminen am späten Nachmittag geführt und dauerte jeweils etwa zwei Stunden. Obwohl sein Englisch recht gut ist, redete García Márquez die
meiste Zeit Spanisch, und seine zwei Söhne übernahmen
abwechselnd die Übersetzung. Beim Reden wippt García
Márquez oft mit dem Oberkörper vor und zurück. Auch
seine Hände sind viel in Bewegung, um mit kleinen, aber
entschiedenen Gesten eine Aussage zu unterstreichen oder
sich zu korrigieren. Dabei beugt er sich abwechselnd zu seinem Gegenüber oder lehnt sich bei nachdenklichen Passagen mit überkreuzten Beinen weit in seinen Sessel zurück.

Stört Sie das Aufnahmegerät?

Das Problem ist, dass man seine Einstellung ändert, sobald man weiß, dass das Gespräch aufgezeichnet wird. Ich
nehme sofort eine defensive Haltung ein. Als Journalist
habe ich den Eindruck, dass wir noch nicht gelernt haben,
ein Interview mit Hilfe eines Aufnahmegeräts zu führen.
Am besten ist es meiner Meinung nach, ein langes Gespräch
zu führen, ohne dass der Journalist irgendwelche Notizen
macht. Anschließend sollte er das Gespräch Revue passieren lassen und es so aufschreiben, wie er es empfunden hat,
ohne notwendigerweise den gleichen Wortlaut zu benutzen. Eine andere Möglichkeit wäre, sich Notizen zu machen und sie dann mit einer gewissen Loyalität gegenüber
der befragten Person auszuführen. Was einen daran ärgert,
das ganze Gespräch aufzuzeichnen, ist die Tatsache, dass es
nicht loyal gegenüber dem Interviewpartner ist, da es auch
festhält, wenn er sich zum Narren macht. Deshalb bin ich
mir bei einem aufgezeichneten Gespräch stets der Situation
bewusst, während ich ohne Recorder unbefangen und ganz
natürlich rede.

Jetzt habe ich beinahe ein schlechtes Gewissen, unser Gespräch aufzuzeichnen, aber ich denke, für diese Art von Interview können wir vermutlich nicht darauf verzichten.

Meine Ausführungen dienten auch nur der Absicht, Sie in die Defensive zu drängen.

Sie haben selbst also noch nie ein Interview aufgezeichnet?

Als Journalist benutze ich nie ein Aufnahmegerät. Ich habe ein sehr gutes Bandgerät, aber ich höre darauf nur Musik. Andererseits habe ich als Journalist nie ein Interview geführt. Ich habe Reportagen gemacht, aber nie ein Interview mit Fragen und Antworten.

Ich habe von einem berühmten Interview mit einem Matrosen gehört, der Schiffbruch erlitten hatte.

Das war ein Gespräch ohne Fragen und Antworten. Der Matrose hat mir von seinen Abenteuern erzählt, und ich habe es nachher mit seinen Worten und in der ersten Person aufgeschrieben, als würde er selbst es schreiben. Der Text erschien dann in mehreren Folgen in der Zeitung, zwei Wochen lang jeden Tag, und zwar unter seinem Namen, nicht unter meinem. Erst als er zwanzig Jahre später wieder veröffentlicht wurde, fand jemand heraus, dass er von mir stammte. Kein Herausgeber hatte ihn in der Zeit, bevor ich *Hundert Jahre Einsamkeit* geschrieben hatte, für gut befunden.

Da wir gerade über Journalismus reden, wie fühlt es sich an, wieder journalistisch zu arbeiten, nachdem sie so

lange Zeit Romane geschrieben haben? Gehen Sie mit einem anderen Gefühl oder einem anderen Blick daran?

Ich bin immer überzeugt gewesen, dass mein wahrer Beruf der des Journalisten ist. Was mir vorher nicht am Journalismus gefiel, waren die Arbeitsbedingungen. Außerdem musste ich meine Gedanken und Vorstellungen den Interessen der Zeitungen anpassen. Nun, nachdem ich als Romancier gearbeitet und durch meine Romane finanzielle Unabhängigkeit gewonnen habe, kann ich mir die Themen aussuchen, die mich interessieren und meinen Vorstellungen entsprechen. Wie auch immer, ich genieße stets die Möglichkeit, eine bedeutende journalistische Arbeit auszuführen.

Was ist für Sie eine bedeutende journalistische Arbeit?

Hiroshima von John Hersey war eine außergewöhnliche Reportage.

Gibt es heute eine Geschichte, die Sie gerne machen würden?

Da gibt es viele, und mehrere habe ich tatsächlich geschrieben. Ich habe über Portugal, Kuba, Angola und Vietnam geschrieben. Ich würde sehr gerne etwas über Polen schreiben. Ich denke, wenn ich genau beschreiben könnte, was dort gerade passiert, wäre das eine sehr wichtige Story. Aber zur Zeit ist es in Polen zu kalt; ich bin ein Journalist, der nicht gerne auf Annehmlichkeiten verzichtet.

Glauben Sie, dass der Roman gewisse Dinge kann, die im Journalismus nicht möglich sind?

Nein. Ich glaube, zwischen beiden gibt es keinen Unterschied. Die Quellen sind dieselben, das Material ist dasselbe, die Mittel und die Sprache sind dieselben. *Die Pest zu London* von Daniel Defoe ist ein bedeutender Roman, und *Hiroshima* ist großer Journalismus.

Haben Journalist und Romancier eine unterschiedliche Verantwortung beim Umgang mit Wahrheit und Einbildungskraft?

Im Journalismus gefährdet ein einziges falsches Detail die gesamte Arbeit. Umgekehrt beglaubigt im Roman ein einziges wahres Detail das gesamte Werk. Das ist der einzige Unterschied, und es hängt von der Überzeugungskraft des Autors ab. Ein Romancier kann alles tun, was er möchte, solange die Leute es ihm glauben.

In vor einigen Jahren geführten Interviews schienen Sie mit Ehrfurcht darauf zurückzublicken, wie viel schneller Sie als Journalist gearbeitet haben.

Mir fällt das Schreiben heute schwerer als damals, sowohl als Schriftsteller wie als Journalist. Bei meinen Zeitungstexten achtete ich, anders als heute, nicht auf jedes einzelne Wort. Als ich für *El Espectador* in Bogotá arbeitete, schrieb ich jede Woche mindestens drei Artikel, jeden Tag zwei oder drei redaktionelle Beiträge und obendrein Filmkritiken. Spätabends, wenn alle nach Hause gegangen waren, blieb ich in der Redaktion und schrieb an meinen Romanen. Ich mochte das Geräusch der Setzmaschinen, das wie fallender Regen klang. Wenn es aufhörte und völlige Stille herrschte, konnte ich nicht mehr arbeiten. Heute ist mein Output vergleichsweise gering. An einem guten Arbeitstag, der von neun Uhr früh bis um zwei oder drei Uhr nachmittags dauert, schreibe ich im günstigsten Fall einen kurzen Absatz mit vier oder fünf Zeilen, den ich dann am nächsten Tag abtippe.

Liegt das an dem großen Lob, das Ihre Romane erfahren, oder ist es eine Art politischer Verpflichtung?

Beides. Ich glaube, der Gedanke, dass ich für eine sehr viel größere Zahl Menschen schreibe, als ich mir je vorgestellt habe, hat eine gewisse allgemeine Verantwortung geschaffen, sowohl literarisch als auch politisch. Auch Stolz spielt da mit hinein, da ich nicht hinter einmal Erreichtes zurückfallen möchte.

Wie sind Sie zum Schreiben gekommen?

Durchs Zeichnen. Indem ich Cartoons gezeichnet habe. Bevor ich lesen oder schreiben konnte, habe ich in der Schule und zu Hause Comics gezeichnet. Witzigerweise ist mir erst jetzt klargeworden, dass ich an der Highschool in dem Ruf stand, Texte zu schreiben, obwohl das überhaupt nicht stimmte. Wenn ein Flugblatt oder ein Bittbrief geschrieben werden mussten, fiel die Aufgabe immer an mich, weil ich das vermeintlicher Schreibtalent war. Als ich ans College kam, besaß ich ein breites literarisches Allgemeinwissen, das weit über dem Durchschnitt meiner Freunde lag. An der Universität in Bogotá lernte ich neue Freunde und Kommilitonen kennen, die mich mit zeitgenössischen Autoren vertraut machten. Eines Abends lieh mir ein Freund ein Buch mit Erzählungen von Franz Kafka. Ich ging zurück zu der Pension, in der ich ein Zimmer hatte, und begann *Die Verwandlung* zu lesen. Beim ersten Satz fiel ich fast aus dem Bett. Er lautet: »Als Gregor Samsa eines Morgens aus unruhigen Träumen erwachte, fand er sich in seinem Bett zu einem ungeheuren Ungeziefer verwandelt ...« Als ich den Satz las, dachte ich bei mir, bis dahin nicht gewusst zu haben, dass jemand so etwas schreiben durfte. Hätte ich es gewusst, hätte ich schon vor langer Zeit mit dem Schreiben begonnen. Und so fing ich umgehend an, Kurzgeschichten zu schreiben. Es sind rein intellektuelle Spielereien, weil ich sie auf der Grundlage meiner Lektüreerfahrungen schrieb und noch nicht die Verbindung von Literatur und Leben gefunden hatte. Die Geschichten wurden in der Literaturbeilage der Zeitung *El Espectador* in Bogotá veröffentlicht und hatten einen gewissen Erfolg, vermutlich weil niemand in Kolumbien intellektuelle Kurzgeschichten schrieb. Zu der Zeit waren das Leben auf dem Land und das Gesellschaftsleben die großen Themen. Als ich meine ersten Kurzgeschichten schrieb, sagte man mir, sie seien von Joyce beeinflusst.

Kannten Sie Joyce zu der Zeit?

Ich hatte noch nie etwas von Joyce gelesen, also begann ich mit der Lektüre von *Ulysses*. Ich las es in der einzigen damals verfügbaren spanischen Übersetzung. Inzwischen habe ich *Ulysses* im englischen Original und in einer sehr guten französischen Übersetzung gelesen und kann daher sagen, dass die erste spanische Übersetzung sehr schlecht war. Aber ich lernte etwas, das für mein zukünftiges Schreiben sehr nützlich war – die Technik des inneren Monologs. Später entdeckte ich ihn auch bei Virginia Woolf, die ihn meiner Meinung nach besser verwendet als Joyce. Obwohl ich später herausfand, dass der eigentliche Erfinder des inneren Monologs der unbekannte Verfasser des Romans *Lazarillo de Tormes* war.

Können Sie einige Ihrer frühen Einflüsse nennen?

Diejenigen, die mir vor allem bei der Überwindung meiner intellektuellen Herangehensweise ans Erzählen halfen, waren die amerikanischen Autoren der Lost Generation. Ich erkannte, dass ihre Literatur einen Bezug zum Leben hatte, der meinen Kurzgeschichten fehlte. Und dann geschah ein für meine Haltung zum Schreiben folgenschweres Ereignis, der sogenannte Bogotazo. Am 9. April 1948 wurde der kolumbianische Präsidentschaftskandidat Jorge Eliécer Gaitán erschossen, woraufhin die Menschen von Bogotá auf den Straßen tobten. Ich war zum Mittagessen in meiner Pension, als ich die Nachricht erfuhr. Ich lief zum Ort des Attentats, aber Gaitán war gerade in ein Taxi gesteckt worden und auf dem Weg ins Krankenhaus. Auf dem Rückweg zur Pension waren die Straßen voller Menschen, die demonstrierten, Geschäfte plünderten und Gebäude in Brand setzten. Ich schloss mich ihnen an. Im Laufe des Nachmittags und des Abends wurde mir bewusst, in welchem Land ich lebte und wie wenig meine Kurzgeschichten damit zu tun hatten. Als ich später gezwungenermaßen nach Barranquilla an der Karibikküste zurückkehren musste, wo ich meine Kindheit verbracht hatte, erkannte ich, dass dies das Leben war, das ich gelebt hatte, kannte und über das ich schreiben wollte.

1950 oder 1951 geschah ein weiteres Ereignis, das meine literarische Entwicklung beeinflusste. Meine Mutter bat mich, mit ihr nach Aracataca zu gehen, wo ich geboren worden war, und das Haus zu verkaufen, in dem ich meine ersten Jahre verbracht hatte. Bei der Ankunft war ich schockiert, weil ich inzwischen zweiundzwanzig war und seit dem achten Lebensjahr nicht mehr dort gewesen war. Nichts hatte sich wirklich verändert, aber ich hatte das Gefühl, dass ich nicht auf das Dorf blickte, sondern es *erlebte*, als würde ich es lesen. Es war so, als ob alles, was ich sah, bereits geschrieben wäre, und ich nichts weiter tun brauchte, als das von mir Gelesene aufzuschreiben. Praktischerweise hatte sich bereits alles in Literatur verwandelt: die Häuser, die Menschen und meine Erinnerungen. Ich bin mir nicht sicher, ob ich Faulkner zu der Zeit kannte, aber heute weiß ich, dass es nur mit einer Technik wie der Faulkners möglich war, das, was ich sah, aufzuschreiben. Die Atmosphäre, die Dekadenz, die Hitze im Dorf waren mehr oder weniger genau so, wie ich es bei der Lektüre Faulkners empfunden hatte. Es war eine Region mit vielen Bananen-Plantagen, von zahlreichen Amerikanern von den Obstgesellschaften bewohnt, wodurch die gleiche Atmosphäre vorherrschte, die ich bei den Schriftstellern des Tiefen Südens entdeckt hatte. Kritiker haben vom literarischen Einfluss Faulkners auf mich gesprochen, obwohl ich darin eher ein zufälliges Zusammentreffen sehe. Ich hatte einfach Material gefunden, das nur auf die gleiche Weise behandelt werden konnte, wie Faulkner es mit ähnlichem Material gemacht hatte.

Nach der Rückkehr aus dem Dorf meiner Herkunft schrieb ich meinen ersten Roman *Laubsturm*. Auf meiner Reise nach Aracataca hatte ich begriffen, dass alles, was ich in meiner Kindheit erlebt hatte, einen literarischen Wert hatte, den ich erst jetzt erkannte. Von dem Augenblick an, als ich *Laubsturm* schrieb, wusste ich, dass ich Schriftsteller werden wollte und niemand mich davon abhalten würde und dass es nur noch darum ging, der beste Schriftsteller der Welt zu werden. Das war 1953, aber erst 1967 erhielt ich mein erstes Honorar, nachdem ich fünf meiner acht Bücher geschrieben hatte.

Glauben Sie, es ist typisch für junge Autoren, den Wert ihrer Kindheitserfahrungen zu verleugnen und so wie Sie zunächst eine eher intellektuelle Haltung einzunehmen?

Nein, der Prozess verläuft normalerweise genau andersherum, aber wenn ich einem jungen Autor einen Rat geben sollte, würde ich sagen, er soll über etwas schreiben, das er selbst erlebt hat; man kann immer sehr schnell erkennen, ob ein Autor über etwas schreibt, das er erlebt hat, oder über etwas, von dem er gelesen oder gehört hat. Pablo Neruda sagt in einem seiner Gedichte, »Gott bewahre mich davor zu erfinden, wenn ich singe.« Es amüsiert mich immer wieder, überschwängliches Lob für die Einbildungskraft in meinen Werken zu bekommen, während sich tatsächlich in allen meinen Büchern keine einzige Zeile findet, die ihren Ursprung nicht in der wirklichen Welt hat. Das Problem ist, dass die karibische Realität der kühnsten Phantasie entspricht.

Für wen schrieben Sie zu der Zeit? Wer war Ihr Publikum?

Laubsturm habe ich für meine Freunde geschrieben, die mich unterstützt haben, mir ihre Bücher geliehen haben und die sich für meine Arbeit interessierten. Grundsätzlich denke ich, dass man immer für jemanden schreibt. Beim Schreiben denke ich immer, dass dies einem Freund gefallen wird oder dass einem anderen Freund dieser Abschnitt oder dieses Kapitel gefallen wird, und habe dabei stets ganz bestimmte Leute vor Augen. Zu guter Letzt schreibt man alle Bücher für seine Freunde. Das Problem nach *Hundert Jahre Einsamkeit* war, dass ich inzwischen nicht mehr weiß, für wen meiner vielen Millionen Leser ich schreibe; das bestürzt mich und hemmt mich. Es ist, als würden einen Millionen Menschen ansehen, ohne dass man weiß, was sie denken.

Wie beeinflusst der Journalismus Ihre literarische Arbeit?

Ich glaube, der Einfluss ist wechselseitig. Der Journalismus profitiert von meiner literarischen Arbeit, da die Texte literarischer werden. Meine Romane profitieren umgekehrt vom Journalismus, weil er mich in engem Kontakt mit der Realität hält.

Wie würden Sie Ihre Suche nach einem eigenen Stil nach *Laubsturm* und vor der Arbeit an *Hundert Jahre Einsamkeit* beschreiben?

Nach *Laubsturm* beschloss ich, dass über mein Dorf und meine Kindheit zu schreiben tatsächlich eine Flucht davor war, mich der Wirklichkeit zu stellen und über die politische Realität des Landes zu schreiben. Ich hatte den irrigen Eindruck, mich hinter dieser Art von Nostalgie zu verstecken, anstatt den politischen Entwicklungen ins Auge zu sehen. Zu der Zeit wurde viel über das Verhältnis von Literatur und Politik diskutiert. Ich bemühte mich darum, die Lücke zwischen beiden zu schließen. Mein erster Einfluss war Faulkner gewesen; jetzt war es Hemingway. Ich schrieb *Der Oberst hat niemand, der ihm schreibt*, *Unter dem Stern des Bösen* und *Das Leichenbegängnis der Großen Mama*, die alle drei etwa zur gleichen Zeit entstanden und viele Themen miteinander teilen. Die Geschichten spielen in einem anderen Dorf als jenem in *Laubsturm* und *Hundert Jahre Einsamkeit*. Es ist ein Dorf, in dem keine Magie existiert. Es ist journalistische Literatur. Aber nachdem ich *Unter dem Stern des Bösen* fertiggestellt hatte, sah ich, dass alle meine Ansichten erneut falsch waren. Mir wurde bewusst, dass die Schriften über meine Kindheit tatsächlich *politischer* waren und mehr mit der Realität meines Landes zu tun hatten, als ich gedacht hatte. Nach *Unter dem Stern des Bösen* schrieb ich fünf Jahre lang nichts. Ich hatte immer eine Vorstellung von dem, was ich machen wollte, aber irgendetwas fehlte, und ich war mir nicht sicher, was es war, bis ich eines Tages den richtigen Ton entdeckte – den Ton, den ich schließlich in *Hundert Jahre Einsamkeit* benutzte. Er gründete auf der Art, wie meine Großmutter Geschichten erzählte. Sie erzählte Dinge, die übernatürlich und phantastisch klangen, aber sie erzählte sie so, als wären sie völlig natürlich. Als ich endlich den Ton entdeckte, den ich benutzen musste, setzte ich mich achtzehn Monate lang hin und schrieb jeden Tag.

Wie schaffte sie es, das »Phantastische« ganz natürlich klingen zu lassen?

Das Wichtigste war ihr Gesichtsausdruck. Zur Überraschung aller blieb ihr Gesicht beim Erzählen regungslos. Bei meinen ersten Anläufen von *Hundert Jahre Einsamkeit* hatte ich versucht, die Geschichte zu erzählen, ohne wirklich daran zu glauben. Dann entdeckte ich, dass ich an meine Geschichten glauben musste und sie mit dem gleichen Ausdruck schreiben musste, mit dem meine Großmutter ihre Geschichten erzählte: ohne jede Regung.

Diese Technik oder dieser Ton scheinen auch eine journalistische Qualität zu besitzen. Sie beschreiben vermeintlich phantastische Begebenheiten so detailliert, dass Sie ihre eigene Realität erschaffen. Ist dies etwas, das Sie der Journalismus gelehrt hat?

Es ist ein journalistischer Trick, den man auch auf die Literatur übertragen kann. Wenn man beispielsweise sagt, am Himmel fliegen Elefanten, glaubt einem das niemand. Sagt man aber, am Himmel fliegen vierhundertfünfundzwanzig Elefanten, werden es einem die Leute vermutlich glauben. *Hundert Jahre Einsamkeit* ist voll von solchen Beispielen. Es ist genau die Technik, die meine Großmutter anwendete. Besonders gut erinnere ich mich an die Geschichte von dem Mann mit den gelben Schmetterlingen. Als ich noch sehr klein war, kam ein Elektriker zu uns ins Haus. Ich betrachtete ihn neugierig, weil er einen breiten Gürtel hatte, mit dem er sich an den Strommasten einhaken konnte. Meine Großmutter sagte, jedes Mal, wenn der Mann zu Leuten käme, würde das Haus nachher voller Schmetterlinge sein. Aber als ich darüber schrieb, fiel mir auf, dass die Leute mir nicht glaubten, wenn ich nicht sagte, dass die Schmetterlinge gelb waren. Als ich die Episode schrieb, wie die schöne Remedios in den Himmel auffährt, wusste ich lange nicht, wie ich es glaubhaft darstellen sollte. Eines Tages ging ich in den Garten und sah eine Frau, die im Haus die Wäsche machte und die Laken zum Trocknen auf die Leine hängte. Es wehte ein kräftiger Wind, und sie redete auf ihn ein, die Laken nicht fortzuwehen. Ich erkannte, dass ich die Laken benutzen konnte, um Remedios Himmelfahrt glaubhaft darzustellen. Und so machte ich es. Das Problem für jeden Schriftsteller ist die Glaubwürdigkeit. Man kann alles schreiben, solange es einem die Leute glauben.

Woher stammt die Idee der Schlaflosigkeitsplage in *Hundert Jahre Einsamkeit*?

Angefangen mit Ödipus, habe ich mich immer schon für Plagen interessiert. Ich habe viel über Plagen im Mittelalter gelesen. Eines meiner Lieblingsbücher ist *Die Pest zu London* von Daniel Defoe, unter anderem deshalb, weil Defoe Journalist ist, sein Buch aber so klingt, als wäre alles erfunden. Viele Jahre lang hatte ich geglaubt, Defoe hätte über die Pest aus eigener Erfahrung geschrieben. Aber dann entdeckte ich, dass es ein Roman war, weil Defoe zur Zeit der Großen Pest in London nicht einmal sieben Jahre alt gewesen war. Plagen tauchen – in unterschiedlichen Formen – in vielen meiner Bücher auf. In *Unter dem Stern des Bösen* sind die Schmähschriften die Plage. Lange Zeit glaubte ich, die politische Gewalt in Kolumbien habe den gleichen metaphysischen Ursprung wie die Pest. Vor *Hundert Jahre Einsamkeit* hatte ich in der Erzählung »Ein Tag nach dem Samstag« alle Vögel durch die Pest umkommen lassen. In *Hundert Jahre Einsamkeit* benutzte ich die Schlaflosigkeitsplage als eine Art Trick, da sie das Gegenteil der Schlafsucht ist. Letzten Endes ist alle Literatur bloßes Schreinerhandwerk.

Können Sie diesen Vergleich näher erläutern?

Beides ist eine anstrengende Tätigkeit. Etwas zu schreiben, ist beinahe so schwer wie einen Tisch zu schreinern. Bei beiden arbeitet man mit der Realität, einem Material, das fast so hart wie Holz ist. Bei beiden gibt es Tricks und bestimmte Techniken. Grundsätzlich ist wenig Zauberei und viel harte Arbeit daran beteiligt. Und wie Proust, glaube ich, gesagt hat, beruht es auf zehn Prozent Inspiration und neunzig Prozent Perspiration. Ich habe noch nie etwas geschreinert, aber es ist das Handwerk, das ich am meisten bewundere, vor allem, weil man nie einen Handwerker bekommt.

Was hat es mit dem Bananenfieber in *Hundert Jahre Einsamkeit* auf sich? Wie sehr basiert es auf den Vorgängen um die United Fruit Company im Jahr 1928?

Das Bananenfieber ist eng an die Realität angelehnt. Natürlich habe ich literarische Tricks bei Dingen angewendet, die historisch nicht bewiesen sind. Das Massaker auf dem Platz beispielsweise hat tatsächlich stattgefunden, aber während ich es anhand von Zeugenaussagen und Dokumenten wiedergegeben habe, wurde nie eindeutig geklärt, wie viele Menschen dabei getötet wurden. Ich schrieb dreitausend, was zweifellos übertrieben ist. Aber in einer meiner Kindheitserinnerungen verfolgte ich einen sehr, sehr langen Zug, der vermeintlich mit Bananen beladen die Plantage verließ. Es konnten aber auch dreitausend Tote gewesen sein, die schließlich im Meer versenkt wurden. Das eigentlich Erstaunliche ist, dass im Kongress und in den Zeitungen inzwischen wie selbstverständlich von »dreitausend Toten« gesprochen wird. Ich vermute, die Hälfte unserer Geschichte wird auf diese Weise geschrieben. In *Der Herbst des Patriarchen* sagt der Diktator, es sei unbedeutend, wenn es jetzt nicht wahr sei, weil es irgendwann in der Zukunft wahr sein werde. Früher oder später glauben die Menschen den Schriftstellern eher als der Regierung.

Das gibt dem Schriftsteller eine gewaltige Macht, oder?

Ja, und auch ich spüre sie. Daraus entsteht ein großes Gefühl der Verantwortung. Ich würde sehr gerne einen journalistischen Text schreiben, der vollkommen der Realität entspricht, aber so phantastisch klingt wie *Hundert Jahre Einsamkeit*. Je älter ich werde und mich an Dinge in der Vergangenheit erinnere, desto stärker bin ich überzeugt, dass Literatur und Journalismus eng miteinander verbunden sind.

Aber was ist mit einem Land, das sein Seegebiet zur Begleichung seiner Auslandsschulden verkaufen muss, wie in *Der Herbst des Patriarchen*?

Nun, das ist tatsächlich passiert. Es ist passiert, und es wird noch viele Male passieren. *Der Herbst des Patriarchen* ist ein durch und durch historisches Buch. Wahrscheinlichkeiten auf der Grundlage von Fakten auszumachen, ist die Aufgabe sowohl des Journalisten als auch des Schriftstellers, und es ist ebenfalls die Aufgabe des Propheten. Das Problem ist, dass viele Leute mich für einen Autor phantastischer

Geschichten halten, während ich in Wirklichkeit ein sehr realistischer Mensch bin und meine Literatur als wahren sozialistischen Realismus bezeichnen würde.

Ist Ihr Werk utopisch?

Ich weiß nicht, ob das Wort utopisch das Reale oder das Ideale bezeichnet. Ich glaube, es meint das Reale.

Sind die Figuren in *Der Herbst des Patriarchen*, beispielsweise die Diktatoren, nach historischen Vorbildern gestaltet? Es scheint gewisse Ähnlichkeiten mit Franco, Perón und Trujillo zu geben.

In jedem Roman sind die einzelnen Figuren Collagen, zusammengesetzt aus verschiedenen Personen, die man gekannt hat oder von denen man gehört oder gelesen hat. Ich habe alles gelesen, was ich über die lateinamerikanischen Diktatoren im vergangenen und zu Beginn dieses Jahrhunderts finden konnte. Ich habe auch mit vielen Leuten gesprochen, die unter einem Diktator gelebt haben. Ich machte das mindestens zehn Jahre lang. Und nachdem ich eine klare Vorstellung davon hatte, wie die Figur aussehen sollte, versuchte ich, alles Gelesene und Gehörte zu vergessen, um sie neu zu erschaffen, ohne auf irgendeine Situation aus dem wirklichen Leben zurückzugreifen. An irgendeinem Punkt erkannte ich, dass ich selbst nie in einer Diktatur gelebt hatte, und kam auf die Idee, wenn ich das Buch in Spanien schriebe, könnte ich herausfinden, wie es sich anfühlt, in einer fest im Sattel sitzenden Diktatur zu leben. Aber ich stellte fest, dass die Atmosphäre in Spanien unter Franco ganz anders war als die einer Diktatur in der Karibik. Ein ganzes Jahr lang trat das Buch also auf der Stelle. Irgendetwas fehlte, aber ich konnte nicht sagen, was.

Und dann beschloss ich über Nacht, es wäre das Beste, mit der ganzen Familie in die Karibik zurückzukehren. So zogen wir alle zurück nach Barranquilla in Kolumbien. Den Journalisten nannte ich eine Begründung, die sie für einen bloßen Witz hielten. Ich sagte, ich hätte vergessen, wie eine Guave riecht. Tatsächlich brauchte ich genau das, um mein Buch zu Ende zu schreiben. Ich unternahm eine Reise durch die Karibik. Ich fuhr von einer Insel zur nächsten und fand dort die Elemente, die bis dahin in meinem Roman gefehlt hatten.

Sie schreiben oft über die Einsamkeit der Macht.

Je größer die eigene Macht ist, desto schwieriger ist es, zu unterscheiden, wer einen belügt und wer die Wahrheit sagt. Wer absolute Macht besitzt, verliert den Kontakt mit der Realität, und das ist die schlimmste Art von Einsamkeit, die es überhaupt gibt. Ein Mensch mit sehr viel Macht, ein Diktator, ist von Interessen und Leuten umgeben, die ihn letztendlich von der Realität isolieren wollen; alles läuft darauf hinaus, ihn in die Einsamkeit zu treiben.

Wie ist es mit der Einsamkeit des Schriftstellers? Besteht da ein Unterschied?

Sie hat sehr viel mit der Einsamkeit der Macht gemein. Das Bemühen des Schriftstellers, die Realität wiederzugeben, führt oft zu einer verzerrten Sicht. Der Versuch, die Realität in der Kunst darzustellen, kann dazu führen, dass man den Kontakt mit ihr verliert und zuletzt im viel beschworenen Elfenbeinturm landet. Journalismus ist dagegen ein sehr guter Schutz. Deshalb habe ich auch immer versucht, journalistisch zu arbeiten, vor allem in den Bereichen politische Reportage und Berichterstattung, denn dadurch bleibe ich in Kontakt mit der realen Welt. Die Einsamkeit, die mich nach *Hundert Jahre Einsamkeit* bedrohte, war die Einsamkeit des Schriftstellers; es war die Einsamkeit des Ruhms, die der Einsamkeit der Macht sehr viel stärker ähnelt. Meine Freunde, die immer da sind, schützen mich davor.

Auf welche Weise?

Weil ich meine Freunde ein Leben lang behalten habe. Ich meine, ich breche nicht mit alten Freunden oder ziehe mich von ihnen zurück, denn sie sind es, die mich zurück auf die Erde holen. Sie stehen immer mit beiden Beinen auf dem Boden, und sie sind nicht berühmt.

Wie entsteht die Idee zu einem neuen Buch? Eines der wiederkehrenden Bilder in *Der Herbst des Patriarchen* ist das der Kühe im Palast. War das eines der ersten Bilder?

Ich habe einen Band mit Fotografien, den ich Ihnen zeigen werde. Ich habe wiederholt gesagt, dass am Anfang aller meiner Bücher immer ein Bild stand. Das erste Bild, das ich bei *Der Herbst des Patriarchen* hatte, war das eines Greises in einem prunkvollen Palast, in den Kühe kamen und die Vorhänge fraßen. Aber das Bild nahm keine konkrete Form an, bis ich diese Fotografie sah. Ich war in Rom in einem Buchladen und sah mir Bücher mit Fotografien an, die ich sammle. Da entdeckte ich dieses Bild, und es war einfach perfekt. Ich sah, genau so würde es sein. Da ich kein großer Intellektueller bin, kann ich meine Anstöße in alltäglichen Dingen finden, anstatt in den großen Meisterwerken.

Nehmen Ihre Romane manchmal eine unerwartete Wendung?

Anfangs passierte mir das oft. Bei meinen ersten Erzählungen hatte ich eine allgemeine Vorstellung der Stimmung, aber dann überließ ich mich dem Zufall. Schon früh bekam ich den hilfreichen Rat, ein junger Autor könne so arbeiten, weil er über eine unerschöpfliche Inspiration verfüge. Aber man sagte mir auch, wenn ich keine Technik lernte, würde ich später Probleme bekommen, wenn die Inspiration nachließe und durch Technik ersetzt werden müsste. Hätte ich das nicht rechtzeitig beherzigt, könnte ich heute nicht eine Geschichte im Voraus planen. Das Gerüst einer Erzählung ist ein rein technisches Problem, und wenn man es nicht früh genug lernt, lernt man es nie.

Disziplin ist Ihnen also sehr wichtig?

Ich glaube nicht, dass man ohne strenge Disziplin ein auch nur halbwegs bedeutsames Buch schreiben kann.

Was ist mit künstlichen Stimulantien?

Es gibt einen Satz von Hemingway, der mich sehr beeindruckt hat, nämlich Schreiben sei für ihn wie Boxen. Er achtete sehr auf seine Gesundheit und seine körperliche Fitness. Faulkner war ein notorischer Trinker, aber er erklärte in jedem Interview, es sei ihm im betrunkenen Zustand unmöglich, auch nur eine einzige Zeile zu schreiben. Auch Hemingway sagte das. Oberflächliche Leser haben mich gefragt, ob ich einige meiner Bücher unter dem Einfluss von Drogen geschrieben hätte. Aber das zeigt nur, dass sie weder etwas von Literatur noch von Drogen verstehen. Um ein guter Schriftsteller zu sein, muss man in jedem Moment des Schreibens absolut luzid und bei guter Gesundheit sein. Ich bin entschieden gegen den romantischen Literaturbegriff, der den Akt des Schreibens als eine Art Opfer begreift – je elender die wirtschaftliche Lage und die emotionale Verfassung, desto besser das Geschriebene. Ich glaube, man muss emotional und physisch in guter Verfassung sein. Für mich setzt literarische Kreativität eine stabile Gesundheit voraus, und die Lost Generation hat dies begriffen. Es waren Menschen, die das Leben liebten.

Blaise Cendrars hat einmal gesagt, das Schreiben sei verglichen mit den meisten Arbeiten ein Privileg, und Schriftsteller übertrieben ihr Leiden. Wie denken Sie darüber?

Ich glaube, das Schreiben ist eine überaus schwierige Tätigkeit, aber das gilt für jeden gewissenhaft ausgeübten Beruf. Allerdings ist es ein Privileg, etwas zu seiner eigenen Befriedigung zu tun. Ich denke, ich bin mir und anderen gegenüber sehr fordernd, weil ich Fehler nicht tolerieren kann; ich glaube, es ist ein Privileg, etwas in höchster Vollendung zu tun. Es stimmt allerdings, dass Schriftsteller oft megalomanisch sind und sich für den Mittelpunkt des Universums und das Gewissen der Gesellschaft halten. Am meisten aber bewundere ich eine gute Leistung. Ich bin auf Reisen immer sehr froh zu wissen, dass sich die Piloten besser auf das Fliegen eines Flugzeugs verstehen als ich mich aufs Schreiben.

Wann schreiben Sie heute am besten? Haben Sie feste Arbeitszeiten?

Als ich mit vierzig Jahren professioneller Schriftsteller wurde, waren die Arbeitszeiten mein größtes Problem. Als Journalist hatte ich immer nachts gearbeitet. Jetzt arbeitete ich grundsätzlich von neun Uhr früh bis zwei Uhr nachmittags, wenn meine Söhne von der Schule nach Hause kamen. Da ich lange Arbeitstage gewohnt war, hatte ich ein schlechtes Gewissen, nur noch vormittags zu arbeiten. Ich versuchte also auch nachmittags zu schreiben, musste aber feststellen, dass ich die Arbeit vom Nachmittag am nächsten Morgen noch einmal machen musste. Seitdem arbeite ich strikt von neun bis halb drei. Die Nachmittage sind frei für Termine, Interviews und was sonst noch alles anfällt. Ein weiteres Problem ist, dass ich nur in einer vertrauten Umgebung schreiben kann und mit meinem Arbeitsplatz erst einmal warm werden muss. Ich kann weder in Hotels oder in zur Verfügung gestellten Zimmern noch auf geliehenen Schreibmaschinen schreiben. Das hat zur Folge, dass ich auf Reisen nicht arbeiten kann. Natürlich ist man nie um eine Ausrede verlegen, um sich vor der Arbeit zu drücken. Deshalb werden die Bedingungen, die man sich selbst auferlegt, immer komplizierter. Gleichzeitig hofft man, unter welchen Umständen auch immer, auf Inspiration. Die Romantiker schlugen aus diesem Begriff großes Kapital, während meine marxistischen Kameraden Schwierigkeiten haben, ihn zu akzeptieren. Aber egal, wie man es nennt, ich bin überzeugt, dass es einen bestimmten Geisteszustand gibt, in dem das Schreiben mit großer Leichtigkeit von der Hand geht und sich die Dinge wie von selbst ergeben. Alle Ausflüchte – wie, dass man nur zu Hause schreiben kann – verschwinden. Dieser Augenblick und dieser Geisteszustand scheinten sich einzustellen, wenn man das richtige Thema und die richtige Art, es zu behandeln, gefunden hat. Und es muss etwas sein, für das man sich begeistert, denn es gibt nichts Schlimmeres, als etwas zu tun, das einem gleichgültig ist.

Eine der größten Schwierigkeiten ist der erste Absatz. Ich habe schon Monate mit dem ersten Absatz verbracht, aber sobald er steht, geht der Rest fast von allein. Im Eröffnungsabsatz werden die meisten Probleme eines Romans gelöst. Das Thema wird festgelegt, der Stil und der Ton. Zumindest bei mir ist der erste Absatz eine Art Muster für das gesamte

Buch. Deshalb ist eine Sammlung von Erzählungen auch viel schwieriger zu schreiben als ein Roman. Bei jeder neuen Erzählung fängt man wieder ganz von vorn an.

Sind Träume für Sie eine wichtige Inspirationsquelle?

Ganz am Anfang schenkte ich ihnen viel Beachtung. Aber dann erkannte ich, dass das Leben selbst die größte Inspirationsquelle ist und dass Träume nur ein sehr kleiner Teil dieses gewaltigen Stroms sind. Es stimmt allerdings, dass ich mich in meinem Schreiben sehr für unterschiedliche Modelle und Erklärungen von Träumen interessiere. Für mich sind Träume ein Teil des Lebens, aber die Realität ist sehr viel reichhaltiger. Aber vielleicht habe ich auch einfach nur banale Träume.

Gibt es für Sie eine Unterscheidung zwischen Inspiration und Intuition?

Inspiration bedeutet, dass man das richtige Thema findet, das einen packt; das macht die Arbeit sehr viel leichter. Intuition, die ebenfalls sehr wichtig für einen Schriftsteller ist, bezeichnet die besondere Fähigkeit, zu erkennen, was wahr ist, ohne dazu wissenschaftliche Kenntnisse oder eine spezielle Bildung zu benötigen. Hinter das Gesetz der Schwerkraft gelangt man viel schneller durch Intuition als durch alles andere. Es ist eine Art von Erfahrung, die man sich nicht mühsam aneignen musste. Für einen Romancier ist Intuition unerlässlich. Grundsätzlich ist sie das Gegenteil von Intellektualismus, eine Sache, die ich vermutlich am meisten auf der Welt verabscheue, da sie die reale Welt in eine starre Theorie verwandelt. Intuition hat den Vorteil, dass etwas so ist oder nicht. Man versucht erst gar nicht, einen runden Stöpsel in ein eckiges Spundloch zu stopfen.

Sie mögen also keine Theoretiker?

Allerdings. Hauptsächlich, weil ich sie nicht verstehe. Deswegen muss ich auch die meisten Dinge durch Anekdoten erklären, weil ich kein Verständnis für Abstraktionen habe. Und deshalb sagen viele Kritiker, ich sei ein ungebildeter Mensch. Ich zitiere zu wenig.

Glauben Sie, dass die Kritiker Sie in zu enge Schubladen stecken?

Kritiker sind für mich der Inbegriff des Intellektualismus. Zunächst einmal haben sie eine genaue Vorstellung davon, was ein Schriftsteller sein soll. Sie versuchen, den Schriftsteller ihrem Modell anzupassen, und wenn das nicht funktioniert, versuchen sie es mit Gewalt. Ich beantworte damit nur Ihre Frage. Persönlich interessiert es mich nicht, was die Kritiker von mir denken, und ich habe auch seit vielen Jahren schon keine Kritiken mehr gelesen. Die Kritiker nehmen für sich eine Vermittlerrolle zwischen dem Autor und dem Leser in Anspruch. Ich habe mich immer bemüht, mich klar und präzise auszudrücken und den Leser unmittelbar zu erreichen, ohne den Umweg über den Kritiker.

Wie ist Ihre Einstellung zu Übersetzern?

Ich habe großen Respekt vor Übersetzern, außer vor denjenigen, die Fußnoten benutzen. Sie möchten dem Leser immer irgendetwas erklären, was der Autor vermutlich gar nicht meinte, und der Leser muss sich damit abfinden. Übersetzen ist eine äußerst anspruchsvolle Aufgabe, verschafft wenig Befriedigung und wird sehr schlecht bezahlt. Eine gute Übersetzung ist immer eine Neuschöpfung in einer anderen Sprache. Deshalb habe ich so große Achtung vor Gregory Rabassa. Meine Bücher sind in einundzwanzig Sprachen übersetzt, und Rabassa ist der einzige Übersetzer, der mich nie um eine Erklärung gebeten hat, um eine Fußnote in den Text einzufügen. Ich glaube, mein Werk ist im Englischen völlig neu geschaffen worden. Es gibt Stellen im Buch, die wörtlich nur sehr schwer zu verstehen sind. Doch man hat den Eindruck, dass der Übersetzer das Buch gelesen und dann aus der Erinnerung neu geschrieben hat. Darum bewundere ich die Leistung der Übersetzer. Sie arbeiten eher intuitiv als intellektuell. Sie werden vom Verlag nicht nur miserabel bezahlt, sondern sie betrachten ihre eigene Arbeit auch nicht als literarische Schöpfung. Ich hätte selbst gerne einige Bücher ins Spanische übersetzt, aber sie hätten mich genauso viel Arbeit gekostet, wie meine eigenen Bücher zu schreiben, und ich hätte nicht einmal genügend Geld zum Leben verdient.

Welche Bücher hätten Sie gern übersetzt?

Den ganzen Malraux. Ich hätte auch gerne Conrad und Saint-Exupéry übersetzt. Beim Lesen habe ich manchmal das Gefühl, das betreffende Buch gerne übersetzen zu wollen. Abgesehen von den großen Meisterwerken lese ich lieber Bücher in einer mittelmäßigen Übersetzung als im Original. Ich fühle mich in einer anderen Sprache nie ganz wohl, weil Spanisch die einzige Sprache ist, in der ich zu Hause bin. Ich spreche allerdings auch Italienisch und Französisch und verstehe immerhin so viel Englisch, dass ich mich seit zwanzig Jahren jede Woche mit dem *Time Magazine* vergifte.

Ist Mexiko inzwischen Ihre Heimat? Und fühlen Sie sich als Teil einer größeren Gemeinschaft von Schriftstellern?

Im Allgemeinen bin ich nicht mit Schriftstellern oder Künstlern befreundet, bloß weil sie Schriftsteller oder Künstler sind. Ich habe viele Freunde mit den unterschiedlichsten Berufen, darunter auch Schriftsteller und Künstler. Grundsätzlich fühle ich mich in jedem Land Lateinamerikas als Einheimischer, aber nirgendwo sonst. Lateinamerikaner haben den Eindruck, allein in Spanien gut behandelt zu werden, aber ich persönlich habe nicht das Gefühl, von dort zu stammen. In Lateinamerika hingegen empfinde ich keine nationalen Grenzen. Ich bin mir der Unterschiede zwischen den einzelnen Ländern sehr wohl bewusst, aber in meinem Denken und meinem Herzen sind sie alle eins. Wirklich zu Hause fühle ich mich in der Karibik, egal ob im französischen, niederländischen oder englischen Teil der Karibik. Ich war immer sehr beeindruckt, wenn ich in Barranquilla ins Flugzeug stieg und eine Schwarze im blauen Kostüm nach meinem Pass fragte, und nach meiner Landung in Jamaika erneut eine Schwarze im blauen Kostüm mich um meinen Pass bat, aber diesmal auf Englisch. Ich glaube nicht, dass die verschiedenen Sprachen einen so großen Unterschied machen. Überall sonst auf der Welt empfinde ich mich als Ausländer und verliere mein Gefühl von Sicherheit. Es ist ein sehr persönliches Empfinden, aber ich erlebe es auf jeder Reise. Ich habe ein ausgeprägtes Gespür für Minderheiten.

Glauben Sie, es sei wichtig für lateinamerikanische Autoren, einige Zeit in Europa zu verbringen?

Vielleicht, um eine echte Außenperspektive zu gewinnen. Gegenwärtig plane ich ein Buch mit Kurzgeschichten über Lateinamerikaner, die nach Europa gehen. Ich verfolge dieses Projekt schon seit zwanzig Jahren. Wenn man eine Art Quintessenz all dieser Geschichten ziehen könnte, dann die, dass Lateinamerikaner nur selten nach Europa reisen, vor allem Mexikaner, und ganz gewiss nicht, um dort zu bleiben. Die Mexikaner, denen ich in Europa begegnet bin, flogen alle drei Tage später zurück.

Welche Auswirkungen hatte Ihrer Meinung nach die Kubanische Revolution auf die lateinamerikanische Literatur?

Bisher ausschließlich negative. Viele Schriftsteller, die für sich ein politisches Bewusstsein reklamieren, fühlen sich dazu verpflichtet, nicht über das zu schreiben, was sie interessiert, sondern über das, was sie vermeintlich zu interessieren hat. Das führt zu einer Art erzwungener Literatur, die nichts mit Erfahrung oder Intuition zu tun hat. Der Hauptgrund dafür ist, dass der Einfluss Kubas auf Lateinamerika lange Zeit entschieden bekämpft wurde. In Kuba selbst ist der Prozess noch nicht an dem Punkt angelangt, an dem eine neue Literatur oder Kunst entstehen könnte. So etwas braucht Zeit. Die große kulturelle Bedeutung Kubas in Lateinamerika hat darin bestanden, als eine Art Brücke für die Vermittlung einer bestimmten Form von Literatur zu dienen, die es in Lateinamerika seit vielen Jahren gab. Der Boom der lateinamerikanischen Literatur in den Vereinigten Staaten ist in gewisser Weise auf die Kubanische Revolution zurückzuführen. Alle lateinamerikanischen Autoren dieser Generation hatten seit zwanzig Jahren geschrieben, aber die europäischen und amerikanischen Verlage zeigten wenig Interesse an ihnen. Mit Beginn der Kubanischen Revolution gab es plötzlich ein großes Interesse an Kuba und Lateinamerika. Die Revolution verwandelte sich in einen Konsumartikel. Lateinamerika wurde schick. Man entdeckte, dass es lateinamerikanische Romane gab, die gut genug waren, übersetzt und als Teil der Weltliteratur betrachtet zu werden. Das Traurige daran ist, dass der kulturelle Kolonialismus in Lateinamerika so weit verbreitet ist, dass es unmöglich war, die Lateinamerikaner von der Qualität ihrer Romane zu überzeugen, bis es ihnen Leute von außerhalb sagten.

Gibt es weniger bekannte lateinamerikanische Autoren, die Sie bewundern?

Ich bezweifle, dass es die derzeit noch gibt. Einer der positivsten Nebeneffekte des Booms der lateinamerikanischen Literatur besteht darin, dass die Verleger wachsam geworden sind, um bloß nicht den nächsten Cortázar zu verpassen. Bedauerlicherweise sind viele junge Schriftsteller mehr mit ihrem eigenen Ruhm als mit ihrer Arbeit beschäftigt. An der Universität von Toulouse gibt es einen Französischprofessor, dessen Forschungsgebiet die lateinamerikanische Literatur ist; viele junge Autoren haben ihm geschrieben, er solle nicht so viel über mich schreiben, weil ich das, im Gegensatz zu vielen anderen, nicht mehr nötig habe. Sie vergessen dabei allerdings, dass, als ich in ihrem Alter war, die Kritiker nicht über mich, sondern über Miguel Ángel Asturias geschrieben haben. Ich will damit nur sagen, dass diese jungen Autoren ihre Zeit verschwenden, wenn sie an Kritiker schreiben anstatt an ihren eigenen Werken. Es ist sehr viel wichtiger, selbst zu schreiben, als dass über einen geschrieben wird. Eine Sache, die ich für meine literarische Karriere für enorm wichtig halte, ist die Tatsache, dass ich bis zu meinem vierzigsten Lebensjahr nicht auch nur einen Cent Honorar bekommen habe, obwohl ich bis dahin fünf Bücher publiziert hatte.

Glauben Sie, dass früher Ruhm oder Erfolg für einen Schriftsteller schädlich ist?

Er ist zu jeder Zeit schädlich. Mir wäre es lieber gewesen, wenn meine Bücher nach meinem Tod Anerkennung erlangt hätten, zumindest in den kapitalistischen Ländern, in denen man zu einer Art Handelsware wird.

Was lesen Sie heutzutage neben Ihren Lieblingsautoren?

Ich lese die seltsamsten Sachen. Vor Kurzem habe ich die Memoiren von Muhammad Ali gelesen. Bram Stoker's *Dracula* ist ein großartiges Buch, das ich vor vielen Jahren vermutlich nicht gelesen hätte, weil es mir als bloße Zeitverschwendung vorgekommen wäre. Aber ich lasse mich nie auf Bücher ein, wenn sie mir nicht von jemandem empfohlen werden, dem ich vertraue. Romane lese ich gar nicht mehr. Ich lese vorwiegend Lebenserinnerungen und Dokumentarliteratur, selbst wenn es sich um gefälschte Dokumente handelt. Und ich lese meine Lieblingsbücher wieder. Der Vorteil des Wiederlesens besteht darin, dass man Bücher an einer beliebigen Stelle aufschlagen und seine Lieblingspassagen lesen kann. Ich habe auch den hehren Vorsatz aufgegeben, ausschließlich »Literatur« zu lesen. Ich lese alles. Ich versuche, stets auf dem Laufenden zu bleiben. Ich lese jede Woche alle bedeutenden internationalen Zeitschriften. Seit den Tagen, als ich regelmäßig die Nachrichten auf dem Fernschreiber las, bin ich süchtig nach Neuigkeiten. Aber wenn ich dann die seriöse internationale Presse gelesen habe, kommt meine Frau daher und erzählt mir Dinge, von denen ich nie gehört habe. Wenn ich sie frage, wo sie es herhat, sagt sie, aus den Zeitschriften beim Friseur. Also besorge ich mir Modejournale und alle möglichen Frauenzeitschriften und Klatschmagazine. Und ich erfahre Dinge, die ich nur dort finden kann. Damit habe ich alle Hände voll zu tun.

Warum, glauben Sie, ist Ruhm so schädlich für einen Schriftsteller?

Vor allem, weil er das Privatleben unterwandert. Er verkürzt die Zeit, die man mit Freunden verbringt, und er raubt einem die Zeit zum Schreiben. Er neigt dazu, einen von der realen Welt zu isolieren. Ein bekannter Schriftsteller, der weiterschreiben möchte, muss sich ständig vor dem Ruhm schützen. Ich mag es nicht gerne sagen, weil es niemals aufrichtig klingt, aber ich hätte es vorgezogen, dass meine Bücher nach meinem Tod veröffentlicht worden wären, sodass mir der ganze Trubel um Ruhm und darum, ein großer Autor zu sein, erspart geblieben wäre. In meinem Fall war der einzige Vorteil des Ruhms, dass ich ihn für politische Ziele nutzen konnte. Ansonsten ist er nur lästig. Das Problem liegt darin, dass man vierundzwanzig Stunden am Tag berühmt ist und nicht einfach sagen kann, »Also gut, bis morgen früh bin ich nicht berühmt«, oder einen Knopf drücken und sagen kann, »Ab sofort bin ich nicht mehr berühmt«.

Haben Sie den außergewöhnlichen Erfolg von *Hundert Jahre Einsamkeit* vorausgesehen?

Ich wusste, dass es meinen Freunden mehr gefallen würde als meine vorherigen Bücher. Aber als mein spanischer Verleger sagte, er wolle eine Auflage von achttausend Exemplaren drucken, war ich überrascht, weil von meinen anderen Büchern nie mehr als siebenhundert Exemplare verkauft worden waren. Ich schlug vor, lieber mit einer kleineren Startauflage zu beginnen, aber er sagte, er sei überzeugt, dass es ein gutes Buch sei und alle achttausend Exemplare von Mai bis Dezember verkauft würden. Tatsächlich waren sie in Buenos Aires binnen einer Woche verkauft.

Warum, glauben Sie, schlug *Hundert Jahre Einsamkeit* so ein?

Ich habe nicht die leiseste Ahnung, weil ich ein sehr schlechter Kritiker meiner eigenen Werke bin. Eine der häufigsten Erklärungen, die ich gehört habe, lautet, dass es ein Buch über das private Leben der Menschen in Lateinamerika ist, ein Buch, das von innen heraus geschrieben wurde. Die Erklärung überrascht mich, weil das Buch ursprünglich *Das Haus* heißen sollte. Ich wollte, dass die gesamte Entwicklung des Romans in diesem Haus stattfand und alles, was sich außerhalb ereignete, einen unmittelbaren Einfluss auf das Haus hatte. Später verwarf ich den Titel *Das Haus*, aber nach der Gründung Macondos verbleibt die Handlung des Buches an diesem Ort. Eine andere Erklärung besagt, dass jeder Leser die Figuren des Romans auf seine Weise verstehen und sich ein eigenes Bild von ihnen machen kann. Deshalb möchte ich auch nicht, dass der Roman verfilmt wird, weil der Kinobesucher dann vielleicht ein ganz anderes Gesicht sieht, als er es sich vorgestellt hat.

Gab es Interesse an einer Verfilmung?

Ja, meine Agentin setzte die Filmrechte auf eine Million Dollar fest, um potenzielle Interessenten abzuschrecken, und als sich die Angebote dem immer mehr näherten, erhöhte sie auf knapp drei Millionen. Aber ich habe kein Interesse an einer Verfilmung und werde alles tun, um es zu verhindern. Ich ziehe die persönliche Verbindung zwischen Leser und Buch vor.

Glauben Sie, dass ein Buch erfolgreich verfilmt werden kann?

Mir fällt kein einziges Beispiel für einen Film ein, der besser als die Romanvorlage gewesen wäre, dafür aber viele gute Filme, die auf schlechten Romanen basieren.

Haben Sie selbst jemals daran gedacht, einen Film zu machen?

Es gab eine Zeit, als ich Filmregisseur werden wollte. Ich studierte Regie in Rom. Ich hatte das Gefühl, das Kino sei ein Medium ohne Grenzen, in dem alles möglich sei. Ich kam nach Mexiko, weil ich beim Film arbeiten wollte, nicht als Regisseur, aber als Drehbuchautor. Aber es gibt einen gewaltigen Nachteil, denn es ist eine kommerzielle Kunstform, ein eigener Industriezweig. Es ist sehr schwer, im Kino das auszudrücken, was man wirklich sagen möchte. Ich denke immer noch daran, aber heute erscheint es mir mehr wie ein Luxus, dem ich mich gerne mit meinen Freunden widmen würde, ohne die Hoffnung, mich darin selbst auszudrücken. Ich habe mich also immer weiter vom Kino entfernt. Es ist wie bei einem Ehepaar, das nicht getrennt sein, aber auch nicht zusammenleben kann. Aber wenn ich mich zwischen einer Filmgesellschaft und einer Zeitschrift entscheiden müsste, würde ich die Zeitschrift wählen.

Wie würden Sie das Buch über Kuba beschreiben, an dem Sie gerade arbeiten?

Genau genommen besteht das Buch aus einem langen Zeitungsartikel über das Alltagsleben der Kubaner und wie sie trotz all der Knappheiten überleben. Auf meinen vielen Reisen nach Kuba in den letzten zwei Jahren hat mich am meisten überrascht, dass die Wirtschaftsblockade im Land eine Art »Kultur des Allernotwendigsten« geschaffen hat, eine soziale Situation, in der die Menschen ohne gewisse Dinge auskommen müssen. Der Aspekt, der mich wirklich interessiert, ist, wie die Wirtschaftssanktionen zu einem Mentalitätswandel der Menschen beigetragen haben. Wir sehen hier, wie eine Gesellschaft von Konsumverweigerern und die am stärksten konsumorientierte Gesellschaft der Welt aufeinanderprallen. Das Buch befindet sich augenblicklich an einem Punkt, an dem es sich von dem ursprünglichen Plan eines leicht zu schreibenden, kurzen journalistischen Textes in ein sehr umfangreiches und kompliziertes Werk verwandelt. Aber das ist nicht weiter schlimm, weil es mir bei allen meinen Büchern so ergangen ist. Außerdem wird es anhand historischer Fakten beweisen, dass die reale Welt der Karibik genauso phantastisch ist wie die Geschichten in *Hundert Jahre Einsamkeit*.

Haben Sie als Schriftsteller irgendwelche weitreichenden Ambitionen oder Dinge, die Sie bedauern?

Ich glaube, meine Antwort ist dieselbe wie auf die Frage nach dem Ruhm. Ich wurde kürzlich gefragt, ob ich gerne mit dem Nobelpreis ausgezeichnet würde, aber ich glaube, für mich wäre das eine absolute Katastrophe. Natürlich hätte ich es gerne, als Kandidat in Frage zu kommen, aber ihn verliehen zu bekommen, wäre furchtbar. Es würde die Probleme des Ruhms nur noch komplizierter machen. Die einzige Sache, die ich im Leben bedauere, ist, dass ich keine Tochter habe.

Gibt es zukünftige Projekte, über die Sie etwas sagen können?

Ich bin absolut davon überzeugt, das größte Buch meines Lebens zu schreiben, aber ich weiß nicht, wann und welches es sein wird. Wenn ich in dieser Stimmung bin – und das bin ich schon eine ganze Weile –, verhalte ich mich ganz still, um die Geschichte zu schnappen, wenn sie vorbeihuscht.

Aus dem Englischen von Georg Deggerich

Gabriel García Márquez, The Art of Fiction No. 69,
The Paris Review, 82 / Winter 1981.

Doris Lessing

VON RATSCHLÄGEN HALTE ICH NICHTS.

Mit Thomas Frick (1987)

Dieses Gespräch mit Doris Lessing fand in Midtown Manhattan statt, im Townhouse von Robert Gottlieb, Lessings langjährigem Lektor bei Knopf, zur Zeit des Interviews Chefredakteur des *New Yorker*. Lessing war nur kurz in New York, um dem Casting für eine Oper von Philip Glass beizuwohnen, die auf ihrem Roman *Die Entstehung des Repräsentanten von Planet 8* basierte. Lessing hatte auch das Libretto geschrieben. Da ständig umgeplant wurde, bedurfte es einiger Postkarten – Doris Lessing kommunizierte hauptsächlich über Postkarten aus dem British Museum –, bis die Verabredung schließlich stand.

Während das Aufnahmegerät eingestellt wurde, sagte sie: »Laut ist es hier, wenn man bedenkt, dass wir in einem Garten sitzen, hinter einer Häuserreihe.« Sie zeigte auf ein Townhouse, in dem Katherine Hepburn lebte. Dann sprachen wir eine Weile über Großstädte. Seit fast vierzig Jahren lebt sie in London und findet noch heute: »In einer so großen Stadt ist immer alles verblüffend.« Oder, wie sie schon an anderer Stelle gemutmaßt hat: »Ich wäre ganz und gar nicht überrascht, wenn sich herausstellte, dass die Dimensionen von Gebäuden uns auf eine Weise beeinflussen, die wir nicht vermuten.« Sie sprach darüber, dass sie, noch nicht fünf Jahre alt, ein halbes Jahr in England verbracht habe. »Kinder sollten reisen. Ich denke, es ist sehr gut, sie überallhin mitzuschleppen. Es ist gut für sie. Für die Eltern ist es natürlich anstrengend.«

Das Interview fand auf der Veranda im Garten statt. Dunkles Haar mit silbrigen Strähnen, in der Mitte gescheitelt und als Dutt getragen, Strumpfhose, knielanger Rock, Bluse und Jackett – sie sah genauso aus wie auf den Umschlägen ihrer Bücher. Dass sie manchmal müde wirkte, war wenig überraschend angesichts der vielen Reisen, die sie zuletzt unternommen hatte. Ihre Stimme war kräftig, melodiös, ihr Ton mal heiter, mal gallig, mal bekümmert und mal sarkastisch.

Sie wurden in Persien geboren, im heutigen Iran. Wie gelangten Ihre Eltern dorthin?

Mein Vater war im Ersten Weltkrieg Soldat. Danach konnte er England nicht mehr ertragen. Er fand es sehr kleinkariert. Die Soldaten hatten diese wahnsinnigen Erlebnisse in den Schützengräben gehabt und merkten nun, dass sie es zu Hause nicht mehr aushalten konnten. Daher bat er seine Bank, ihn anderswohin zu schicken. Und sie versetzten ihn nach Persien, wo wir ein riesiges Haus bekamen, große Räume und viel Platz und Reitpferde. Sehr viel Leben im Freien, sehr schön. Gerade habe ich erfahren, dass diese Stadt jetzt in Trümmern liegt. Das ist ein Zeichen der Zeit, denn es war eine sehr alte Marktstadt mit wunderschönen Gebäuden. Kein Mensch hat Notiz davon genommen. Es wird so viel zerstört, und das kümmert uns einen Dreck. Und danach haben sie meinen Vater nach Teheran geschickt, das sehr hässlich ist. 1924 kamen wir dann nach England zurück, wo eine Ausstellung namens Empire Exhibition stattfand (sie taucht ab und zu in der Literatur auf), die einen enormen Einfluss auf meinen Vater gehabt haben muss. Am Ausstellungsstand von Südrhodesien gab es ungeheure Maiskolben und Parolen wie: »Machen Sie in fünf Jahren ein Vermögen« und ähnlicher Unsinn. Daraufhin packte mein Vater, was für seine romantische Veranlagung typisch war, alles zusammen. Er bekam eine Rente wegen seines Beines, wegen seiner Kriegsverletzungen – winzig, ungefähr fünftausend Pfund –, und er brach einfach in ein völlig unbekanntes Gebiet auf, um Farmer zu werden. Seine Kindheit hatte er in der Nähe von Colchester verbracht, das damals eine ziemlich kleine Stadt war, und er hatte eigentlich das Leben eines Bauernjungen geführt und eine Kindheit auf dem Land verlebt. Und nun fand er sich im rhodesischen Veld wieder. Seine Geschichte ist nicht untypisch für die Zeit. Ich habe eine Weile gebraucht, aber als ich *Shikasta* schrieb, ging mir plötzlich auf, wie viele verwundete Ex-Soldaten da draußen lebten, sowohl Engländer als auch Deutsche. Alle waren verwundet worden, alle hatten sehr viel Glück gehabt, dass sie nicht tot waren, so wie ihre Kameraden. Damals war mir das nicht aufgefallen, aber inzwischen ist es mir klar geworden.

Ein ähnlicher, wenn auch weniger bedeutender Fall sind vielleicht unsere Vietnam-Veteranen, die hierher zurückkommen und nicht mehr in der Lage sind, sich anzupassen, die völlig aus der Gesellschaft herausfallen.

Ich sehe nicht, wie ein Mensch derartige Erfahrungen machen und sich dann gleich wieder einfügen kann. Das ist zu viel verlangt.

Sie haben kürzlich in der Zeitschrift *Granta* eine Erinnerung veröffentlicht, die, dem Titel nach zu urteilen, von Ihrer Mutter handelt. In gewisser Hinsicht scheint es aber eher um Ihren Vater zu gehen.

Wie kann man denn getrennt über die beiden schreiben? Das Leben meiner Mutter war, wie man damals sagte, seinem Leben gewidmet.

Man staunt, wenn man von seiner Goldsuche liest, von seinen großartigen Plänen, seinen Abenteuern ...

Er war schon ein bemerkenswerter Kerl, mein Vater. Er war ein vollkommen unpraktischer Mann. Zum Teil wegen des Krieges und alldem. Er ließ sich einfach treiben, er wurde damit nicht fertig. Meine Mutter war die Organisatorin und hielt alles zusammen.

Ich habe den Eindruck, dass er auf eine sehr fortschrittliche und wissenschaftliche Art über diese Goldsuche nachdachte.

Er ging von der Überlegung aus – und wahrscheinlich ist da irgendwo etwas Wahres dran –, dass man Gold und andere Metalle aufspüren könnte, wenn man nur wüsste, wie das geht. Daher experimentierte er ständig. Ich habe auch über ihn geschrieben, sozusagen, in einer Novelle, die ich *Eldorado* [dt. *Der Mann der auf und davon ging*] genannt habe. Wir lebten ja in einem Goldland. Um uns herum gab es überall Goldminen, kleine Goldgruben.

Dann war das also gar nicht so abwegig.

Nein! Die Farmer hatten immer einen Hammer oder eine Pfanne im Auto, für alle Fälle. Sie kamen dauernd mit kleinen Goldkörnchen nach Hause.

Wurden in Ihrer Umgebung viele Geschichten erzählt, als Sie Kind waren?

Nein … die Afrikaner haben Geschichten erzählt, aber uns war der Umgang mit ihnen nicht erlaubt. Das war das Schlimmste an meinem Leben dort. Ich meine, ich hätte als Kind wunderbar vielfältige Erlebnisse haben können. Aber das wäre für ein weißes Kind undenkbar gewesen. Jetzt gehöre ich in England einer Einrichtung an, die sich »Storytellers' College« nennt. Vor etwa drei Jahren hat eine Gruppe von Leuten versucht, die Kunst des Geschichtenerzählens wieder zum Leben zu erwecken. Das läuft recht gut. Die Hindernisse sind – ich bin bloß Schirmherrin, ich war bei ein paar Versammlungen dabei – erstens, dass Leute erscheinen, die meinen, Geschichten zu erzählen hieße, Witze zu erzählen. Die müssen abgeschreckt werden! Dann denken andere, Geschichtenerzählen sei etwas wie eine Selbsterfahrungsgruppe. Es gibt immer jemanden, der von seinen Erfahrungen erzählen will, verstehen Sie. Aber auch eine sehr große Zahl von echten Geschichtenerzählern hat sich angesprochen gefühlt. Einige aus Afrika – von überallher –, Leute, die immer noch traditionelle Geschichtenerzähler sind, die ihren Beruf geerbt haben, und andere, die versuchen, diese Kunst wieder aufleben zu lassen. Und so bleibt sie erhalten. Sie blüht und gedeiht. Wenn man in London oder sonst wo Erzählabende veranstaltet, kommt eine ganze Menge Publikum. Was ziemlich erstaunlich ist, wenn man bedenkt, was die Leute stattdessen machen könnten – *Dallas* gucken oder so was.

Wie war es, nach England zurückzukommen? Ich erinnere mich, dass J. G. Ballard sich, als er das erste Mal aus Shanghai nach England kam, sehr eingeengt fühlte; er empfand alles als sehr klein und rückständig.

O ja! Ich habe mich schrecklich eingeengt gefühlt und ganz bleich und feucht; alles war eingesperrt und zu häuslich.

Das finde ich immer noch. Ich finde England sehr hübsch, aber zu ordentlich. Es gibt wohl keinen Zoll englische Landschaft, der nicht in irgendeiner Weise bearbeitet wurde. Ich glaube nicht, dass irgendwo noch wildes Gras wächst.

Verspüren Sie einen tiefen Drang oder eine Sehnsucht, in etwas wie eine mythische afrikanische Landschaft zurückzukehren?

Also, ich würde ja nicht in einer Landschaft leben, oder? Ich würde in einer Realität leben. Es wäre nicht die Vergangenheit. Als ich vor drei Jahren wieder einen Besuch in Simbabwe plante, zwei Jahre nachdem es unabhängig geworden war, war mir ganz klar, dass ich, wenn ich hinfahren würde, zur Vergangenheit gehörte. Meine einzige Funktion in der Gegenwart würde eine Art Symbolfunktion sein. Das ist unvermeidlich! Aber ich bin die »Frau von hier, die es geschafft hat«. Unter dem weißen Regime war ich ein Bösewicht. Niemand fand ein gutes Wort für mich. Sie haben keine Ahnung, wie böse ich angeblich war. Aber jetzt bin ich »okay«.

Waren Sie wegen Ihrer Einstellung den Schwarzen gegenüber böse?

Ich war gegen das weiße Regime. Es gab eine absolute Rassenschranke. Dieser Ausdruck ist jetzt völlig verschwunden: »Rassenschranke«. Der einzige Kontakt, den ich zu Schwarzen hatte, war der Kontakt zu Dienstboten. Es ist sehr schwer, eine vernünftige Beziehung zu Schwarzen zu haben, wenn sie abends um neun im Haus sein müssen, weil es eine Sperrstunde gibt, oder wenn sie in völliger Armut leben und man selbst nicht.

In Ihrer autobiographischen Skizze in *Granta* entsteht ein Bild von Ihnen als Kind, das Gewehre mit sich herumschleppt, Wild schießt ...

Ja, damals gab es eine Menge Wild. Heute gibt es nur noch ganz wenig, unter anderem, weil die Weißen es abgeknallt haben und weil die Schwarzen davon gelebt haben.

Hatten Sie damals schon den Wunsch, Schriftstellerin zu werden? Sie erwähnen, dass Sie Ihre Aufzeichnungen vor Ihrer Mutter versteckten, die versuchte, einen großen Wirbel darum zu machen.

Meine Mutter war eine sehr frustrierte Frau. Sie war sehr tüchtig, und diese ganze Energie wurde in mich und meinen Bruder hineingesteckt. Aus uns sollte etwas werden. Lange Zeit wollte sie, dass ich Musikerin würde, weil sie selbst eine recht gute Musikerin gewesen war. Ich hatte nicht viel Begabung dazu. Aber irgendwann mussten wir alle Musikunterricht nehmen. Sie trieb uns ständig an. Und in einer Hinsicht war das natürlich sehr gut, weil Kinder gefordert werden müssen. Aber dann ergriff sie Besitz von dem, was wir erreicht hatten, was immer es auch war. Daher mussten wir uns schützen. Doch ich glaube, dass wohl jedes Kind herausfinden muss, wie es seine Leistungen als sein Eigentum behalten kann.

Ich habe mich bloß gefragt, ob Sie sich schon in jungen Jahren als zukünftige Schriftstellerin gesehen haben.

Unter anderem. Ich hätte bestimmt auch Ärztin werden können. Ich hätte eine gute Farmersfrau abgegeben und so weiter. Schriftstellerin wurde ich aus Frustration, so wie, glaube ich, viele Schriftsteller zu ihrem Beruf kommen.

Sie haben in so verschiedenen Genres Romane geschrieben; fühlen die Leser sich nicht verraten, wenn Sie nicht im einen oder im anderen Lager bleiben? Ich habe dabei an die Science-Fiction-Fans gedacht, die ziemlich engstirnig sind und es »Science-Fiction-Autoren« übel nehmen, wenn sie nicht in ihrem kleinen Verein bleiben.

Ja, das ist engstirnig, selbstverständlich. Übrigens scheinen diejenigen, die sich als Repräsentanten dieser Gemeinschaft betrachten, ihr Schubladendenken jetzt aufgeben zu wollen. Ich bin als Ehrengast zur World Science Fiction Convention in Brighton eingeladen worden. Sie haben auch die sowjetischen Science-Fiction-Autoren eingeladen. In der Vergangenheit hat es immer Ärger gegeben; jetzt hofft man, dass Glasnost den Autoren vielleicht tatsächlich erlaubt herzukommen.

Eigentlich ist mir bei diesen späteren Büchern nie in den Sinn gekommen, dass ich Science-Fiction oder etwas in der Art schreibe! Erst als ich dafür kritisiert wurde, dass ich Science-Fiction schrieb, wurde mir klar, dass ich heiligen Boden betreten hatte. Natürlich schreibe ich eigentlich keine Science-Fiction-Literatur. Ich habe gerade ein Buch von diesem *Solaris*-Menschen gelesen, von Stanislaw Lem. Also, das ist echte, klassische Science-Fiction ... voll mit wissenschaftlichen Ideen. Die Hälfte davon geht natürlich an mir vorbei, weil ich sie nicht verstehe. Aber was ich verstehe, ist wirklich faszinierend. Ich habe eine ganze Reihe junger Leute kennengelernt – manche sind eigentlich gar nicht mehr so jung, wenn man es genau nimmt –, die sagen: »Tut mir wirklich leid, aber ich habe keine Zeit für Realismus«, und ich sage: »Mein Gott! Sehen Sie sich doch an, was Ihnen entgeht! Das ist ein reines Vorurteil.« Aber sie wollen nichts davon wissen. Und ich treffe ständig Menschen, normalerweise mittleren Alters, die sagen: »Tut mir sehr leid,

Ihre nicht-realistischen Werke kann ich nicht lesen.« Ich finde das sehr schade. Darum freue ich mich, dass ich bei diesem Kongress Ehrengast bin, denn es zeigt, dass die alten Grenzen überwunden werden.

Was mir an *Shikasta* am besten gefiel, war, dass das Buch alle spirituellen Themen, die in der Science-Fiction-Literatur sonst versteckt oder unterdrückt oder verschlüsselt werden, aufnimmt und in den Vordergrund rückt.

Ich habe den Roman überhaupt nicht als Science-Fiction betrachtet, als ich ihn schrieb, nein, eigentlich nicht. Es ist natürlich kein Buch, das anfängt mit, sagen wir mal: »Im Jahr 1883, um drei Uhr an einem bestimmten Nachmittag in Tomsk ...« – was, neben der kosmischen Sichtweise, wohl meine zweitliebste Art des Anfangs ist, diese Art, einen Roman zu beginnen.

Sie haben für viele Sammlungen von Sufi-Erzählungen und -Prosa Einleitungen geschrieben. Wie kam es zu Ihrem Interesse am Sufismus und Ihrer Beschäftigung damit?

Eigentlich spreche ich darüber nur sehr ungern. Denn alles, was man sagt, wirkt so klischeehaft, und es klingt effekthascherisch. Ich möchte wirklich nur sagen, dass ich nach einer Disziplin in dieser Richtung suchte. Alle sind sich einig, dass man einen Lehrer braucht. Ich sah mich nach jemandem um, aber ich mochte keinen, weil sie alle in irgendeiner Weise »Gurus« waren. Dann hörte ich von diesem Idries Shah, der Sufi ist und mich wirklich beeindruckte. So kommt es, dass ich mich seit Anfang der sechziger Jahre damit beschäftige. Es ist ziemlich schwierig, das alles kurz zusammenzufassen, denn es geht immer um die eigenen Erfahrungen. Das möchte ich ganz deutlich sagen, denn viele Leute laufen herum und sagen: »Ich bin Sufi«, wahrscheinlich, weil sie ein Buch darüber gelesen haben und weil es gut klingt. Was aber absolut dem widerspricht, was echte Sufis sagen oder tun würden. Einige der großen Sufis haben sogar gesagt: »Ich würde mich selbst nie Sufi nennen – diese Bezeichnung steht mir nicht zu.« Aber ich kriege Briefe von Leuten, Briefe, die so anfangen: »Hi, Doris! Ich habe gehört, dass Du auch Sufi bist!« Wirklich, ich weiß nicht, was ich dazu sagen soll. Meistens ignoriere ich sie.

Lassen Sie mich noch eine Frage in dieser Richtung stellen. Halten Sie die Lehre von der Reinkarnation für eine überzeugende Sichtweise?

Ich finde, es ist eine verlockende Vorstellung. Ich selbst glaube nicht daran. Ich halte es für wahrscheinlicher, dass wir auf unserem Weg, auf unserer langen Reise, kurz in dieses Reich hier »eintauchen«.

Dass dieser Planet nur eine einzige Station ist?

Wir werden nicht dazu angehalten – ich spreche von den Leuten, die bei Shah Schüler sind –, viel Zeit mit Grübeleien über dieses Thema zu verbringen, weil die Ansicht herrscht, dass es Dringenderes zu tun gibt. Es ist natürlich verlockend, über das alles nachzudenken, ja sogar Bücher darüber zu schreiben! Aber in meinem Fall, in *Shikasta*, ist die Geschichte mit der Reinkarnation eine reizvolle Metapher oder eine literarische Vorstellung, obwohl manche Leser, wie ich höre, *Shikasta* als eine Art Lehrbuch betrachten.

Als Prophezeiung vielleicht?

Es war eine Methode, eine Geschichte zu erzählen – Gedanken einzufügen, die in unseren großen Religionen eine Rolle spielen. Im Vorwort zu *Shikasta* habe ich geschrieben, dass man, wenn man das Alte Testament und das Neue Testament und die Apokryphen und den Koran hintereinander liest, eine durchgehende Geschichte findet. Diese Religionen haben bestimmte Vorstellungen miteinander gemein, und eine davon ist natürlich dieser letzte Krieg oder die Apokalypse oder was auch immer. Also habe ich versucht, diese Vorstellung auszubauen. Ich habe das »Space-Fiction« genannt, weil es keine andere Bezeichnung dafür gab.

Arbeiten Sie an mehr als einem Erzählwerk zurzeit?

Nein, ich gehe ziemlich systematisch vor. Manchmal redigiere ich den Entwurf von einer vorhergehenden Arbeit, während ich an etwas anderem schreibe. Aber im Grunde mache ich gerne eins nach dem anderen.

Dann stelle ich mir vor, dass Sie vorne mit dem Werk anfangen und hinten aufhören und nicht mal hier und mal da einen Abschnitt schreiben …

Ja, das stimmt. Ich habe es nie anders gemacht. Wenn man abschnittweise schreibt, geht eine sehr wertvolle Kontinuität der Form verloren.

Haben Sie das Gefühl, dass Sie sich innerhalb der Genres, die Sie verwenden, entwickelt haben? Ich fand zum Beispiel, dass die realistische Perspektive in *Die Terroristin* und manchmal sogar in den Jane-Somers-Büchern distanzierter war als in Ihrem früheren Realismus.

Das lag wahrscheinlich an meinem fortgeschrittenen Alter. Wir bekommen wirklich Abstand. Ich sehe jedes Buch als Problem, das es zu lösen gilt. Das bestimmt die Form, die ich verwende. Es ist nicht so, dass man sagt: »Ich möchte ein Space-Fiction-Buch schreiben.« Man fängt am anderen Ende an, und was man zu sagen hat, bestimmt, welche Form es annimmt.

Schreiben Sie ziemlich kontinuierlich? Machen Sie eine Pause zwischen den Büchern?

Ja! Ich habe jetzt eine ganze Weile nicht geschrieben. Manchmal gibt es ziemlich lange Lücken. Es gibt immer irgendetwas zu tun, man muss einen Artikel schreiben, ob man will oder nicht. Im Augenblick schreibe ich Kurzgeschichten. Das ist interessant, weil sie *sehr* kurz sind. Mein Lektor, Bob Gottlieb (der jetzt beim *New Yorker* ist), sagte ganz zufällig, kein Mensch würde ihm ganz kurze Erzählungen schicken, und er fände das interessant. Da habe ich gedacht, mein Gott, ich habe seit Jahren keine ganz kurze Geschichte mehr geschrieben. Also schreibe ich jetzt welche mit etwa 1500 Wörtern, und das ist eine sehr gute Übung. Es macht mir Spaß. Ich habe mehrere fertig, und ich glaube, ich werde sie »Londoner Skizzen« [erschienen als *London Stories;* dt. *Der Preis der Wahrheit*] nennen, weil sie alle von London handeln.

Es sind also keine Parabeln oder in irgendeiner Weise exotische Geschichten?

Nein, überhaupt nicht. Sie sind vollkommen realistisch. Ich streife ziemlich viel in London herum. Und jede Stadt ist natürlich ein Theater, oder nicht? Das totale Schauspiel!

Haben Sie feste Arbeitsgewohnheiten?

Das spielt keine Rolle, weil es bloß Gewohnheiten sind. In der Zeit, als ich ein Kind großzog, habe ich mir beigebracht, in ganz kurzen, konzentrierten Schüben zu arbeiten. Wenn ich ein Wochenende oder eine Woche Zeit hatte, habe ich unglaublich viel geschafft. Solche Angewohnheiten sind meistens tief verwurzelt. Eigentlich würde ich viel besser fahren, wenn ich langsamer arbeiten könnte. Aber es ist eine Gewohnheit. Ich werde dauernd danach gefragt, natürlich, als wäre das wichtig. Mir ist aufgefallen, dass die meisten Schriftstellerinnen in dieser Weise schreiben, während Graham Greene meines Wissens Tag für Tag zweihundert perfekte Wörter zu Papier bringt! Das habe ich gehört! Ich glaube allerdings, dass ich viel besser schreibe, wenn es fließt. Man fängt mit etwas an, und zuerst ist es ein bisschen holprig und ungeschickt, aber dann gibt es einen Punkt, da macht es klick, und plötzlich schreibt man ziemlich flüssig. Dann habe ich das Gefühl, dass ich gut schreibe. Ich schreibe nicht gut, wenn ich dasitze und über jedem einzelnen Satz schwitze.

Was lesen Sie in letzter Zeit so? Lesen Sie zeitgenössische Literatur?

Ich lese sehr viel. Ich bin sehr schnell, Gott sei Dank, denn sonst würde ich es nie schaffen. Schriftsteller bekommen natürlich wahnsinnig viele Bücher von den Verlagen zugeschickt. Ich kriege acht oder neun oder zehn Bücher pro Woche, was eine fürchterliche Belastung ist, weil ich immer sehr gewissenhaft bin. Allerdings bekommt man in den ersten paar Kapiteln schon einen ganz guten Eindruck von einem Buch. Und wenn es mir auch nur einigermaßen gefällt, lese ich weiter. Das ist natürlich unfair, weil man gerade schlechte Laune haben oder sehr in die eigene Arbeit vertieft sein könnte. Dann sind da die Autoren, die ich bewundere und deren neueste Bücher ich auch immer lese. Und natürlich gibt es auch eine Menge Bücher, die ich von anderen empfohlen bekomme. Ich lese also unentwegt.

Könnten Sie uns mehr darüber erzählen, wie Sie der etablierten Literaturkritik den Streich mit »Jane Somers« gespielt haben? Vorweg möchte ich noch sagen, dass ich es unglaublich großzügig finde, ein Pseudonym unter zwei lange Romane zu setzen, um damit zu zeigen, wie junge Romanautoren behandelt werden.

Nun, zuerst einmal sollten es nicht zwei werden! Es sollte nur ein Roman werden. Aber dann habe ich das erste Buch geschrieben und der Agentin gesagt, dass ich es als Erstlingsroman verkaufen wollte … verfasst von einer Londoner Journalistin. Ich wollte eine Identität, die mit meiner vergleichbar war, nicht allzu anders. Meine Agentin wusste also Bescheid und schickte das Manuskript los. Meine beiden englischen Verleger lehnten es ab. Ich habe die Berichte der Gutachter gesehen, sie waren sehr herablassend. Wirklich erstaunlich herablassend! Der dritte Verlag, Michael Joseph (der Verlag, in dem mein erstes Buch erschienen war), wurde zu der Zeit von einer sehr klugen Frau namens Phillipa Harrison geleitet, die meiner Agentin gegenüber erwähnte: »Das erinnert mich an die frühe Doris Lessing.« Wir gerieten in Panik, denn wir wollten nicht, dass sie ihre Vermutung herumerzählte! Also luden wir sie zum Lunch ein, und ich sagte: »Das Buch ist wirklich von mir, machen Sie mit?« Anfangs war sie empört, aber dann machte ihr das alles großen Spaß. Bob Gottlieb, der damals mein Lektor bei Knopf in den Staaten war, erriet es auch, und damit waren es drei Leute. Dann rief mich der französische Verleger an und sagte: »Ich habe gerade ein Buch von einer englischen Autorin gekauft, aber ich frage mich, ob Sie ihr nicht ein bisschen geholfen haben!« Also habe ich es ihm erzählt. Im Ganzen wussten es also vier oder fünf Leute. Wir rechneten alle damit, dass nach Erscheinen des Buches alle darauf kommen würden. Vor der Veröffentlichung wurde es allerdings noch an alle Fachleute für mein Werk geschickt, und keiner kam dahinter. Alle Schriftsteller fühlen sich von diesen Fachleuten in einen Käfig gesperrt – die Schriftsteller werden zu ihrem Eigentum. Das war also einfach toll! Es war überhaupt das Beste, was passierte! Vier Verleger in Europa kauften den Roman, ohne zu wissen, dass er von mir war, und das war schön. Dann erschien das Buch, und ich bekam die Rezensionen, die ein Erstlingsroman bekommt, kurze Rezensionen, vor allem von Journalistinnen, die dachten, ich wäre eine von ihnen. Dann kriegte Jane Somers eine Menge Fanpost, meist nicht von literarisch Interessierten, sondern von Leuten, die sich um alte Menschen kümmerten und dabei verrückt wurden. Und von vielen Sozialarbeitern, die entweder mit meiner Darstellung übereinstimmten oder nicht, die aber alle meinten, sie freuten sich, dass ich das Buch geschrieben hätte. Da dachte ich dann, also gut, ich schreibe noch eins. Inzwischen war ich von Jane Somers ziemlich fasziniert. Wenn man in der ersten Person schreibt, kann man nicht allzu weit von dem abschweifen, was für diese Person angemessen ist. Jane Somers ist Mittelschicht, Engländerin, mit einem sehr kleinkarierten Elternhaus. Es gibt wenig, was engstirniger ist als die englische Mittelschicht. Jane hat nicht studiert. Sie fing sehr jung an zu arbeiten, ging sofort ins Büro. Das Büro war ihr ganzes Leben. Sie führte eine Ehe, die keine Ehe war. Sie hatte keine Kinder. Es machte ihr eigentlich keinen Spaß, ins Ausland zu reisen. Wenn sie mit ihrem Mann oder für ihre Firma und ihr Büro Auslandsreisen machte, war sie froh, wieder nach Hause zu kommen. Ihre Erfahrungen waren so beschränkt, wie man es sich nur vorstellen kann. Daher musste ich beim Schreiben alles Mögliche wegstreichen, was mir sozusagen unter die Feder kam. Weg damit! Weg damit! Sie ist eine sehr normale Frau, und sie hat ganz feste Ansichten darüber, was richtig ist und was falsch.

Welche Kleider man trägt ...

Alles! Ich habe eine Freundin, die sich furchtbar viel Gedanken um ihre Kleidung macht. Die Qualen, die sie leidet, dieses Martyrium, das sie durchsteht, möchte ich niemandem wünschen! Jane Somers wurde aus verschiedenen Personen zusammengesetzt. Eine weitere war meine Mutter. Ich habe mich gefragt, wie sie wohl wäre, wenn sie heutzutage jung wäre, in London. Eine dritte war eine frühere Bekannte, die immer sagte: »Ich habe eine sehr glückliche Kindheit gehabt. Ich habe meine Eltern über alles geliebt. Ich habe meinen Bruder gerngehabt. Wir hatten viel Geld. Ich bin sehr gerne zur Schule gegangen. Ich habe jung geheiratet, ich habe meinen Mann geliebt« – so redet sie weiter. Aber dann stirbt ihr Mann plötzlich. Und aus einer reizenden Kindfrau wird eine Persönlichkeit. Diese Frauen habe ich alle verwendet, um eine Person daraus zu machen. Es ist erstaunlich, was man über sich selbst herausfindet, wenn man in der ersten Person über eine Frau schreibt, die ganz anders ist als man selbst.

Ursprünglich wollten Sie mit den Jane-Somers-Büchern das literarische Establishment auf die Probe stellen?

Ja. Ich beobachte den Literaturbetrieb jetzt seit langer Zeit. Ich weiß, was gut daran ist und was schlecht. Ich hatte es nicht so sehr auf die Verleger abgesehen, sondern viel mehr auf die Rezensenten und die Kritiker, die ich für außerordentlich berechenbar halte. Ich wusste genau, was mit diesem Buch passieren würde! Kurz bevor ich ausgepackt habe, hatte ich ein Interview mit dem kanadischen Fernsehen. Sie fragten: »Was glauben Sie, was passieren wird?«, und ich sagte: »Die englischen Kritiker werden sagen, dass das Buch nichts taugt.« Ganz genau! Ich kriegte diese säuerlichen, bösartigen kleinen Rezensionen. In allen anderen Ländern kam das Buch mittlerweile sehr gut an.

In Ihrem Vorwort zu *Shikasta* haben Sie geschrieben, die Menschen wüssten eigentlich gar nicht, wie außergewöhnlich diese Zeit ist, insofern nämlich, als man an alle nur denkbaren Bücher herankommt. Meinen Sie, dass wir wirklich dabei sind, die Buchkultur zu verlassen? Für wie gefährlich halten Sie die Situation?

Vergessen Sie bitte nicht, dass ich mich an den Zweiten Weltkrieg erinnere, als es nur ganz wenige Bücher gab und man kaum Papier kriegte. Es ist für mich wie ein Wunder, dass ich in einen Laden gehen oder auf eine Liste schauen kann und alles finde, was ich haben möchte, oder fast alles. Wer weiß, ob wir in schweren Zeiten diesen Luxus noch haben werden?

Fühlen Sie sich in irgendeiner Weise verpflichtet, diese Prophezeiungen zu äußern, abgesehen davon, dass Sie damit eine gute Geschichte erzählen?

Ich weiß, dass manche Leute Sachen sagen wie: »Ich betrachte Sie eigentlich als Prophetin.« Aber alles, was ich geschrieben habe, hat in den letzten zwanzig Jahren auch zum Beispiel im *New Scientist* gestanden. Alles! Warum also bezeichnet man mich als Prophetin und diese Zeitschrift nicht?

Sie schreiben besser.

Ja, ich wollte gerade sagen, ich stelle es interessanter dar. Ich glaube wirklich, dass ich manchmal auf eine Wellenlänge gerate – allerdings geht das vermutlich vielen Schriftstellern so –, auf der ich Ereignisse vorwegnehme. Aber ich denke nicht, dass das einen großen Teil meines Werkes ausmacht. Meiner Meinung nach besteht die Aufgabe eines Schriftstellers darin, Fragen zu provozieren. Ich stelle mir gerne vor, dass jemand, wenn er ein Buch von mir liest, etwas wie – ich weiß nicht, was – das literarische Äquivalent zu einer Dusche erlebt. Manchmal kann das Anstoß dazu sein, dass er vielleicht seine Denkweise ein wenig ändert. Dazu sind Schriftsteller da, glaube ich. Das ist unsere Funktion. Wir verbringen unsere ganze Zeit mit Nachdenken darüber, warum etwas funktioniert, warum etwas geschieht, und das bedeutet, dass wir die Vorgänge sensibler wahrnehmen als andere.

Haben Sie jemals an diesen Experimenten der sechziger Jahre teilgenommen, mit Halluzinogenen und solchen Sachen?

Ich habe einmal Meskalin genommen. Ich bin froh, dass ich es gemacht habe, aber ich werde es nie wieder tun. Ich habe es unter sehr schlechten Voraussetzungen genommen. Die beiden Leute, die mir das Meskalin besorgt hatten, fühlten sich viel zu sehr verantwortlich! Sie saßen die ganze Zeit bei mir, und das bedeutete zuerst einmal, dass ich nur den »Unterhalterinnen«-Aspekt meiner Persönlichkeit entdeckte, denn ich war die ganze Zeit damit beschäftigt, ihnen mein Erlebnis zu schildern! Teilweise um das, was ich wirklich fühlte, zu schützen. Sie hätten mich allein lassen sollen. Ich vermute, sie hatten Angst, dass ich aus dem Fenster springen könnte. Ich bin nicht der Mensch, der etwas Derartiges tun würde! Und dann habe ich den größten Teil der Zeit geweint, was nicht wichtig war. Aber die beiden waren furchtbar beunruhigt deswegen, was mich irritierte. Die ganze Sache hätte also besser laufen können. Es ist vorbei. Aber ich würde es nicht wieder machen. Hauptsächlich, weil ich Menschen getroffen habe, die sehr schlimme Trips hatten. Ich habe einen Freund, der einmal Meskalin genommen hat. Das Ganze war ein Albtraum, der ein Albtraum blieb – monatelang sah er Leute, denen die Köpfe von den Schultern rollten. Schrecklich! Das will ich nicht.

Reisen Sie viel?

Zu viel, ich möchte aufhören!

Meistens aufgrund von Verpflichtungen?

Nur Geschäft, Werbung, wissen Sie. Man erwartet von Schriftstellern, dass sie ihre Bücher verkaufen! Eine erstaunliche Entwicklung! Ich will Ihnen sagen, wo ich in diesem Jahr schon für meine Verleger gewesen bin: Ich war in Spanien … Barcelona und Madrid, was natürlich schön ist. Dann war ich in Brasilien, wo ich entdeckte – das hatte ich nämlich nicht gewusst –, dass meine Bücher sich dort recht gut verkaufen. Insbesondere natürlich Space-Fiction. Davon sind sie ganz begeistert. Anschließend war ich in San Francisco. Dort hieß es: »Wo Sie gerade hier sind, könnten Sie ja auch …« – dieser Satz »Sie könnten ja auch … eben schnell die Küste rauf nach Portland fliegen«. Sind Sie da schon mal gewesen?

Nein, noch nie.

Also, das ist ein Erlebnis! In San Francisco sind die Leute ungeheuer hedonistisch, zynisch, gutmütig, liebenswürdig, lässig und gut gekleidet – auf sportliche Art. Eine halbe Stunde mit dem Flugzeug, und man ist in einer ziemlich spießigen, förmlichen Stadt, wo man für ungezwungenes Benehmen überhaupt nichts übrig hat. Es ist erstaunlich, nur ein Stückchen weiter die Küste entlang. So ist das in Amerika. Dann war ich in Finnland, zum zweiten Mal. Da gibt es einige der besten Buchläden auf der Welt! Herrlich, wunderbar! Sie sagen, das läge an den langen, dunklen Nächten dort! Und jetzt bin ich hier. Als Nächstes reise ich nach Brighton, zum Science-Fiction-Kongress. Dann habe ich in Italien einen Preis gewonnen, den Mondello-Preis, der auf Sizilien verliehen wird. Ich habe gefragt: »Warum auf Sizilien?«, und sie haben todernst erwidert: »Wissen Sie, Sizilien hat so einen schlechten Ruf wegen der Mafia ...« Also fliege ich nach Sizilien, und dann werde ich den ganzen Winter lang arbeiten.

Wie ich höre, arbeiten Sie an einer »Space-Oper«, mit Philip Glass zusammen.

Ich staune so darüber, was mit Büchern passieren kann! Wer hätte gedacht, dass aus *Die Entstehung des Repräsentanten von Planet 8* eine Oper werden würde? Das ist so eine Überraschung!

Wie kam es dazu?

Nun, Philip Glass hatte mir geschrieben, er würde gerne eine Oper machen, und wir haben uns getroffen.

Kannten Sie vorher viel von seiner Musik?

Nein, gar nicht! Er schickte mir Musik von sich. Es brauchte eine ganze Weile, bis meine Ohren damit zurechtkamen. Meine Ohren erwarteten nämlich immer, dass es anders weitergehen würde. Sie wissen, was ich meine? Das ist ganz interessant. Jetzt überrascht die Musik mich nicht mehr; ich habe überhaupt keine Probleme mehr damit. Dann haben wir uns getroffen und darüber gesprochen, und das ging sehr gut, was erstaunlich ist, weil wir verschiedener nicht sein könnten. Wir verstehen uns einfach! Wir haben überhaupt keine nennenswerten Schwierigkeiten gehabt. Philip Glass sagte, das Buch würde ihm gefallen, und ich fand, dass er eine gute Wahl getroffen hatte, weil es sich für seine Musik eignet. Wir trafen uns, normalerweise nicht zu ewig langen Sitzungen, sondern einen Tag hier und einen Tag da, und beschlossen, wie wir verfahren wollten. Ich schrieb das Libretto.

Hatten Sie vorher jemals etwas in der Art gemacht?

Nein, mit Musik noch nie.

Hatten Sie Noten, nach denen Sie arbeiten konnten?

Nein, wir haben mit dem Libretto angefangen. Wir haben bisher sechs Versionen der Geschichte gemacht, eben weil es eine Geschichte ist, etwas ganz anderes als das, was er sonst meistens macht. Wenn etwas fertig war, schrieb er die Musik dazu und teilte mir dann mit, dass er hier noch sechs Zeilen mehr oder da drei Zeilen weniger brauchte. Das war eine große Herausforderung.

Werden Sie den Space-Fiction-Zyklus weiterführen?

Ja. Ich habe ihn nicht vergessen. Wenn Sie das letzte Buch lesen, *Die sentimentalen Agenten* – das eigentlich eine Satire ist und nicht Science-Fiction –, werden Sie sehen, dass ich den Schluss so gestaltet habe, dass alles auf den nächsten Band hinweist. Das Buch endet ja mitten im Satz. Im nächsten Buch schicke ich diesen äußerst naiven Agenten nach ... Wie hieß noch mein böser Planet?

Shammat?

Ja, nach Shammat, um dort alles zu reformieren. Es wird schwierig werden, über Shammat zu schreiben, weil er der Erde nicht zu ähnlich werden soll! Das wäre zu einfach! Ich habe eine Handlung, aber der Ton fehlt mir noch. Sie wissen, was ich meine?

Machen Sie viele öffentliche Lesungen?

Nicht sehr viele. Ich lese, wenn ich darum gebeten werde. In Finnland hat man mich nicht darum gebeten. Ich weiß nicht mehr, wann die letzte Lesung war. Ach ja, in Deutschland letztes Jahr, mein Gott! Das war eine ganz katastrophale Reise. Es war irgendeine akademische Einrichtung in Deutschland. Ich habe zu ihnen gesagt: »Ich möchte gerne das machen, was ich immer mache. Erst lese ich die Geschichte, und dann beantworte ich Fragen.« Sie entgegneten das Gleiche wie immer: »Oh, Sie können nicht erwarten, dass die Deutschen Fragen stellen.« Ich sagte: »Hören Sie, lassen Sie mich das einfach machen, denn ich weiß, wie das geht.« Jedenfalls, was dann passierte, war typisch für Deutschland: Wir trafen uns um vier, um die Veranstaltung zu besprechen, die um acht stattfinden sollte. Sie können kein bisschen Uneindeutigkeit oder Unordnung vertragen – nein, nein! So was können sie nicht ertragen. Ich sagte: »Hören Sie, lassen Sie es doch gut sein!« Der Hörsaal war sehr groß, und ich las eine Geschichte auf Englisch, und sie kam sehr gut an, völlig okay. Ich kündigte an: »Und jetzt beantworte ich Fragen.« Da fing diese Gruppe von vier verdammten Professoren an, mir Fragen zu stellen, diese ungeheuer langen literaturwissenschaftlichen Fragen, die so ermüdend sind, dass das Publikum schließlich anfing, aufzustehen und rauszugehen. Ein junger Mann, ein Student, der sich im Gang herumlümmelte – während ein Professor etwas unheimlich Langes zu Ende brachte –, rief: »Blablablablabla.« Also sagte ich, ohne mich auch nur im Geringsten um die Gefühle des Professors zu kümmern: »Hören Sie, ich beantworte jetzt englische Fragen aus dem *Publikum*.« Und da kamen alle wieder zurück und setzten sich, und es lief gut ... wunderbar lebendige Fragen! Die Professoren waren stinksauer. Das war also Deutschland. Deutschland ist am schlimmsten, wirklich, das Letzte.

Vor Kurzem haben Sie begonnen, Sachbücher zu schreiben.

Ja, ich habe gerade ein Buch, ein kurzes Büchlein, über die Lage in Afghanistan geschrieben. Ich bin dort in den Flüchtlingslagern gewesen, denn die Männer halten sich normalerweise an die Zeitungen, und Männer dürfen wegen der islamischen Denkweise nicht mit den Frauen sprechen. Daher haben wir uns auf die Situation der Frauen konzentriert. Das Buch heißt *Der Wind verweht unsere Worte*, das ist ein Zitat von einem afghanischen Schriftsteller, einem Führer der Mudschahedin, der gesagt hat: »Wir rufen euch um Hilfe an, aber der Wind verweht unsere Worte.«

Haben Sie sich jemals Gedanken darum gemacht, welches Gewicht Sie einem so ungeheuerlichen Bericht verleihen können, als Außenstehende, die nur kurze Zeit zu Besuch ist?

Machen Journalisten sich Gedanken darüber, welchen Einfluss sie haben, wenn sie Länder nur für so kurze Zeit bereisen? Was mich angeht, so war ich gut auf die Reise vorbereitet, besser als die meisten Journalisten, weil ich mich seit einigen Jahren mit diesen Fragen beschäftige und Afghanen und Pakistanis kenne (wie ich im Buch deutlich gemacht habe) und mit Menschen zusammen bin, die Farsi sprechen – Letzteres ist ein Vorteil, den die meisten Journalisten nicht haben.

Ihre Reportagemethoden in dem Buch waren Zielscheibe für die Kritik einiger amerikanischer Journalisten, die behaupten, Ihre Reise nach Afghanistan sei von einer bestimmten, proafghanischen Organisation gesponsert worden. Was sagen Sie dazu?

Das ist die stereotype Kritik von links, die automatisch kommt, von Leuten, die meiner Meinung nach nicht erwarten können, dass man sie ernst nimmt, denn ich habe in meinem Buch klargemacht, dass die Reise nicht von einer politischen Organisation organisiert wurde. Ich bin für eine Hilfsorganisation namens Afghan Relief gefahren, die von einigen Freunden, darunter auch mir, aufgebaut wurde und verschiedene Leute bei ihrem Besuch in Pakistan unterstützt hat, aber nicht mit Geld. Ich habe meine Reise selbst bezahlt, genauso wie die anderen, die mit mir unterwegs waren. Das Besondere an Afghan Relief ist, dass diese Organisation enge Kontakte zu Afghanen hat, sowohl zu Exilanten als auch zu solchen, die in Afghanistan kämpfen, und dass in London ansässige Afghanen dazugehören, die als Berater tätig sind. Diese Afghanen sind meine persönlichen Freunde, keine »politischen« Freunde. Afghan Relief hat bisher keinen Pfennig für Verwaltung ausgegeben; das gesamte Spendensammeln, hier und in Pakistan, geschieht ehrenamtlich. Um es ganz deutlich zu sagen: Außer den Afghanen hat niemand etwas aus Afghan Relief herausgeholt.

Der englische Titel Ihres zweiten Jane-Somers-Buchs, *If the Old Could ...* [dt. *Die Liebesgeschichte der Jane Somers*], geht auf ein Sprichwort zurück: »Wenn die Jungen wüssten, wenn die Alten könnten.« Gibt es etwas, das Sie anders gemacht hätten, oder haben Sie einen Rat für die Jungen?

Von Ratschlägen halte ich nichts. Die Sache ist, man glaubt nicht ... Ich weiß, dass auf diesem Gebiet alles Klischee ist, alles ist schon gesagt worden ... aber man glaubt einfach nicht, dass man einmal alt sein wird. Und den Leuten ist auch nicht klar, wie rasch sie alt sein werden. Die Zeit vergeht sehr schnell.

Aus dem Englischen von Sabine Schulte

Doris Lessing, The Art of Fiction No. 102,
The Paris Review, 106 / Frühling 1988.

Toni Morrison

DAS HIRN, NUR DARUM GEHT ES.

Mit Elissa Schappell und Claudia Brodsky Lacour (1993)

Toni Morrison kann es nicht ausstehen, wenn sie als »poetische Schriftstellerin« bezeichnet wird. Die Betonung der lyrischen Qualität ihres Schreibens, meint sie, drohe ihr Talent in den Hintergrund zu drängen und ihren Geschichten die Kraft und Resonanz abzusprechen. Als eine der wenigen Schriftstellerinnen, deren Werk sowohl von der Kritik als auch vom Publikum hochgelobt wird, kann sie es sich leisten, selbst zu entscheiden, welches Lob sie annimmt. Und sie lehnt keineswegs jede Einordnung ab – den Ehrentitel »Schwarze Autorin« weiß sie sogar sehr zu schätzen. Ihre Fähigkeit, aus Individuen Naturgewalten und aus persönlichen Eigenheiten Unvermeidlichkeiten zu machen, hat dazu geführt, dass sie in Rezensionen oft als »D. H. Lawrence der Schwarzen Psyche« bezeichnet wird. Gleichzeitig ist sie eine Meisterin des populären Romans, geht den Beziehungen zwischen Menschen unterschiedlicher Hautfarbe und unterschiedlichen Geschlechts ebenso auf den Grund wie dem Kampf zwischen Zivilisation und Natur und schafft es, Mythisches und Phantastisches mit einem tiefen politischen Gespür zu verbinden.

Unser Gespräch findet an einem sommerlichen Sonntagnachmittag auf dem eindrucksvollen Campus der Princeton University statt. Wir führen das Interview in Toni Morrisons Büro. An den Wänden hängen ein großer Druck von

Helen Frankenthaler, architektonische Feder- und Tusche-zeichnungen sämtlicher Häuser, die in ihren Büchern vor-kommen, Fotos, ein paar gerahmte Buchcover sowie ein Entschuldigungsschreiben von Hemingway – Letzteres eine als Scherz gemeinte Fälschung. Auf ihrem Schreibtisch hat sie eine Teetasse aus blauem Glas mit Shirley Temples Konterfei, darin die Bleistifte der Stärke HB, mit denen sie die ersten Fassungen ihrer Bücher schreibt. Auf einem Fensterbrett stehen Geldbäumchen, darüber hängen noch ein paar weitere Topfpflanzen. Eine Kaffeemaschine und Tassen warten einsatzbereit. Trotz der hohen Decke, dem schweren Schreibtisch und den schwarzen Stühlen mit den hohen Rückenlehnen ist die Atmosphäre im Zimmer hei-melig wie in einer Küche, vielleicht, weil das Gespräch mit Morrison über ihr Schreiben eines dieser intimen Gesprä-che ist, wie sie häufig in Küchen stattfinden; oder weil sie, als unser Energiepegel allmählich sinkt, von irgendwo ein paar Gläser Preiselbeersaft herbeizaubert. Wir haben den Eindruck, dass sie uns in ihr Heiligtum eingelassen hat, da-bei aber die Fäden auf subtile Weise fest in der Hand hält.

Draußen dringt das Sonnenlicht zwischen den Laub-dächern der Eichen hindurch und tupft das weiße Büro mit Lachen aus gelblichem Licht. Morrison sitzt hinter ihrem Schreibtisch, der, ihren Entschuldigungen für die »Unord-nung« zum Trotz, sehr aufgeräumt wirkt. An einer Wand stapeln sich Bücher und Papiere auf einer handbemalten Bank. Morrison selbst ist kleiner, als man vielleicht denken würde, und ihr grau-silbriges Haar ist zu dünnen Dread-locks gedreht, die ihr bis zu den Schultern reichen. Im Ver-lauf des Interviews lässt Morrison ihre tiefe, sonore Stimme immer wieder in ein volltönendes Lachen übergehen und unterstreicht manchmal etwas, indem sie mit der flachen Hand auf den Tisch schlägt. Von einer Minute auf die andere kann ihre Stimmung wechseln, vom Zorn über die Gewaltbereitschaft in den USA zum Vergnügen über die Moderatorinnen und Moderatoren der Trash-Talkshows, durch die sie, wie sie gesteht, manchmal spätnachmittags zappt, wenn ihre Arbeit getan ist.

Sie haben mal erzählt, dass Sie morgens noch vor Sonnenaufgang mit dem Schreiben beginnen. Hat das praktische Gründe, oder ist der frühe Morgen eine besonders ergiebige Zeit für Sie?

Anfangs war es reine Notwendigkeit – ich hatte ja kleine Kinder, als ich anfing zu schreiben, und musste die Zeit nutzen, bevor sie »Mama« riefen, und das war eben vor Sonnenaufgang, gegen fünf Uhr morgens. Jahre danach, als ich nicht mehr bei Random House arbeitete, war ich eine ganze Weile nur zu Hause. Da habe ich einiges an mir entdeckt, worüber ich vorher nie nachgedacht hatte. Ich wusste in der ersten Zeit zum Beispiel gar nicht, wann ich essen will. Ich hatte immer gegessen, wenn es Zeit war zum Mittagessen, zum Abendessen, zum Frühstück. Alle meine Gewohnheiten waren von der Arbeit und den Kindern geprägt. Ich kannte nicht mal die Geräusche in meinem Haus, tagsüber, unter der Woche; das hat mich anfangs alles sehr verwirrt.

Damals – 1983 – war ich gerade dabei, *Menschenkind* zu schreiben, und irgendwann merkte ich, dass ich am Morgen klarer denken kann, zuversichtlicher und auch insgesamt intelligenter bin. Von da an wurde das frühe Aufstehen, das ich mir wegen der Kinder angewöhnt hatte, zu einer bewussten Entscheidung. Nach Sonnenuntergang bin ich nicht mehr besonders helle, witzig oder kreativ.

Kürzlich habe ich mich mit einer anderen Autorin unterhalten, die mir erzählte, dass sie immer etwas ganz Bestimmtes macht, wenn sie sich an den Schreibtisch setzt. Ich weiß nicht mehr genau, was es war – da steht irgendetwas auf ihrem Tisch, das sie berührt, bevor sie in die Tasten haut –, aber wir sprachen dann über die kleinen Rituale, die man absolviert, bevor man zu schreiben anfängt. Erst dachte ich, ich hätte kein Ritual, aber dann fiel mir ein, dass ich mir immer nach dem Aufstehen einen Kaffee mache, wenn es noch dunkel ist – es muss noch dunkel sein –, und dann trinke ich den Kaffee und sehe zu, wie es hell wird. Sie sagte zu mir: »Siehst du, das ist dein Ritual.« Und mir wurde klar, dass ich mich mit diesem Ritual darauf vorbereite, einen Raum zu betreten – ich kann ihn nur als »nicht weltlich« bezeichnen ... Alle, die schreiben, denken sich Möglichkeiten aus, um sich diesem Ort zu nähern, der ihnen den Kontakt ermöglicht, wo sie zum Gefäß werden oder sich sonst wie diesem geheimnisvollen Vorgang widmen. Für mich markiert das Tageslicht diesen Übergang. Es geht nicht darum, im Licht zu sein, sondern schon vor ihm da zu sein. Das setzt mich gewissermaßen in Gang.

Meinen Studierenden sage ich immer, sie müssen für sich herausfinden, wann sie in kreativer Hinsicht am besten sind. Sich überlegen: Wie sieht mein ideales Zimmer aus? Läuft Musik? Ist es still? Herrscht draußen Chaos, oder muss alles friedlich sein? Was brauche ich, um meine Phantasie freizusetzen?

Und wie sieht Ihre Schreibroutine aus?

Mein Ideal – ich habe es so nie erlebt – wäre: Ich habe, sagen wir, neun Tage am Stück Zeit, an denen ich nicht aus dem Haus und mit niemandem telefonieren muss. Und ich hätte Platz – Platz für riesige Tische. In Wirklichkeit habe ich immer nur so viel Platz (*sie deutet auf einen kleinen quadratischen Fleck auf ihrem Schreibtisch*), egal, wo ich bin, ich komme einfach nicht davon weg. Es erinnert mich an den winzigen Schreibtisch, an dem Emily Dickinson geschrieben hat, ich muss jedes Mal lachen bei dem Gedanken: Ach, die Süße, da saß sie. Aber letztlich haben wir alle nur das: nur diese eine kleine Fläche, und ganz egal, wie das eigene Ablagesystem funktioniert oder wie oft man ausmistet – das Leben, die Unterlagen, Briefe, Anfragen, Einladungen, Rechnungen, das alles kommt immer wieder. Ich kann gar nicht regelmäßig schreiben. Das konnte ich noch nie – vor allem auch, weil ich immer noch einen Bürojob hatte. Da musste ich entweder hektisch zwischendurch schreiben oder aber viele Wochenenden und frühe Morgenstunden investieren.

Konnten Sie auch nach der Arbeit noch schreiben?

Das war schwierig. Ich habe versucht, das Fehlen einer geordneten Umgebung zu überwinden, indem ich den Drang durch Disziplin ersetze; wenn also plötzlich etwas da war und gesehen oder durchdrungen werden wollte, oder eine Metapher war kraftvoll genug, dann schob ich alles andere beiseite und schrieb eine Zeit lang kontinuierlich. Ich spreche hier übrigens nur von der ersten Fassung.

Die muss man in einem Rutsch schreiben?

Ich schon. Aber das ist sicher kein Gesetz.

Könnten Sie auf Ihrer Schuhsohle schreiben, während Sie im Zug sitzen, so wie Robert Frost? Oder im Flugzeug arbeiten?

Manchmal klärt sich plötzlich etwas, das mir Schwierigkeiten gemacht hat, eine Wortfolge beispielsweise, dann habe ich auch schon auf Zettel geschrieben, auf Briefpapier im Hotel oder im Auto. Wenn es da ist, weiß man das einfach. Und dann muss man es auch niederschreiben.

Wie schreiben Sie, ganz konkret?

Mit Bleistift.

Könnten Sie auch am Computer arbeiten?

Ach, das mache ich durchaus, aber erst viel später, wenn alles steht. Das tippe ich dann in den Rechner, und anschließend mache ich mich ans Überarbeiten. Aber beim ersten Mal schreibe ich mit Bleistift oder auch mal mit Kugelschreiber, wenn ich keinen Bleistift habe. Ich bin da nicht pingelig, aber am liebsten ist mir ein linierter gelber Notizblock und ein schöner HB-Bleistift.

Ein weicher HB-Bleistift von Dixon Ticonderoga?

Genau. Ich habe auch mal ein Diktiergerät ausprobiert, aber das hat überhaupt nicht funktioniert.

Haben Sie tatsächlich eine ganze Geschichte ins Gerät diktiert?

Nicht die ganze, nur Bruchstücke. Für den Fall, dass sich plötzlich zwei, drei Sätze klären, wollte ich immer ein Diktiergerät im Auto haben, vor allem, als ich noch jeden Tag zu Random House fuhr. Ich stellte mir vor, dass ich die dann einfach aufnehme. Aber das war katastrophal. Ich vertraue meinem eigenen Schreiben nicht, solange ich es nicht aufgeschrieben habe, obwohl ich mir später beim Überarbeiten immer größte Mühe gebe, alles »Schriftstellerische« daraus zu tilgen und es zu einer Mischung aus lyrischer Sprache, Standard- und Umgangssprache zu machen. Das Ganze zu etwas zu vereinen, das mir sehr viel lebendiger und aussagekräftiger vorkommt. Aber wenn mir etwas einfällt, das dann gesprochen und so direkt in den Text übertragen wird, kann ich dem nicht vertrauen.

Lesen Sie Ihre Texte manchmal jemandem vor, während Sie noch daran arbeiten?

Erst nach der Veröffentlichung. Ich habe kein Vertrauen in Lesungen. Da bekomme ich womöglich Reaktionen, die mich glauben lassen, etwas sei gelungen, obwohl es das gar nicht ist. Für mich ist die Schwierigkeit beim Schreiben – eine der Schwierigkeiten –, eine Sprache zu finden, die stumm auf der Seite funktioniert. Denn beim Lesen hört man ja nichts. Deshalb muss man sehr sorgfältig an dem arbeiten, was zwischen den Wörtern liegt. Was nicht gesagt wird. Was Metrum ist, Rhythmus und dergleichen. Oft verleiht das Nichtgeschriebene dem Geschriebenen erst seine Kraft.

Wie oft schreiben Sie eine Passage um, bis sie dieses Niveau erreicht hat?

So oft es geht, wenn sie es nötig hat. Bis zu sechs, sieben, dreizehn Mal. Aber es ist ein Unterschied, ob man etwas überarbeitet oder ob man sich verbeißt und es einfach nur kaputtschreibt. Man muss wissen, wann man sich verbissen hat; wenn man sich verbeißt, weil es einfach nicht funktionieren will, sollte man es streichen.

Kommt es vor, dass Sie etwas schon Veröffentlichtes anschauen und sich wünschen, Sie hätten sich etwas mehr verbissen?

Ständig. Alles.

Überarbeiten Sie auch manchmal Passagen, die schon veröffentlicht sind, bevor Sie sie vor Publikum lesen?

Fürs Publikum verändere ich nichts, aber ich weiß dann für mich, wie es hätte sein sollen und nicht geworden ist. Nach über zwanzig Jahren erkennt man das; ich weiß inzwischen viel mehr darüber als damals. Es geht gar nicht so sehr darum, dass es anders oder sogar besser geworden wäre, aber ich weiß, was ich damit erziele, was ich bei meinem Publikum auslösen wollte. Da habe ich nach ein paar Jahren doch ein sehr viel klareres Bild.

Wie haben sich die zwanzig Jahre als Lektorin auf Sie als Schriftstellerin ausgewirkt?

Das weiß ich gar nicht so genau. Es hat mir die Ehrfurcht vor der Buchbranche genommen. Ich habe das gespannte Verhältnis verstanden, das manchmal zwischen Autorinnen und Autoren und ihren Verlagen entsteht, aber ich habe auch erlebt, wie wichtig, wie entscheidend ein Lektorat ist, und ich glaube, das wusste ich vorher nicht.

Kann ein Lektorat entscheidende Hilfestellung leisten?

O ja. Es ist ein himmelweiter Unterschied, ob ein Lektorat gut oder schlecht ist. Das ist wie bei Priestern oder Psychiaterinnen: Gerät man an die Falschen, wäre man allein sehr viel besser dran. Aber es gibt Lektorinnen und Lektoren, die so kostbar, so wichtig sind, dass es sich lohnt, nach ihnen zu suchen. Und man weiß immer, wenn man so jemanden gefunden hat.

Wer gehört für Sie zu den Besten, mit denen Sie je gearbeitet haben?

Ich hatte einen richtig guten Lektor, für mich unübertroffen: Bob Gottlieb. Er war aus einigen Gründen so gut: Er wusste genau, woran er nicht rühren durfte, und er stellte all die Fragen, die man sich wahrscheinlich auch selbst gestellt hätte, wenn man genug Zeit gehabt hätte. Ein guter Lektor, eine gute Lektorin ist wirklich wie ein drittes Auge. Kühl. Objektiv. Sie lieben weder mich noch mein Werk, und das ist für mich das Wertvolle – nicht die Komplimente. Manchmal ist es schon fast unheimlich; sie legen den Finger genau auf die Stelle, von der man als Autorin weiß, dass sie schwach ist. Aber man hat sie in dem Moment einfach nicht besser hinbekommen. Vielleicht dachte man, sie könnte funktionieren, war aber nicht ganz sicher. Die Guten erkennen solche Stellen, manchmal machen sie auch Vorschläge. Die nützen nicht immer viel, man kann dem Lektorat ja oft nicht ganz genau erklären, was man erreichen wollte. Ich könnte das unmöglich alles erklären, weil das, was ich mache, auf so vielen Ebenen funktionieren muss. Aber wenn die Beziehung einigermaßen vertrauensvoll ist, wenn es eine Bereitschaft zum Zuhören gibt, dann ist Erstaunliches möglich. Ich lese ständig Bücher, denen ich anmerke, dass sie nicht nur von einem Korrektorat profitiert hätten, sondern auch von einem gemeinsamen Durchsprechen. Und es ist so wichtig, zu einem bestimmten Zeitpunkt jemand Gutes für das Lektorat zu finden, denn wenn man am Anfang niemanden hat, ist es später fast nicht mehr möglich. Wenn man fünf oder zehn Jahre lang bestens ohne Lektorat gearbeitet und Bücher geschrieben hat, die gut ankommen, und dann schreibt man ein weiteres, das nicht sonderlich gelungen ist, aber trotzdem Erfolg hat – warum sollte man dann auf einen Lektor oder eine Lektorin hören?

Ihren Studierenden raten Sie, das Überarbeiten als eine große Genugtuung beim Schreiben zu betrachten. Was

macht Ihnen selbst mehr Freude: das Schreiben der ersten Fassung oder die eigentliche Arbeit am Text?

Das ist ja nicht dasselbe. Ich finde es zutiefst aufregend, wenn mir die erste Idee kommt und ich darüber nachdenke ... noch bevor ich mit dem Schreiben anfange.

Schlägt die ein wie ein Blitz?

Nein, das ist ein kontinuierlicher Vorgang, mit dem ich spielen muss. Ich starte immer mit einer Idee, die kann auch ganz langweilig sein, und daraus wird eine Frage, auf die ich keine Antwort weiß. Seit ich an der *Menschenkind*-Trilogie arbeite, ich bin gerade am letzten Teil, frage ich mich ganz konkret, warum Frauen, die zwanzig, dreißig Jahre jünger sind als ich, nicht glücklicher sind als Frauen in meinem Alter oder noch älter. Woran in aller Welt kann das liegen? Sie können doch so viel mehr tun, haben so viele Möglichkeiten zur Auswahl? Gut, es mag auch ein Überangebot sein, aber trotzdem. Warum sind die alle so unglücklich?

Schreiben Sie, um herauszufinden, was genau Sie zu einem bestimmten Thema empfinden?

Nein, was ich empfinde, weiß ich ja. Meine Gefühle entstehen ebenso sehr aus Überzeugungen und Vorurteilen wie bei allen anderen auch. Aber mich interessiert das Komplexe an einer Idee, das Verletzliche daran. Es geht nicht darum zu sagen: »Das glaube ich«, das wäre kein Buch, sondern eine Abhandlung. Ein Buch sagt: »Das glaube ich zwar, aber mal angenommen, ich liege falsch ... wie wäre es dann?« Oder auch: »Ich weiß nicht, was es ist, aber es interessiert mich zu ergründen, was es für mich und andere bedeuten könnte.«

Wollten Sie schon als Kind Schriftstellerin werden?

Nein. Ich wollte Leserin werden. Ich fand, alles, worüber geschrieben werden müsste, war entweder schon geschrieben oder würde noch geschrieben werden. Mein erstes Buch entstand nur, weil es so eines noch nicht zu geben schien und weil ich es selbst lesen wollte, wenn ich damit fertig wäre. Als Leserin bin ich ziemlich gut. Ich liebe Lesen. Das ist meine eigentliche Tätigkeit. Ein größeres Kompliment, als dass ich etwas gern lese, gibt es für mich nicht. Die Leute sagen oft, ich schreibe nur für mich, das klingt furchtbar narzisstisch, aber in gewisser Hinsicht wird man auch besser im Schreiben und Lektorieren, wenn man in der Lage ist, die eigenen Werke zu lesen – also mit der nötigen kritischen Distanz. Wenn ich kreatives Schreiben unterrichte, möchte ich das vermitteln. Man muss lernen, die eigenen Werke zu lesen; und damit meine ich nicht, sich an dem zu freuen, was man selbst geschrieben hat, sondern sich davon zu entfernen und es so zu lesen, als sähe man es zum ersten Mal. Und es so zu bewerten. Nicht von den eigenen aufregenden Sätzen zu schwärmen oder so etwas.

Haben Sie das Publikum schon im Kopf, wenn Sie sich zum Schreiben hinsetzen?

Nur mich selbst. Wenn ich an eine Stelle komme, wo ich zweifle, kann ich auf die Figuren zurückgreifen, um mich abzusichern. Sie sind mir dann meistens schon so zugetan, dass sie mir verraten, ob meine Version ihres Lebens authentisch ist oder nicht. Aber es gibt so vieles, was nur ich beurteilen kann. Schließlich ist es mein Text. Ich muss die volle Verantwortung dafür übernehmen, es richtig zu machen oder auch falsch. Es ist nicht schlimm, etwas falsch zu machen, schlimm ist nur, wenn man es dann für richtig hält. Ich weiß noch, wie ich einmal einen ganzen Sommer damit verbracht habe, etwas zu schreiben, was mich schwer beeindruckte. Erst im Winter kam ich dazu, mich wieder dranzusetzen. Ich war überzeugt, dass diese fünfzig Seiten wirklich erstklassig wären, aber als ich sie durchlas, war jede einzelne Seite entsetzlich. Das Ganze war einfach schlecht konzipiert. Ich würde es überarbeiten können, aber ich kam einfach nicht darüber hinweg, dass ich es anfangs so gut gefunden hatte. Das ist beängstigend, weil man dann nämlich gleich glaubt, man kann es nicht mehr.

Was war denn so schlecht daran?

Es war schwülstig. Schwülstig und unappetitlich.

Ich habe gelesen, Sie hätten nach Ihrer Scheidung mit dem Schreiben angefangen, um gegen die Einsamkeit anzukämpfen. Stimmt das, und schreiben Sie inzwischen aus anderen Gründen?

Irgendwie stimmt es schon. Es klingt allerdings einfacher, als es war. Ich weiß nicht, ob ich damals aus diesem Grund geschrieben habe oder aus einem anderen – oder einem, von dem ich gar nichts ahne. Aber ich weiß, dass es mir hier nicht gefällt, wenn ich nicht an irgendetwas schreibe.

Was meinen Sie mit »hier«?

Hier auf der Welt. Es ist mir unmöglich, die unfassbare Gewaltbereitschaft zu übersehen, die vorsätzliche Dummheit, die Gier, anderen Schmerz zu bereiten. Das habe ich immer im Kopf, selbst wenn es mir unter bestimmten Umständen weniger präsent ist – beim Abendessen mit guten Freunden, beim Lesen. Auch das Unterrichten hilft da sehr, aber das allein reicht nicht. Das Unterrichten könnte mich zu einer selbstzufriedenen Person machen, die nichts mitbekommt, anstatt dass sie Teil der Lösung zu sein versucht. Das Zugehörigkeitsgefühl habe ich also nicht als Dozentin, nicht als Mutter, nicht als Liebhaberin, sondern als Schreibende. Das, was in meinem Kopf passiert, lässt mich hierhergehören, all die disparaten, unvereinbaren Dinge sind auf einmal nützlich. Ich kann das tun, was Schreibende immer von sich behaupten, nämlich Ordnung ins Chaos bringen. Selbst wenn man die Unordnung reproduziert, hat man dabei doch das Heft in der Hand. Ich muss mich durch den Text kämpfen – das ist mir wichtiger als dann die Veröffentlichung.

Und wenn Sie das nicht täten? Dann würde das Chaos ...

Dann würde ich Teil des Chaos werden.

Wäre die Lösung dann nicht, entweder über das Chaos zu referieren oder in die Politik zu gehen?

Wenn ich diese Gabe hätte. Aber ich kann ja nur Bücher lesen, Bücher schreiben, Bücher verlegen und Bücher rezensieren. Ich glaube nicht, dass ich in der Lage wäre, ständig in der Politik zu arbeiten. Ich würde das Interesse verlieren. Mir fehlt die Veranlagung dazu, die Gabe eben. Es gibt Menschen, die können andere Menschen organisieren. Ich nicht. Es würde mich langweilen.

Wann ist Ihnen klar geworden, dass Ihre eigentliche Gabe das Schreiben ist?

Sehr spät. Ich dachte, ich bin vielleicht ganz geschickt darin, weil viele das sagten, aber die hatten ja womöglich andere Kriterien als ich. Was sie sagten, hat mir nichts bedeutet.

Erst als ich an *Solomons Lied* saß, meinem dritten Buch, kam mir der Gedanke, dass es der wesentliche Teil meines Lebens ist. Es hat immer Frauen gegeben, die das von sich sagten, aber trotzdem – für eine Frau bleibt es schwierig zu sagen: »Ich bin Schriftstellerin.«

Warum?

Nun ja, ganz so schwierig ist es heute vielleicht nicht mehr, aber für mich war es das definitiv und auch für andere Frauen meiner Generation, mit meinem sozialen Hintergrund und meiner Hautfarbe. Ich weiß nicht, ob das alles wirklich mit hineinspielt, aber Tatsache ist doch, man verlässt die eigene Genderrolle. Man sagt nicht mehr: »Ich bin Mutter«, »Ich bin Ehefrau«. Oder wenn man sich auf dem Arbeitsmarkt bewegt: »Ich bin Lehrerin«, »Ich bin Lektorin«. Aber wenn man sich an *Schriftstellerin* heranwagt, was heißt das? Ist das ein Beruf? Kann man damit seinen Lebensunterhalt bestreiten? Es ist der Vorstoß in ein Gebiet, mit dem man nicht vertraut ist – wo man keine Wurzeln hat. Ich jedenfalls kannte keine anderen erfolgreichen Schriftstellerinnen; es sah doch sehr nach Männerdomäne aus. Man hofft also irgendwie, dass man eine kleine Randerscheinung werden kann. Fast, als bräuchte man die Erlaubnis zum Schreiben. Wenn ich die Biographien und Autobiographien von Frauen las oder auch die Schilderungen, wie sie mit dem Schreiben angefangen haben, dann hatte praktisch jede eine kleine Anekdote, die von dem Moment handelt, als ihr jemand die Erlaubnis dazu erteilte. Die Mutter, der Ehemann, eine Lehrperson – irgendwer – sagte: »Ja, mach das – du kannst es.« Was nicht bedeuten soll, dass Männer diese Ermutigung nicht gebraucht hätten; häufig sagt ihnen irgendein Mentor, wenn sie noch sehr jung sind: »Du bist gut«, und dann legen sie los. Aber der Anspruch darauf war für sie selbstverständlich. Für mich nicht. Das war alles sehr seltsam. Obwohl ich wusste, dass Schreiben für mein Leben wesentlich war, dass sich mein Denken nur darum drehte, dass ich dabei die größte Freude und die größte Herausforderung erlebte, konnte ich es trotzdem nicht aussprechen. Wenn mich jemand fragte: »Und was machen Sie?«, antwortete ich nicht: »Ich bin Schriftstellerin.« Sondern: »Ich bin Lektorin«, oder: »Ich bin Lehrerin«. Denn wenn man Menschen kennenlernt, mit ihnen zu Mittag isst und dann gefragt wird, was man macht, und man antwortet: »Ich bin Schriftstellerin«, dann müssen diese Menschen darüber nachdenken und fragen weiter: »Was haben Sie denn geschrieben?« Und dann müssen sie sich dazu verhalten. Menschen spüren die Verpflichtung zu sagen, ob ihnen etwas gefällt. Dabei darf man meine Bücher auch furchtbar finden. Ehrlich. Ich bin eng befreundet mit Menschen, deren Bücher ich entsetzlich finde.

Hatten Sie das Gefühl, Sie müssten heimlich schreiben?

O ja, ich wollte das ganz für mich behalten. Es sollte nur mir gehören. Denn sobald man darüber redet, sind auch andere involviert. Als ich noch bei Random House war, habe ich tatsächlich nie erzählt, dass ich schreibe.

Warum nicht?

Ach, das wäre schrecklich geworden. Zum einen hatten sie mich dafür nicht eingestellt. Sie hatten mich nicht eingestellt, damit ich eine von ihnen werde. Und zum anderen glaube ich, sie hätten mich rausgeworfen.

Wirklich?

Klar. Unter den Festangestellten im Lektorat schrieb kein Mensch Romane. Ed Doctorow hatte gekündigt. Und sonst gab es niemanden – keine einzige Lektorin in der Branche, die Manuskripte eingekauft und Verträge verhandelt und dabei selbst Bücher veröffentlicht hätte.

Hat es eine Rolle gespielt, dass Sie eine Frau sind?

Darüber habe ich kaum nachgedacht. Ich hatte viel zu viel zu tun. Ich weiß nur, dass ich mein Leben und meine Zukunft nie wieder den Launen von Männern anvertrauen werde, ob nun in einer Firma oder anderswo. Deren Urteil wird nie wieder irgendeinen Einfluss darauf haben, was ich mir selbst zutraue. Das war das wunderbar Befreiende daran, geschieden zu sein und Kinder zu haben. Es hat mich nie gestört zu scheitern, aber es hat mich gestört zu glauben, irgendein Mann wüsste es besser. Bis dahin hatten alle Männer, die ich kannte, es tatsächlich besser gewusst, das war einfach so. Mein Vater und meine Lehrer waren kluge Menschen, und sie wussten es besser. Dann begegnete ich einem klugen Menschen, der mir sehr wichtig war. Aber er wusste es nicht besser.

Das war Ihr Mann?

Ja. Für sein eigenes Leben wusste er es besser, aber nicht für meines. Ich musste innehalten und mir sagen: Ich fange jetzt noch mal ganz neu an und schaue, wie es eigentlich ist, erwachsen zu sein. Ich beschloss, aus unserem Haus auszuziehen, die Kinder mitzunehmen, bei einem Verlag zu arbeiten und auszuprobieren, was ich leisten kann. Ich war darauf gefasst, dass auch das nicht funktionieren würde, aber ich wollte einfach sehen, wie es ist, erwachsen zu sein.

Wie war der Moment, als die anderen bei Random House plötzlich merkten, dass eine Schriftstellerin unter ihnen ist?

Ich hatte ein Buch mit dem Titel *Sehr blaue Augen* veröffentlicht. Davon wussten sie nichts. Sie erfuhren es erst aus der Rezension in der *New York Times*. Das Buch war bei Holt erschienen. Jemand hatte einem jungen Lektor dort erzählt, dass ich an einem Buch sitze, und er sagte ganz beiläufig zu mir: »Wenn Sie jemals fertig werden, schicken Sie's mir doch.« Das habe ich dann getan. 1968, 1969 gab es viele Schwarze männliche Autoren. Er kaufte das Buch, weil er glaubte, es gäbe ein wachsendes Interesse an Schwarzem Schreiben und auch mein Buch würde sich verkaufen. Da lag er falsch. Die Verkaufsformel lautete damals: Ich zeige dir, welche Macht ich habe und wie grauenvoll du bist, in allen Variationen. Aber immerhin, er hat ein bisschen was riskiert. Viel hat er mir nicht gezahlt, es war also nicht wichtig, ob sich das Buch gut verkauft. Es bekam einen entsetzlichen Verriss in der *New York Times Book Review* am Sonntag und dann eine richtig gute Rezension in der Wochenausgabe.

Sie sprachen eben von der Erlaubnis zum Schreiben. Wer hat sie Ihnen erteilt?

Niemand. Ich brauchte vor allem die Erlaubnis, damit erfolgreich zu sein. Den Vertrag habe ich immer erst unterschrieben, wenn das Buch schon fertig war. Ich wollte nicht, dass es eine Hausaufgabe wird. Ein Vertrag bedeutete, jemand wartete darauf, ich *musste* schreiben, und sie hatten das Recht, mich danach zu fragen. Sie hätten mir auf die Pelle rücken können, und das mag ich nicht. Ohne Vertrag schreibe *ich* das Buch, und wenn ich möchte, dass sie es lesen, zeige ich es ihnen. Das ist eine Frage der Selbstachtung. Seit Jahren hört man schreibenden Menschen zu, wie sie sich ihre Illusion von Freiheit bauen und behaupten, alles ginge nur von ihnen aus, sie seien die Einzigen, die das könnten. Ich weiß noch, wie ich einmal Eudora Welty vorgestellt habe und dabei sagte, kein Mensch außer ihr hätte diese Geschichten schreiben können; letztlich heißt das nur, dass ich bei den meisten Büchern das Gefühl habe, irgendwann wären sie auf jeden Fall von irgendwem geschrieben worden. Aber es gibt ein paar Schriftstellerinnen und Schriftsteller, ohne die bestimmte Geschichten niemals geschrieben worden wären. Damit meine ich nicht das Thema oder die Erzählung selbst, sondern einfach die Art, wie sie es gemacht haben – ihr Blick darauf ist richtig einzigartig.

Wer wäre das zum Beispiel?

Hemingway fällt in diese Kategorie. Flannery O'Connor. Faulkner, Fitzgerald ...

Sehen Sie es nicht kritisch, wie die Genannten Schwarze dargestellt haben?

Nein! Ich, kritisch? Ich habe ja selbst gezeigt, wie sich weiße Autorinnen und Autoren Schwarze Menschen vorstellen, und manche machen das ganz großartig. Faulkner zum Beispiel. Hemingway ist stellenweise ziemlich schwach und an anderen Stellen phantastisch.

Wie das?

Indem er keine Schwarzen Figuren einsetzt, aber eine Ästhetik des Schwarzseins als das Anarchische, sexuell Freizügige, Abweichende. In Hemingways letztem Buch, *Der*

148

Garten Eden, wird seine Heldin immer schwärzer und schwärzer. Diese Frau, die langsam verrückt wird, sagt zu ihrem Mann, sie wolle seine kleine afrikanische Königin sein. Daraus zieht der Roman seine emotionale Aufladung: ihr unglaublich helles Haar und ihre unglaublich dunkle Haut ... fast wie auf einem Foto von Man Ray. Mark Twain hat so kraftvoll, gewandt und einsichtig über rassistische Ideologie geschrieben, wie ich es sonst nirgends gelesen habe. Edgar Allan Poe hingegen nicht. Er war ein Anhänger der White-Supremacy-Ideologie und der Plantagenbesitzer, er wollte selbst ein entsprechendes Ansehen und hat das alles unterstützt. Er hat es nie hinterfragt oder kritisiert. Das Aufregende an der amerikanischen Literatur ist ja gerade die Art, wie Schreibende etwas unter ihrer Geschichte, zwischen den Zeilen oder ringsherum mitformulieren. Denken Sie bloß an *Knallkopf Wilson* von Mark Twain mit seinen ganzen Verwicklungen um das, was »Rasse« als Konzept eigentlich bedeutet, die Tatsache, dass man es manchmal eben nicht wissen kann, und die Spannung des Entdecktwerdens. In *Absalom, Absalom!* ist Faulkner das ganze Buch hindurch diesem Konzept auf der Spur, aber man findet es einfach nicht. Niemand kann es sehen, nicht einmal die Figur, die selbst Schwarz ist, sieht es. Ich habe mal eine Vorlesung gehalten, an der ich ewig gesessen habe. Darin zeichne ich jeden einzelnen dieser Momente zurückgehaltener, unvollständiger oder falscher Information nach, in denen sich ansatzweise eine Gegebenheit oder ein Hinweis auf die Hautfarbe zu zeigen scheint, aber dann doch nicht. Ich wollte das einfach festhalten. Also listete ich alles auf, jedes Auftauchen, jede Verschleierung und jedes Verschwinden auf jeder Seite – für jeden einzelnen Satz! Von vorn bis hinten, und das habe ich dann meinem Seminar präsentiert. Die sind mir alle eingeschlafen! Aber ich fand das technisch einfach faszinierend. Wissen Sie, wie schwer das ist, so eine Information zurückzuhalten, sie aber die ganze Zeit über anzudeuten und darauf hinzuweisen? Und es dann schließlich doch zu enthüllen, nur um zu zeigen, dass es darum eigentlich gar nicht ging? Handwerklich ist das einfach umwerfend. Man wird als Leserin gezwungen, nach jedem Tropfen Schwarzen Bluts zu fahnden, der dann alles und nichts bedeutet. Der Irrsinn des Rassismus. Und die Struktur wird zum eigentlichen Argument. Nicht das, was diese oder jene Figur zu sagen hat … nein, es ist die Struktur des Buches, man jagt diesem Schwarzen Etwas nach, das nirgends zu finden und doch das Alles-Entscheidende ist. So etwas hat sonst niemand je hingekriegt. Wenn ich mich also kritisch äußere, sage ich faktisch, es interessiert mich nicht, ob Faulkner selbst rassistisch war; das ist mir persönlich ganz egal, ich bin nur fasziniert davon, was es heißt, so zu schreiben.

Und wie schreiben Schwarze Autorinnen und Autoren in einer Welt, die von ihrer Beziehung zur weißen Kultur dominiert und durchdrungen wird?

Indem sie versuchen, die Sprache zu verändern, sie schlichtweg zu befreien, sie nicht zu unterdrücken oder zu beschränken, sondern zu öffnen. Ihr zuzusetzen. Ihre rassistische Zwangsjacke aufzusprengen. Ich habe einmal eine Erzählung mit dem Titel »Rezitativ« geschrieben, in der es um zwei kleine Mädchen im Waisenhaus ging, das eine weiß, das andere Schwarz. Aber beim Lesen erkennt man nicht, welches das weiße und welches das Schwarze Mädchen ist. Ich verwende Codes für die soziale Schicht, aber nicht für die Hautfarbe.

Wollen Sie Ihr Publikum damit verwirren?

Ja, schon. Aber nur als Ansporn und Aufklärung. Ich habe das damals zum Spaß so gemacht. Für mich war das Aufregende, dass ich beim Schreiben gezwungen war, nicht bequem zu werden, nicht auf die offensichtlichen Codes zurückzugreifen. Sobald ich schreibe: Die Schwarze Frau … kann ich vorhersehbare Reaktionen abrufen und mich darauf ausruhen, aber wenn ich es weglasse, muss ich auf kompliziertere Weise von ihr erzählen – von ihr als Person.

Warum sollte man denn nicht schreiben: Die Schwarze Frau kam aus dem Laden?

Man kann das natürlich schreiben, aber dann muss es von Bedeutung sein, dass sie Schwarz ist.

Was ist mit *Die Bekenntnisse des Nat Turner* von William Styron?

Da haben wir es mit einem Ich-Erzähler zu tun, der sich seiner selbst sehr bewusst ist und Sätze sagt wie: Ich musterte meine Schwarze Hand, oder: Beim Aufwachen fühlte ich mich Schwarz. Bill Styron hat das die ganze Zeit im Kopf. Er empfindet es als sehr aufgeladen, in Nat Turners Haut zu stecken … einem Ort, der ihm exotisch vorkommt. Dadurch liest sich das Buch für uns alle exotisch, das ist alles.

Es gab damals einen gewaltigen Aufschrei. Viele fanden, Styron habe kein Recht, über Nat Turner zu schreiben.

Er hat das Recht zu schreiben, worüber er schreiben will. Alles andere wäre doch ungeheuerlich. Was man allerdings kritisieren sollte, und das haben ja auch etliche getan, ist Styrons Unterstellung, Nat Turner hätte Schwarze Menschen gehasst. Im Buch äußert Turner diese Abneigung immer wieder ... Er fühlt sich anderen Schwarzen so fern, so überlegen. Da stellt sich doch die Grundfrage, warum ist ihm denn überhaupt jemand gefolgt? Was ist das für ein Anführer, dessen im Kern rassistische Verachtung jeder Schwarzen Person, die das Buch liest, unrealistisch vorkommt? Jeder weiße Anführer hätte doch zumindest irgendein Anliegen, irgendein Moment der Identifikation mit den Menschen, von denen er verlangt, in den Tod zu gehen. Das meinten diejenigen wohl, die kritisiert haben, Nat Turner rede wie ein Weißer. Die rassistische Distanz kommt in diesem Buch klar und stark zum Ausdruck.

Für *Menschenkind* haben Sie sicher sehr viele Geschichten versklavter Menschen gelesen.

Mein Interesse war es nicht, an Informationen zu kommen. Ich wusste ja, dass diese Geschichten von weißen Instanzen abgesegnet werden mussten und dass in ihnen folglich nicht alles ausgesprochen werden konnte, was zu sagen gewesen wäre. Das Publikum sollte nicht abgeschreckt werden; über manches mussten die Berichte sich ausschweigen. Sie würden also immer nur so gut und aufschlussreich sein, wie es unter den Umständen möglich war. Die Menschen sagen niemals klar, wie entsetzlich es war. Nur: »Ja, wissen Sie, es war schon schlimm, also schaffen wir die Sklaverei ab, damit das Leben weitergehen kann.« Die Berichte mussten deutlich abgeschwächt werden. Ich habe mir diese Dokumente also angesehen, mich mit der Sklaverei vertraut gemacht und von ihr überwältigt gefühlt, aber ich wollte, dass sie wahrhaft empfunden werden kann. Ich wollte das Historische ins Persönliche übersetzen. Es hat lange gedauert, mir darüber klar zu werden, was es mit der Sklaverei eigentlich auf sich hat, was sie so abstoßend, so persönlich, so gleichgültig, so intim und zugleich so öffentlich macht.

In diesen Dokumenten fand ich oft Verweise auf etwas, das aber nie genauer beschrieben wurde: das Mundeisen. Dieser Gegenstand wurde versklavten Menschen in den Mund gesteckt, um sie zu bestrafen und am Sprechen zu hindern, ohne sie dabei vom Arbeiten abzuhalten. Ich habe ewig gebraucht, um herauszufinden, wie das aussieht. Ständig las ich Aussagen wie »Ich legte Jenny das Mundeisen an«, oder, so steht es bei Olaudah Equiano: »Beim Gang durch das Haus begegnete mir eine Schwarze [...], die auf die grausamste Weise mit verschiedenen eisernen Maschinen beladen war. Eine [...] verschloss ihr den Mund [...]; später erfuhr ich, dass sie ›eiserner Maulkorb‹ genannt wird.« Ich fragte mich, was ist das? Dann erklärte es mir jemand, und ich sagte: »So etwas Furchtbares habe ich im Leben noch nicht gesehen.« Aber ich hatte immer noch kein richtiges Bild davon – sah es aus wie eine Pferdetrense oder wie?

Schließlich fand ich in einem Buch ein paar Skizzen, es ging darin um einen Mann, der seine Frau gefoltert hat. In Südamerika, in Brasilien und anderswo bewahrt man solche »Andenken« auf. Aber während der ganzen Suche kam mir noch ein anderer Gedanke, nämlich der, dass dieser Gegenstand, dieses Mundeisen, dieses ganz persönliche Folterinstrument ein direktes Erbe der Inquisition war. Und mir wurde klar, dass man so etwas natürlich nicht kaufen kann. Man kann nicht per Post ein Mundeisen für die versklavten Personen im Haushalt ordern. Im Versandkatalog von Sears gibt es das auch nicht. Man muss es also selbst herstellen. Man muss in den Garten hinausgehen, etwas Material zusammensuchen, so eine Vorrichtung bauen und sie anschließend einem Menschen anlegen. Der ganze Vorgang hatte also etwas sehr Persönliches, sowohl für den Menschen, der es gebaut, als auch für den Menschen, der das Ding getragen hat. In dem Moment wurde mir klar, dass es gar nichts nützen würde, es zu beschreiben; man musste es beim Lesen weniger *sehen*, als vielmehr *spüren*, wie es sich angefühlt hat. Es ist entscheidend, sich das Mundeisen als Instrument in Aktion vorzustellen, nicht einfach nur als Kuriosität oder als historische Tatsache. Auf die gleiche Weise wollte ich meinem Publikum zeigen, wie sich Versklavtsein angefühlt hat, nicht unbedingt, wie es aussah.

Im Buch gibt es eine Stelle, da sagt Paul D zu Sethe: »Ich hab noch nie drüber gesprochen. Hab's manchmal hinausgesungen, aber nie einer Menschenseele erzählt.« Er versucht ihr zu berichten, wie es war, das Mundeisen zu tragen, aber am Ende erzählt er nur von einem Hahn, von dem er schwören könnte, er habe gegrinst, als er, also Paul D, das Mundeisen trug – er fühlt sich herabgesetzt und minderwertig und glaubt, weniger wert zu sein als dieser Hahn, der auf dem Zuber in der Sonne sitzt. Ich erwähne noch den Drang auszuspucken, das Gefühl, am Eisen zu lecken und so weiter; aber mir schien, zu beschreiben, wie das Ding aussah, würde das Publikum nur von dem ablenken, was es aus meiner Sicht erfahren sollte, nämlich wie es sich anfühlte. Eine Information, wie man sie nur zwischen den Zeilen der Zeitgeschichte findet. Die fällt einem sozusagen entgegen, als kleiner Einblick, als Verweis. Sie sitzt genau an dem Scharnier, wo aus der Institution etwas Persönliches wird, das Historische zu Menschen mit Namen.

Wenn Sie eine Figur entwerfen, entspringt die dann ganz Ihrer Phantasie?

Ich nehme nie Menschen, die ich kenne. In *Sehr blaue Augen* habe ich an bestimmten Stellen ein paar Gesten und Sätze meiner Mutter verwendet und ein paar geographische Angaben. Aber seither habe ich das nicht mehr gemacht. Da bin ich wirklich sehr gewissenhaft. Nichts basiert je auf irgendwem. Ich mache es nicht so wie viele andere Schreibende.

Warum nicht?

Viele Kunstschaffende – Fotografen noch mehr als andere, und Autorinnen – fühlen sich manchmal, als würden sie sich wie Dämonen verhalten ... dieser Vorgang, einem Lebewesen etwas wegzunehmen und es für die eigenen Zwecke zu verwenden. Das kann man mit Bäumen machen, mit Schmetterlingen oder aber mit Menschen. Ob man sich selbst ein kleines Leben erschaffen soll, indem man das Leben anderer plündert, ist eine große Frage, die durchaus moralische und ethische Aspekte berührt.

Beim Romaneschreiben fühle ich mich immer dann besonders intelligent, besonders frei und besonders angeregt, wenn meine Figuren von Grund auf erfunden sind. Das ist doch gerade das Aufregende. Wenn sie auf jemandem basieren, grenzt das auf merkwürdige Weise an eine Urheberrechtsverletzung. Die reale Person ist die Inhaberin ihres Lebens, sie hat das Patent darauf. Das darf nicht zum Romanmaterial werden.

Haben Sie manchmal das Gefühl, dass Ihre Figuren Ihnen entgleiten, sich Ihrer Kontrolle entziehen?

Ich habe sie immer unter Kontrolle. Sie sind sehr sorgfältig ausgedacht. Mein Gefühl ist, alles über sie zu wissen, was es zu wissen gibt, sogar Dinge, über die ich nicht schreibe – wie sie ihren Scheitel tragen zum Beispiel. Sie sind wie Gespenster. Sie haben nur sich selbst im Kopf und interessieren sich auch für nichts anderes. Ich kann ihnen also nicht erlauben, das Buch für mich zu schreiben. Ich habe schon Bücher gelesen, denen ich anmerke, dass genau das passiert ist – dass die Autorin oder der Autor von der Figur komplett vereinnahmt wurde. Dann würde ich am liebsten rufen: »Das kannst du doch nicht machen! Wenn diese Leute Bücher schreiben könnten, würden sie es tun, aber sie können es nicht. *Du* kannst es. Und deswegen musst du ihnen sagen: Halt den Mund. Lass mich in Ruhe. Hier schreibe ich.«

Mussten Sie auch schon mal einer Figur sagen, sie solle den Mund halten?

Ja, bei Pilate. Darum sagt sie auch nicht viel. Sie hat diese lange Unterredung mit den beiden Jungen, und hin und wieder sagt sie noch etwas, aber sie hat nicht den gleichen Dialoganteil wie die anderen Figuren. Das musste sein, sonst hätte sie alle anderen erdrückt. Sie wurde ungeheuer spannend; bei manchen Figuren kann das eine Zeit lang passieren. Aber das musste ich ändern. Es ist mein Buch, und es trägt nicht den Titel »Pilate«.

Pilate ist eine sehr starke Figur. Ich habe den Eindruck, dass die Frauen in Ihren Büchern fast immer stärker und mutiger sind als die Männer. Woran liegt das?

Das stimmt gar nicht, aber ich höre es recht häufig. Ich glaube, wir erwarten von Frauen einfach nicht besonders viel. Wenn sich eine Frau mal dreißig Tage lang aufrecht hält, rufen gleich alle: »Oh! Wie tapfer!« Irgendjemand hat das auch über Sethe geschrieben und behauptet, sie sei eine so starke, überlebensgroße Frau, fast nicht mehr menschlich. Dabei kann sie am Ende des Buches kaum noch den Kopf heben. Sie ist fix und fertig, kann nicht mal mehr alleine essen. Was ist daran stark?

Vielleicht wurde das wegen der harten Entscheidung so gelesen, die Sethe trifft, als sie Menschenkind die Kehle durchschneidet. Vielleicht wird das als Stärke betrachtet. Andere würden sagen, es ist einfach schlechtes Benehmen.

156

Zumindest Menschenkind hält es nicht für besonders stark. Sie hält es für Wahnsinn. Und wichtiger noch: »Woher willst du wissen, dass Totsein für mich das Beste ist? Du warst doch noch nie tot. Wie willst du es dann wissen?« Aber ich glaube, Paul D, Son, Stamp Paid und sogar Guitar treffen ähnlich schwierige Entscheidungen; sie haben Prinzipien. Ich glaube wirklich, wir sind zu sehr an Frauen gewöhnt, die sich nicht wehren und nur die Waffen der Schwachen einsetzen.

Was sind denn die Waffen der Schwachen?

Nörgeln. Gift. Gerede. Heimlichtuerei statt direkter Konfrontation.

Es gibt so wenige Romane über Frauen, die intensive Freundschaften mit anderen Frauen eingehen. Warum ist das wohl so?

Diese Art Verhältnis ist in Verruf geraten. Als ich an *Sula* schrieb, war mein Eindruck noch, dass ein sehr großer Teil der weiblichen Bevölkerung die Freundschaft zu Frauen als sekundäre Beziehung betrachtet. Die primäre war immer die Beziehung zum Mann. Frauen, die eigenen Freundinnen, standen immer an zweiter Stelle, wenn der Mann mal nicht da ist. Darum gibt es auch ein ganzes Bataillon von Frauen, die andere Frauen nicht mögen und lieber mit Männern zu tun haben. Wir mussten erst lernen, einander zu mögen. Die Zeitschrift *Ms.* wurde mit der Vorgabe gegründet, dass wir endlich aufhören müssen, uns übereinander zu beschweren, einander zu hassen, uns gegenseitig zu bekämpfen und den Männern in ihrem Urteil über uns zu folgen – ganz typisches Verhalten bei unterdrückten Gruppen. Das ist eine große Bildungsaufgabe. Und in der Literatur war es ja auch kaum anders – wenn man über Frauen untereinander liest (nicht über Lesben oder Frauen, die lange, insgeheim lesbische Beziehungen miteinander eingehen, so wie in den Büchern von Virginia Woolf), ist das ein offen männlicher Blick auf weibliches Zusammensein. Meist werden diese Frauen von Männern dominiert – so wie manche Figuren von Henry James –, oder sie reden nur über Männer, wie die Freundinnen bei Jane Austen ... darüber, wer gerade geheiratet hat und wie man es schafft, geheiratet zu werden, wirst du ihn wieder verlieren, ich glaube, sie will ihn auch und so weiter. Heterosexuelle Frauen zu zeigen, die einfach befreundet sind und miteinander nur übereinander reden, das kam mir 1971, als *Sula* erschien, sehr radikal vor ... aber das ist es heute natürlich nicht mehr.

Es wird immer mehr akzeptiert.

Ja, und bald wird es langweilig. Man wird es damit übertreiben, und dann läuft es wie üblich völlig aus dem Ruder.

Warum fällt es eigentlich allen so schwer, über Sex zu schreiben?

Es ist schwer, denn es ist schlichtweg nicht sexy genug. Man kann eigentlich nur darüber schreiben, wenn man nicht viel beschreibt. Jede Leserin, jeder Leser muss die eigene Sexualität mit in den Text bringen können. Eine Person, die ich sonst sehr bewundere, hat auf höchst abstoßende Weise über Sex geschrieben. Es wird einfach viel zu viel gesagt. Wenn man schon mit der »Wölbung« anfängt, klingt es über kurz oder lang nach Gynäkologie. Nur Joyce ist damit durchgekommen. Er hat all die verbotenen Wörter verwendet. Als er »Fotze« schrieb, war das ein Schock. Das verbotene Wort kann provozieren. Aber nach einiger Zeit wird es eher eintönig als erregend. Weniger ist da immer mehr. Oft glaubt man beim Schreiben, wenn man nur obszöne Wörter benutzt, hat man's schon geschafft. Und für kurze Zeit und eine sehr jugendliche Phantasie funktioniert das vielleicht sogar, aber es dauert nicht lange, dann bringt's das auch nicht mehr. Als Sethe und Paul D zum ersten Mal zusammenkommen, bringen sie den Sex auf einer knappen halben Seite hinter sich, und er ist nicht mal besonders gut – es geht sehr schnell, und sie schämen sich beide –, und hinterher liegen sie da und versuchen so zu tun, als lägen sie gar nicht in diesem Bett, als hätten sie sich nie kennengelernt, und dann denken sie unterschiedliche Gedanken, die miteinander verschmelzen, bis man nicht mehr sagen kann, wer was denkt. Dieses Verschmelzen ist für mich die viel sinnlichere Taktik als der Versuch, Körperteile zu beschreiben.

Wie ist es mit der Handlung? Wissen Sie immer genau, wo es hingeht? Könnten Sie das Ende schreiben, bevor Sie dort angekommen sind?

Wenn ich wirklich weiß, worum es geht, kann ich auch das Ende schreiben. Das Ende von *Menschenkind* habe ich nach etwa einem Viertel des Wegs geschrieben. Das Ende von *Jazz* habe ich sehr früh verfasst und das von *Solomons Lied* noch früher. Für mich muss die Handlung immer darin bestehen, wie es passiert ist. Das ist dann fast wie ein Krimi. Man weiß, wer tot ist, und will herausfinden, wer es war. Also stellt man die auffälligsten Elemente an den Anfang, und das Publikum ist gefesselt und will wissen, wie es dazu kam. Wer hat es getan und warum? Man ist gezwungen, eine bestimmte Art von Sprache zu verwenden, damit die Menschen sich solche Fragen beim Lesen immer weiter stellen. Bei *Jazz*, wie auch schon bei *Sehr blaue Augen*, habe ich die komplette Handlung auf die erste Seite gestellt. In der ers-

ten Auflage stand die Handlung sogar auf dem Cover, sodass man sie schon im Buchladen lesen konnte und wusste,
wovon das Buch handelt, um es gegebenenfalls wieder weg-
zulegen und ein anderes zu kaufen. Für *Jazz* schien mir das
genau die richtige Taktik, denn die eigentliche Handlung,
das Dreiecksverhältnis, war für mich die Grundmelodie. Es
ist einfach schön, die Melodie verfolgen und wiedererken-
nen zu können – sich zu freuen, wenn die Erzählerin zu ihr
zurückkehrt. Das war für mich der eigentliche Kunstgriff
bei dem Unterfangen – immer wieder auf die Melodie zu
stoßen, sie aus verschiedenen Perspektiven zu betrachten
und sie jedes Mal neu zu sehen, sie vorwärts und rückwärts
zu spielen.

Wenn Keith Jarrett »Ol' Man River« spielt, entstehen
Freude und Genuss ja nicht so sehr aus der Melodie selbst
als daraus, sie zu erkennen, wenn sie auftaucht oder sich
verbirgt, und zu hören, was an ihre Stelle tritt, wenn sie
ganz verschwindet. Nicht so sehr aus der ursprünglichen
Klangfolge als vielmehr aus all den Echos, Schattierungen,
Windungen und Schleifen, mit denen Jarrett sie umspielt.
Etwas Ähnliches wollte ich mit der Handlung von *Jazz* erreichen. Ich wollte die Geschichte zum Vehikel machen, das
uns von der ersten Seite bis zum Ende trägt, aber die Freude
sollte darin liegen, sich von der Geschichte zu entfernen
und wieder zu ihr zurückzukehren, an ihr vorbei und durch
sie hindurch zu schauen wie durch ein Prismenglas, das sich
beständig dreht.

Gut möglich, dass dieser spielerische Aspekt von *Jazz* einiges an Unzufriedenheit bei Leserinnen und Lesern aus-
löst, die bloß die reine Melodie wollen und wissen möchten,
was passiert ist, wer es getan hat und warum. Aber für mich
ist die jazzhafte Struktur nicht zweitrangig – sie ist der Da-
seinsgrund für das ganze Buch. Das Prinzip von Trial and
Error, nach dem die Erzählerin die Handlung aufdeckt, war

ebenso wichtig und aufregend für mich wie das eigentliche Erzählen.

Auch in *Menschenkind* geben Sie die Handlung schon früh preis.

Es erschien mir wichtig, dass das Action-Element von *Menschenkind* – der Kindsmord – von Anfang an bekannt ist, aber verhalten, nicht ausgestellt. Mein Publikum soll alle Informationen haben und die Folgen rund um die Tat kennen, ich wollte ihm aber, und auch mir, den eigentlichen Akt der Gewalt ersparen. Ich weiß noch, dass ich den Satz, wie Sethe dem Kind die Kehle durchschneidet, erst sehr spät im Schreibprozess formuliert habe. Ich weiß noch, wie ich vom Tisch aufstand und draußen herumlief – einmal um den Garten, dann wieder zurück, um den Satz noch ein bisschen zu überarbeiten, dann wieder nach draußen und wieder hinein, um ihn noch mal und noch mal umzuschreiben … Jedes Mal baute ich den Satz so, dass er genau richtig war, zumindest glaubte ich das, aber dann konnte ich trotzdem nicht sitzen bleiben und musste wieder weg und zurückkehren. Ich fand, die Tat selbst sollte nicht nur verborgen, sondern auch ganz unauffällig bleiben, denn wenn die Sprache zur eigentlichen Gewalt in Konkurrenz träte, dann wäre das obszön oder pornographisch.

Das Stilistische ist Ihnen offenbar sehr wichtig. Können Sie uns darüber im Zusammenhang mit *Jazz* noch mehr erzählen?

Mit *Jazz* wollte ich den gleichen Eindruck vermitteln, wie auch Musiker es tun – sie hätten noch mehr zu bieten, zeigen es uns aber nicht. Eine Praxis der Zurückhaltung, der Beschränkung – nicht, weil nichts vorhanden oder der Fundus erschöpft wäre, sondern gerade aufgrund des Reichtums. Und weil man ja immer wieder beginnen kann. Dieses Gespür dafür, wann man aufhören muss, kann man sich aneignen, ich hatte das keineswegs immer. Erst nachdem ich *Solomons Lied* geschrieben hatte, fühlte ich mich sicher genug, um mit Bildern und Sprache und alldem sparsam umgehen zu können. Beim Schreiben von *Jazz* war ich mir darüber im Klaren, dass ich alles Konstruierte, Künstliche mit Improvisation zu verbinden versuchte. Ich dachte mir mich selbst als Jazzmusikerin – die übt und übt, um schließlich selbst erfinderisch zu werden und ihre Kunst mühelos und anmutig klingen zu lassen. Der Aspekt des Konstruierten beim Schreiben war mir immer bewusst. Auch, dass Kunst nur natürlich und elegant wirken kann, wenn sie aus ständiger Übung und Kenntnis ihrer formalen Strukturen entspringt. Man muss die Sparsamkeit pflegen, um diese Qualität des genussvollen Verschwendens zu erreichen – dieses Gefühl, genug zu besitzen, um verschwenderisch sein zu können, aber immer etwas zurückzuhalten – und eigentlich gar nichts zu verschwenden. Man darf nie übersättigen, nie vollkommen befriedigen. Ich hatte immer schon den Eindruck, dass dieser ganz bestimmte Hunger am Ende eines Kunstwerks – diese Sehnsucht nach mehr – eine sehr große Kraft hat. Und gleichzeitig liegt eine Art Zufriedenheit in dem Wissen, dass es irgendwann ja wirklich mehr geben wird, weil der Erfindungsreichtum der Künstlerin kein Ende hat.

Gab es noch andere Zutaten, strukturelle Gegebenheiten?

Nun ja, mir scheint, zu den entscheidenden Ereignissen in der Kulturgeschichte dieses Landes gehört die Einwanderung. Ich kann hier wirklich nur Vermutungen anstellen – deshalb schreibe ich wahrscheinlich Romane –, aber mir scheint, es hat sich nach dem Bürgerkrieg etwas Modernes, Neues vollzogen. Natürlich hat sich etliches verändert, aber diese Ära wird doch besonders von der Ausgrenzung und Zwangsenteignung ehemals versklavter Menschen gekennzeichnet. Manchmal fanden sie Eingang in den örtlichen Arbeitsmarkt, oft versuchten sie den Problemen zu entkommen, indem sie in die Großstädte abwanderten. Mich fasziniert die Frage, was Großstadt ihnen bedeutet haben muss, diesen ehemals versklavten Männern und Frauen in zweiter und dritter Generation, Menschen vom Land, die dort ganz unter sich lebten. Die Großstadt muss ihnen aufregend und wundersam erschienen sein, als ein sehr erstrebenswerter Ort.

Mich hat interessiert, wie so eine Großstadt funktioniert. Wie fanden Schichten, Gruppen und Nationalitäten ihre Sicherheit in der eigenen Anzahl, im eigenen Raum und Revier? Gleichzeitig war es spannend zu wissen, dass es noch andere Räume, andere Reviere gab. Sie müssen den wahren Glamour empfunden haben, das Aufregende daran, Teil dieser Menschenmenge zu sein. Mich hat interessiert, wie sich die Musik hier im Land verändert hat. Spirituals, Gospels und Blues repräsentierten eine bestimmte Art der Reaktion auf die Sklaverei – sie gaben der Sehnsucht nach Flucht eine Stimme, aber verschlüsselt, buchstäblich noch auf der Underground Railroad.

Außerdem ging es mir um das Privatleben. Wie haben diese Menschen einander geliebt? Was verstanden sie unter »frei«? Als die ehemals versklavten Menschen damals in die Großstadt zogen, auf der Flucht vor etwas, das sie einengte, sie umbrachte, sie immer wieder neu enteignete, fanden sie sich zwar in einem anderen Umfeld wieder, aber auch das war sehr beschränkend. Hört man sich jedoch ihre Musik an – die Anfänge des Jazz –, dann wird einem klar, dass sie von etwas völlig anderem reden. Sie reden von Liebe, von

Verlust. Dabei liegt so viel Größe, so viel Genugtuung in den Texten ... glücklich sind sie nie – irgendwer wird immer gerade verlassen –, aber sie jammern nicht. Als spielte die ganze Tragik – sich für jemanden zu entscheiden und Liebe zu wagen, Gefühle, Sinnlichkeit zu wagen und alles wieder zu verlieren – gar keine Rolle, weil sie selbst gewählt war. In der Liebe von seiner Wahlmöglichkeit Gebrauch machen zu können, das war die Hauptsache. Und die Musik verstärkte die Vorstellung von Liebe als einem Raum, in dem sich über Freiheit verhandeln ließ.

Selbstverständlich galt Jazz – wie jede neue Musikrichtung – als die Musik des Teufels: zu sinnlich, zu provokant und so weiter. Aber für viele Schwarze bedeutete Jazz, Anspruch auf den eigenen Körper zu erheben. Man kann sich ausmalen, was das für Menschen hieß, deren Körper Besitz gewesen war, die als Kinder versklavt worden waren oder sich an die Versklavung ihrer Eltern erinnern konnten. Blues und Jazz standen für das Besitzrecht an den eigenen Gefühlen. Also ist natürlich alles übertrieben und exzessiv: Im Jazz wird die Tragik genossen, fast so, als würde ein Happy End ihm etwas von seinem Glamour, seinem Flair rauben. Inzwischen setzt selbst die Fernsehwerbung Jazz ein, um Authentizität und Modernität zu kommunizieren, um Vertrauen zu vermitteln, zu zeigen, dass man hip ist.

Bis heute hat sich die Großstadt diese Qualität des Aufregenden erhalten, die sie im Jazz-Age besaß – nur dass wir die Aufregung jetzt mit einer anderen Art von Gefahr assoziieren. Wir brüllen, protestieren und geben uns betroffen, wenn es um Obdachlosigkeit geht; wir wollen die Straßen wieder für uns, aber letztlich erlangen wir unser Gefühl des Großstädtischen gerade über das Bewusstsein für die Wohnungslosen und die Strategien, die wir einsetzen, um damit klarzukommen. Das Gefühl, die nötige Rüstung zu besitzen, die Schutzschilde, den Mumm, die Stärke, die Widerstandskraft und den Grips, um uns auf die Begegnung mit dem Unvorhersehbaren, dem Fremden, dem Seltsamen und dem Gewalttätigen einzulassen, ist ein wesentlicher Teil dessen, was es heißt, in einer Großstadt zu leben. Wenn die Leute sich über Obdachlosigkeit »beschweren«, prahlen sie in Wirklichkeit damit: »New York hat mehr Obdachlose als San Francisco.« »Nein, nein, nein, San Francisco hat mehr Obdachlose.« »O nein, Sie waren wohl noch nie in Detroit.« Wir wetteifern förmlich um unser Durchhaltevermögen. Und das ist meiner Meinung nach mit ein Grund dafür, warum wir Obdachlosigkeit so einfach akzeptieren.

Dann hat die Großstadt also die ehemals Versklavten von ihrer Geschichte befreit?

Zum Teil, ja. Die Großstadt war deshalb so verführerisch, weil sie Vergessen versprach. Sie bot die Möglichkeit zur Freiheit – Freiheit von der Geschichte, wie Sie gesagt haben. Aber auch wenn die Geschichte nie zur Zwangsjacke werden darf, die einen überwältigt und bindet, darf sie doch auch nicht vergessen werden. Man muss sie kritisieren, prüfen, konfrontieren und begreifen, um dadurch eine Freiheit zu erreichen, die mehr ist als ein bloßer Freibrief, die wahre, erwachsene Handlungsfähigkeit bedeutet. Erst wenn man die Verführungskraft der Großstadt durchdringt, wird es möglich, sich der eigenen Geschichte zu stellen – zu vergessen, was vergessen werden sollte, und sich das Nützliche zunutze zu machen – so wird wahre Handlungsfähigkeit möglich.

Inwiefern beeinflussen Bilder Ihre Arbeit?

Ich hatte Schwierigkeiten, eine bestimmte Szene in *Solomons Lied* zu beschreiben ... Es ging um einen Mann, der vor seinen Verpflichtungen und sich selbst davonläuft. Da habe ich dann buchstäblich auf ein Bild von Edvard Munch zurückgegriffen. Er läuft, und auf seiner Straßenseite ist sonst niemand. Alle sind auf der anderen Straßenseite.

Solomons Lied wirkt tatsächlich sehr gemalt im Vergleich zu anderen Büchern von Ihnen. *Menschenkind* beispielsweise ist eher in einem Sepiaton gehalten.

Teilweise hängt das mit den inneren Bildern zusammen, die entstanden, als mir klar wurde, dass sich Frauen und Schwarze historisch gesehen stark zu bunter Kleidung hingezogen fühlen. Die meisten Menschen haben ja Angst vor Farbe.

Warum?

Das ist einfach so. Hier in dieser Kultur gelten gedeckte Farben als elegant. Zivilisierte, westlich geprägte Menschen würden sich nie Bettwäsche oder Geschirr in Knallrot kaufen. Möglich, dass noch mehr dahintersteckt, als ich hier vermute. Aber der versklavte Teil der Bevölkerung hatte nicht mal zu den wenigen vorhandenen Farben Zugang, weil die Menschen Sklavenkleidung tragen mussten, Abgelegtes und Arbeitskleidung aus Jute oder Sackleinen. Ein buntes Kleid war da purer Luxus, egal ob es ein teurer oder billiger Stoff war … Hauptsache, es war ein rotes oder gelbes Kleid. Aus *Menschenkind* habe ich alle Farben entfernt, sodass nur noch die kleinen Momente übrig sind, wenn Sethe wie eine Verrückte Schleifen und Bänder kauft und sich daran genauso erfreut, wie Kinder sich an solchen Farben freuen. Die Sache mit der Farbe war auch der Grund, warum sich die Sklaverei so lange halten konnte. Es ging ja nicht um eine Schicht von Sträflingen, die sich verkleiden konnten und damit durchgekommen wären. Nein, es handelte sich um Menschen, die durch ihre Hautfarbe ebenso markiert waren wie durch andere Merkmale. Farbe ist also eine Kennzeichnung. Baby Suggs träumt von Farbe und sagt: »Bring mir ein bisschen Lavendelblau.« Das ist Luxus. Wir werden so sehr von Farben und Bildern überschwemmt. Ich wollte das einfach zurückschrauben, damit man den Hunger und den Genuss auch empfinden kann. Das wäre mir nicht gelungen, wenn ich ein ähnlich gemaltes Buch daraus gemacht hätte wie *Solomons Lied*.

Meinen Sie das, wenn Sie von der Notwendigkeit sprechen, ein beherrschendes Bild zu finden?

Manchmal, ja. In *Solomons Lied* gibt es drei oder vier davon. Ich wusste, es soll wie gemalt wirken, und den Anfang wollte ich in Rot, Weiß und Blau haben. Und ich wusste, der Protagonist würde in gewisser Weise »fliegen« müssen. In *Solomons Lied* stand zum ersten Mal in meinem Schreiben ein Mann im Zentrum und war die treibende Kraft der Erzählung; ich wusste nicht genau, inwieweit ich fähig sein würde, mich in ihm wohlzufühlen. Natürlich hätte ich ihn immer auch von außen betrachten und beschreiben können, aber das wären dann ja nur Wahrnehmungen gewesen. Ich musste in der Lage sein, ihn nicht nur zu betrachten, sondern nachzuempfinden, wie es sich tatsächlich angefühlt haben muss. Beim Nachdenken darüber entstand vor meinen Augen das Bild eines Zugs. In allen Büchern vorher waren Frauen im Zentrum, und die hielten sich meistenteils nur in der unmittelbaren Umgebung und im Garten auf; dieses Buch musste sich nach draußen begeben. Ich hatte also diese Vorstellung von einem Zug ... der anfährt, beschleunigt, so wie der Protagonist, und am Ende einfach losrast; er wird immer schneller, bremst aber nicht, sondern rast einfach dahin und lässt uns gewissermaßen in der Luft hängen. Und so beherrschte dieses Bild für mich die Struktur, obwohl ich das nicht ausspreche oder auch nur darauf anspiele; wichtig ist nur, dass es für mich funktioniert. Andere Bücher sind spiralförmig, *Sula* beispielsweise.

Wie würden Sie das beherrschende Bild von *Jazz* beschreiben?

Jazz ist recht kompliziert, weil ich zwei einander widersprechende Aspekte darstellen wollte – Konstruktion und Improvisation, also ein Kunstwerk, das geplant und durchdacht ist, aber gleichzeitig erfinderisch wirkt, wie Jazzmusik eben. Ich dachte mir das Bild dann als Buch. Ein ganz physisches Buch, das sich aber selbst schreibt. Sich selbst erdenkt. Spricht. Sich seines Tuns bewusst ist. Sich beim Nach- und Ausdenken beobachtet. Das erschien mir wie eine Kombination aus Konstruktion und Improvisation – man übt und plant, um anschließend erfinderisch sein zu können. Dazu gehört auch die Bereitschaft zu scheitern, falschzuliegen. Jazz ist immer eine Darbietung. Bei einer Darbietung macht man Fehler, hat aber nicht den Luxus, sie nochmals zu überarbeiten, wie man das als Autorin tun kann; man muss aus jedem Fehler etwas machen, und wenn man es gut genug hinbekommt, führt einen das irgendwohin, wo man ohne diesen Fehler nie gelandet wäre. Man muss also riskieren können, den Fehler bei der Darbietung zu machen. Tänzerinnen und Tänzer tun das ständig, Jazzmusikerinnen und -musiker ebenfalls. *Jazz* sagt seine eigene Geschichte voraus. Manchmal täuscht es sich dabei auch, aufgrund einer Fehleinschätzung. Es hat sich die Figuren nicht gut genug ausgedacht, dann gibt es seinen Fehler zu, und die Figuren antworten, so wie Jazzmusiker es tun. Das Buch muss den Figuren zuhören, die es erfunden hat, und dann etwas von ihnen lernen. Es war das Verzwickteste, was ich je geschrieben habe, dabei wollte ich eine ganz schlichte Geschichte über diese Menschen erzählen, die nicht wissen, dass sie im Jazz-Age leben, und das Wort auch gar nicht verwenden.

Eine Möglichkeit, das auch auf struktureller Ebene zu erreichen, besteht darin, in jedem Buch mehrere Stimmen sprechen zu lassen. Ist das auch bei Ihnen der Grund?

Es ist wichtig, keine totalitäre Perspektive zu verwenden. In der amerikanischen Literatur geht es oft totalitär zu – als gäbe es immer nur eine Version. Aber wir sind kein unterschiedsloser Block von Menschen, die sich alle genau gleich verhalten.

Meinen Sie das mit »totalitär«?

Ja. Den ultimativen oder auch autoritären Blick von außen oder von jemandem, der für uns spricht. Keine Einzigartigkeit, keine Vielfalt. Ich versuche, alle möglichen Stimmen glaubhaft zu gestalten, von denen jede grundlegend anders ist. Denn das Auffällige an der afroamerikanischen Kultur ist für mich gerade ihre Bandbreite. In der heutigen Musikkultur klingen so oft alle gleich. Aber wenn man an Schwarze Musik denkt, dann denkt man auch an die Unterschiede zwischen Duke Ellington und Sidney Bechet oder Satchmo oder Miles Davis. Die klingen kein bisschen gleich, trotzdem weiß man, dass sie alle Schwarze Künstler sind, wegen dieser einen Qualität, worin auch immer sie bestehen mag, die uns verdeutlicht: Ach ja, das ist Teil dessen, was man die afroamerikanische Musiktradition nennt. Keine bekannte Schwarze Pop-, Jazz- oder Bluessängerin klingt wie die andere. Billie Holiday klingt nicht wie Aretha Franklin, nicht wie Nina Simone und auch nicht wie Sarah Vaughan, sie klingt wie niemand sonst. Alle sind sie auf sehr kraftvolle Art unterschiedlich. Und sie erzählen auch selbst, dass sie es als Sängerinnen unmöglich geschafft hätten, wenn sie wie jemand anders geklungen hätten. Wenn da eine kommt und klingt wie Ella Fitzgerald, dann heißt es: »Ach, so eine haben wir doch schon.« Für mich ist es hochinteressant, dass jede dieser Frauen ein eigenes, unverkennbares Image hat. So möchte ich schreiben. Ich möchte Romane schreiben, die ganz unverkennbar meine sind, sich aber trotzdem an erster Stelle in die afroamerikanische Tradition einfügen und an zweiter in diese ganze Veranstaltung namens Literatur.

Aber erst in die afroamerikanische?

Ja.

Lieber als in die Literatur insgesamt?

O ja.

Warum?

Weil sie reicher ist. Sie hat die komplexeren Quellen. Sie schöpft aus etwas, das den Randbereichen nähersteht, ist viel moderner. Sie hat eine menschliche Zukunft.

Sie wären also nicht lieber bekannt als wichtige Vertreterin der Literatur insgesamt statt als afroamerikanische Autorin?

Mir ist es besonders wichtig, dass meine Werke afroamerikanisch sind; wenn sie sich dann noch in ein anderes oder auch größeres Spektrum einpassen, umso besser. Aber man sollte das nicht ausdrücklich von mir verlangen. Von Joyce verlangt man es nicht. Von Tolstoi auch nicht. Sie dürfen russisch, französisch, irisch oder katholisch sein, sie schreiben aus ihrer Herkunft heraus, und genau das tue ich auch. Es ist nur eben so, dass dieser Raum für mich der afroamerikanische ist; es könnte auch der Katholizismus sein oder der Mittlere Westen. Auch das gehört beides zu mir, und alles ist wichtig.

Warum sagen so viele: »Schreiben Sie doch mal was, das wir verstehen«? Wirken Sie bedrohlich, weil Sie nicht auf die typisch westliche, lineare, chronologische Art schreiben?

Ich glaube gar nicht, dass die Leute das so meinen. Ich glaube, sie meinen eigentlich: »Schreiben Sie doch mal ein Buch über Weiße.« Vielleicht ist das aus ihrer Sicht sogar eine Art Kompliment. Sie sagen: »Sie schreiben gar nicht schlecht, ich würde Sie sogar über mich schreiben lassen.« Das könnten sie sonst zu niemandem sagen. Oder hätte ich vielleicht auf André Gide zugehen und zu ihm sagen können: »Alles gut und schön, aber wann nehmen Sie die Sache mal richtig ernst und schreiben über Schwarze?« Ich glaube, er hätte gar nicht gewusst, was er auf diese Frage antworten soll. Genau wie ich. Er hätte vielleicht gesagt: »Wie bitte? Das mache ich, wenn ich Lust dazu habe.« Oder auch: »Wer sind Sie denn?« Der eigentliche Hintergrund der Frage ist aber dieser: Es gibt das Zentrum, und das ist weiß, und dann gibt es solche lokalen Phänomene, Schwarze, Menschen aus dem asiatischen Raum oder andere, die am Rand der Gesellschaft stehen. So eine Frage kann man nur vom Zentrum aus stellen. Bill Moyers hat mir die »Wann schreiben Sie denn mal«-Frage sogar im Fernsehen gestellt. Ich habe nur gesagt: »Tja, irgendwann vielleicht.« Ich konnte ihm natürlich nicht antworten:

»Sie wissen schon, dass Sie diese Frage nur vom Zentrum aus stellen können? Aus dem Zentrum der Welt!« Er ist schließlich weiß und ein Mann. Und er fragt eine Person, die am Rand steht: »Wann schaffen Sie es endlich ins Zentrum, wann schreiben Sie über Weiße?« Da kann ich doch nicht sagen: »Was soll diese Frage, Bill?« Oder: »Solange diese Frage noch angebracht erscheint, so lange werde und kann ich das nicht tun.« Tatsache bleibt, er ist herablassend; er sagt: »Sie schreiben so gut, Sie können auch ins Zentrum kommen, wenn Sie mögen. Sie brauchen nicht da draußen am Rand herumzustehen.« Und ich erwidere darauf: »Schön und gut – aber ich bleibe lieber hier am Rand und lasse mich vom Zentrum aufsuchen.«

Vielleicht ist das ein falscher Anspruch, aber sicher nicht vollkommen falsch. Ich bin überzeugt, er galt für alle, die wir heute als Giganten betrachten. Joyce ist ein gutes Beispiel. Er hat überall und nirgends gelebt, und wo immer er war, hat er über Irland geschrieben, ganz egal, wo er sich aufhielt. Und ich bin sicher, auch er bekam so ein »Schreiben Sie doch mal ...« zu hören. Vielleicht hat man ihn in Frankreich gefragt: »Wann schreiben Sie endlich über Paris?«

Was schätzen Sie besonders an Joyce?

Es ist wirklich erstaunlich, wie gut sich bestimmte Formen von Ironie und Humor übertragen. Joyce ist manchmal urkomisch. Ich habe *Finnegans Wake* erst nach dem Studium entdeckt und hatte das große Glück, es ganz ohne Anleitung lesen zu können. Gut möglich, dass ich es nicht richtig gelesen habe, aber es war urkomisch! Ich habe ununterbrochen gelacht! Oft wusste ich ganze Absätze lang nicht, worum es ging, aber das war egal, ich wurde ja nicht dafür benotet. Ich glaube, an Shakespeare freuen sich heute noch alle deshalb so sehr, weil er nichts mit Literaturkritik zu tun hatte. Er konnte einfach machen; Rezensionen gab es nur in Form der Leute, die alles Mögliche auf die Bühne warfen.

Hätte er weniger geschrieben, wenn er rezensiert worden wäre?

Oh, wenn er sich das zu Herzen genommen hätte, wäre er sicher befangen gewesen. So zu tun, als interessierte es einen nicht, als würde man nichts davon lesen, diese Haltung ist schwer durchzuhalten.

Lesen Sie Rezensionen?

Ich lese alles.

Ehrlich? Sie meinen das offenbar ernst.

Ich lese alles, was über mich geschrieben wird, sofern ich es mitbekomme.

Und warum?

Ich muss doch wissen, was läuft!

Wollen Sie Ihre Außenwirkung im Blick behalten?

Nein, nein. Es geht weder um mich noch um meine Arbeit, es geht um das, was läuft. Davon muss ich mir einen Eindruck verschaffen, vor allem im Zusammenhang mit weiblichem Schreiben oder afroamerikanischem Schreiben, mit zeitgenössischer Literatur. Immerhin unterrichte ich Literaturwissenschaft. Ich lese also alles, was mir beim Unterrichten helfen kann.

Überrascht es Sie eigentlich, wenn man Sie mit dem magischen Realismus vergleicht, etwa mit Gabriel García Márquez?

Ja, früher schon. Mir bedeutet das nichts. Solche Einordnungen sind nur in meinem Unterricht wichtig. Aber sie haben gar keine Bedeutung, wenn ich vor einem dicken Stoß leerer gelber Seiten sitze. Soll ich sagen, ich bin magische Realistin? Jedes Thema verlangt doch seine eigene Form.

Warum unterrichten Sie im Grundstudium?

Hier in Princeton erfahren auch die Studierenden im Grundstudium große Wertschätzung, was sehr schön ist, denn an vielen Universitäten werden nur die Studierenden im Master- oder im Promotionsstudium wirklich wertgeschätzt. Mir gefällt die Einstellung in Princeton. Das hätte ich mir auch für meine eigenen Kinder gewünscht. Ich halte nichts davon, dass man Studierende im ersten oder zweiten Studienjahr als Versuchskaninchen benutzt, als Spielplatz oder Folie, damit der wissenschaftliche Nachwuchs an ihnen das Unterrichten üben kann. Sie brauchen die bestmögliche Lehre. Ich fand auch immer, dass an staatlichen Schulen nur die beste Literatur gelesen werden sollte. Ich habe immer mit allen *König Ödipus* gelesen, auch im Sonder- oder Förderunterricht, wie das damals hieß. Die Kinder werden in diese Klassen gesteckt, weil sie sich zu Tode langweilen; da kann man ihnen doch nicht mit langweiliger Lektüre kommen. Man muss ihnen das Bestmögliche an die Hand geben, um sie zu motivieren.

Einer Ihrer Söhne ist Musiker. Sind Sie selbst musikalisch, haben Sie mal ein Instrument gespielt?

Nein, aber ich komme aus einer musikalisch hochtalentierten Familie. Hochtalentiert heißt in dem Fall, dass die allermeisten keine Noten lesen, aber alles nachspielen konnten, was sie hörten, aus dem Stand. Meine Schwester und ich wurden zum Musikunterricht geschickt. Ich sollte etwas lernen, das sie wie von selbst beherrschten. Ich hielt mich für beschränkt, zurückgeblieben. Sie haben mir nicht erklärt, dass es womöglich wichtig ist, Noten lesen zu lernen, dass das etwas Gutes ist und nichts Schlechtes. Ich dachte, wir sind sozusagen die Lahmen, die das Laufen extra lernen mussten, während alle anderen einfach aufstanden und es schon konnten.

Kann man das Schreiben lernen? Durch Lesen vielleicht?

Das wird überschätzt.

Muss man die Welt bereisen? Soziologie- oder Geschichtskurse belegen?

Man kann auch einfach zu Hause bleiben. Ich glaube nicht, dass man sich groß wegbewegen muss.

Manche sagen aber: »Ich kann kein Buch schreiben, solange ich nicht ein Leben gelebt, Erfahrungen gesammelt habe.«

Das mag ja sein – vielleicht können sie das wirklich nicht. Aber schauen Sie sich die Menschen an, die nie irgendwo waren und sich alles nur ausgedacht haben. Thomas Mann. Ein paar kleinere Reisen hat er schon unternommen ... Aber ich glaube, entweder hat man diese Phantasie, oder man legt sie sich zu. Manchmal braucht man vielleicht eine Inspiration. Aber ich persönlich fahre nie weg, um mich inspirieren zu lassen. Ich will gar nicht wegfahren. Ich wäre ganz zufrieden, wenn ich immer nur am selben Ort sitzen dürfte. Denen, die mir erzählen, ich müsste erst mal was unternehmen, bevor ich schreiben kann, traue ich nicht über den Weg. Ich schreibe ja nicht autobiographisch. Vor allem, weil mich reale Menschen als literarische Figuren nicht interessieren – das schließt mich selbst ein. Wenn ich über eine historische Figur schreibe, wie Margaret Garner, dann weiß ich im Grunde nichts über sie. Alles, was ich wusste, stammte aus zwei Interviews mit ihr, die ich gelesen hatte. Immer hieß es: Ist das nicht unglaublich? Diese Frau, die vor den Gräueln der Sklaverei nach Cincinnati floh und nicht verrückt war. Sie hat zwar ihr Kind umgebracht, wirkte aber nicht völlig übergeschnappt. Sie war absolut ruhig, sie sagte: »Ich würde es wieder tun.« Das reichte, um meine Phantasie anzuregen.

Sie hat einiges Aufsehen erregt?

Allerdings. Ihr tatsächliches Leben war sehr viel grauenvoller, als es im Roman dargestellt wird, aber hätte ich alles gewusst, was es über sie zu wissen gab, hätte ich ihn niemals schreiben können. Die Geschichte wäre schon abgeschlossen gewesen; es hätte keinen Platz mehr für mich darin gegeben. Wie ein Rezept, das schon nachgekocht ist. Bitteschön. Du bist bereits dieser Mensch. Warum sollte ich mich bei dir bedienen? So etwas gefällt mir nicht. Umso mehr gefällt mir aber der Vorgang des Erfindens. Figuren zu haben, die sich aus einem kleinen Knäuel zur ausgereiften Person entfalten, das ist spannend.

Schreiben Sie manchmal aus Wut oder aus einem anderen Gefühl?

Nein. Wut ist ein sehr intensives, aber auch sehr kleines Gefühl. Wut hält sich nicht. Sie bringt nichts hervor. Sie ist nicht kreativ, zumindest nicht für mich. So ein Buch zu schreiben dauert doch mindestens drei Jahre!

Eine lange Strecke, um wütend zu sein.

Eben. Und ich traue dem Ganzen ohnehin nicht. Ich halte nichts von diesen kleinen, schnellen Gefühlen wie: »Ich bin ja so einsam, o Gott!« Ich halte nichts von solchen Gefühlen als Treibstoff. Also, ich habe sie natürlich, aber …

… sie geben keine gute Muse ab?

Nein, und wenn das Hirn keine eiskalten Gedanken produziert, die man dann in jede Art von Stimmung kleiden kann, dann ist es nichts wert. Es müssen eiskalte Gedanken sein. Kalt oder kühl zumindest. Das Hirn. Nur darum geht es.

Aus dem Englischen von Tanja Handels

Toni Morrison, The Art of Fiction No. 134,
The Paris Review, 128 / Herbst 1993.

Orhan Pamuk

ICH BRAUCHE DEN SCHMERZ DER EINSAMKEIT, DAMIT MEINE VORSTELLUNGSKRAFT GEWECKT WIRD.

Mit Ángel Gurría-Quintana (2005)

Orhan Pamuk wurde 1952 in Istanbul geboren, wo er auch heute noch lebt. Seine Familie gelangte in den Anfangsjahren der Republik Türkei beim Eisenbahnbau zu Reichtum, und Pamuk besuchte das Robert College, wo die Kinder der privilegierten Elite der Stadt eine säkulare, westlich orientierte Bildung erhielten. Als Jugendlicher zeigte er ein großes Interesse an Malerei, aber nach der Aufnahme eines Architekturstudiums an der Technischen Universität beschloss er, Schriftsteller zu werden. Heute ist er der meistgelesene türkische Autor.

Sein erster Roman, *Cevdet und seine Söhne*, erschien 1982 (dt. 2011), gefolgt von *Das stille Haus* (1983/2009), *Die weiße Festung* (1985/1990), *Das schwarze Buch* (1990/1995) und *Das neue Leben* (1994/1998), 2003 erhielt Pamuk den International IMPAC Dublin Literary Award für *Rot ist mein Name* (1998/2001), eine aus wechselnden Perspektiven erzählte Kriminalgeschichte, die im 16. Jahrhundert in Istanbul spielt. Der Roman behandelt mehrere für sein Schreiben zentrale Themen: Probleme der Identitätsfindung in einem Land zwischen Orient und Okzident, Rivalität unter Geschwistern, die Existenz von Doppelgängern, der Wert von Schönheit und Originalität und die

Angst vor kultureller Überfremdung. Der Roman *Schnee* (2002/2005), in dem Pamuk sich erstmals mit dem aktuellen religiösen und politischen Extremismus in der Türkei auseinandersetzt, festigte seinen internationalen Ruf, stieß aber im eigenen Land auf geteilte Kritik. Pamuks [zum Zeitpunkt des Interviews] jüngstes Buch, *Istanbul – Erinnerung an eine Stadt* (2003/2006), ist ein Porträt seiner Kindheit und Jugend sowie seiner Heimatstadt.

Das Interview mit Orhan Pamuk wurde während zweier längerer Begegnungen in London und brieflich geführt. Das erste Gespräch fand im Mai 2004, kurz nach Erscheinen der englischen Ausgabe von *Schnee* statt. Der ursprünglich vorgesehene Ort war ein nüchterner Besprechungsraum mit Neonbeleuchtung im Untergeschoss des Hotels, in dem eine Klimaanlage brummte. »Wir könnten hier sterben, und niemand würde uns finden«, sagte Pamuk, der zum Interview in schwarzer Cordjacke, hellblauem Hemd und dunkler Freizeithose erschien. Wir zogen uns in eine plüschige, ruhige Ecke in der Lobby zurück, wo wir uns drei Stunden lang unterhielten, unterbrochen von einer kurzen Pause für einen Kaffee und ein Hühnersandwich.

Im April 2005 kehrte Pamuk aus Anlass der Veröffentlichung von *Istanbul* nach London zurück, und wir redeten zwei Stunden lang am gleichen Ort in der Hotellobby. Zu Beginn wirkte er angespannt, und das aus gutem Grund. Zwei Monate zuvor hatte er in einem Interview mit dem Schweizer *Tages-Anzeiger* über die Türkei gesagt, »dreißigtausend Kurden und eine Million Armenier wurden in diesem Land getötet, und außer mir traut sich niemand, das zu erwähnen.« Diese Bemerkung löste in der nationalistischen türkischen Presse eine gnadenlose Kampagne gegen Pamuk aus. Schließlich leugnet die türkische Regierung hartnäckig den 1915 in der Türkei an den Armeniern begangenen Genozid und hat strenge Gesetze gegen jedwede öffentliche

Äußerung zum anhaltenden Kurdenkonflikt erlassen. Pamuk sah davon ab, die Kontroverse in der Öffentlichkeit auszutragen, in der Hoffnung, sie werde sich bald legen. Im August jedoch wurde Pamuk aufgrund seiner Äußerungen im *Tages-Anzeiger* auf Basis von Artikel 301/1 des türkischen Strafgesetzbuches wegen »öffentlicher Herabsetzung des Türkentums« angeklagt – ein Vergehen, das mit bis zu drei Jahren Haft bestraft werden kann. Trotz breiter internationaler Berichterstattung und Protestnoten an die türkische Regierung durch Mitglieder des Europaparlaments und PEN International, war zum Zeitpunkt der Drucklegung dieser Ausgabe nach wie vor der 16. Dezember 2005 als Beginn des Prozesses gegen Pamuk angesetzt.

Wie fühlen Sie sich, wenn Sie Interviews geben?

Manchmal bin ich nervös, weil ich auf bestimmte unsinnige Fragen dumme Antworten gebe. Das passiert mir im Türkischen genauso wie im Englischen. Mein Türkisch ist schlecht, und ich rede dummes Zeug. Ich bin in der Türkei mehr für meine Interviews als für meine Bücher angefeindet worden. Politische Meinungsmacher und Kolumnisten lesen dort keine Romane.

Ihre Bücher wurden in Europa und den Vereinigten Staaten durchgehend positiv aufgenommen. Wie ist die Resonanz in der Türkei?

Die guten Jahre sind vorbei. Als ich meine ersten Bücher veröffentlichte, trat die vorhergehende Autorengeneration mehr und mehr zurück, sodass ich als neuer Autor begrüßt wurde.

Wen meinen Sie, wenn Sie von der vorhergehenden Generation sprechen?

Die Autoren, die eine soziale Verpflichtung spürten und überzeugt waren, Literatur müsse der Moralität und der Politik dienen. Sie waren strenge Realisten, ohne Interesse an Experimenten. Wie die Autoren in so vielen armen Ländern verschwendeten sie ihr Talent, indem sie versuchten, ihrem Land zu dienen. Ich wollte nicht sein wie sie, weil ich bereits in meiner Jugend Faulkner, Virginia Woolf und Proust entdeckt hatte – ich hatte mich nie für das Modell des sozialen Realismus eines Steinbeck oder Gorki begeistern können. Die Literatur der sechziger und siebziger Jahre galt zunehmend als überholt, sodass ich als Autor der neuen Generation wahrgenommen wurde.

Ab Mitte der neunziger Jahre, als meine Bücher Verkaufszahlen erreichten, die sich niemand in der Türkei hätte träumen lassen, war meine goldene Zeit mit der türkischen Presse und den Intellektuellen vorbei. Von da an war die kritische Auseinandersetzung größtenteils eine Reaktion auf den öffentlichen Rummel und die Verkaufszahlen anstatt eine Beschäftigung mit dem Inhalt meiner Bücher. Inzwischen bin ich bedauerlicherweise berüchtigt für meine politischen Kommentare, die zumeist aus Interviews mit internationalen Zeitschriften stammen und von nationalistischen türkischen Journalisten schamlos manipuliert werden, um mich radikaler und politisch naiver erscheinen zu lassen, als ich tatsächlich bin.

Es gibt also eine feindselige Reaktion auf Ihre Popularität?

Meiner festen Überzeugung nach ist es eine Art Strafe für meine Verkaufszahlen und politischen Kommentare. Aber ich wiederhole das nur ungern, weil es mich defensiv klingen lässt. Möglicherweise gebe ich ein verzerrtes Bild der Situation.

Wo schreiben Sie?

Ich bin schon immer der Überzeugung gewesen, der Ort, an dem man schläft oder den man mit seiner Partnerin oder seinem Partner teilt, sollte getrennt von dem Ort sein, an dem man schreibt. Die häusliche Umgebung und ihre Rituale töten meinen inneren Dämon. Die biedere tägliche Routine bringt die Sehnsucht nach einer anderen Welt, ohne die die Einbildungskraft nicht existieren kann, zum Verschwinden. Deshalb habe ich seit vielen Jahren ein eigenes Büro oder eine kleine Wohnung, wo ich außerhalb von Zuhause schreibe.

Einmal verbrachte ich ein halbes Semester in den Vereinigten Staaten, während meine Frau an der Columbia University promovierte. Wir lebten in einem Apartment für verheiratete Studenten und hatten wenig Platz, sodass ich am gleichen Ort schlafen und schreiben musste. Überall waren die Zeichen des häuslichen Miteinanders. Das machte mich ganz nervös. Morgens verabschiedete ich mich von meiner Frau wie jemand, der zur Arbeit geht. Ich verließ das Haus, ging um ein paar Blocks und kehrte zurück, als wäre ich im Büro angekommen.

Vor zehn Jahren entdeckte ich eine Wohnung mit Blick auf den Bosporus und die Altstadt. Vielleicht ist es eine der schönsten Aussichten auf Istanbul. Von Zuhause aus sind es fünfundzwanzig Minuten zu Fuß. Sie ist mit Büchern vollgestellt, und von meinem Schreibtisch aus habe ich diese phantastische Aussicht. Ich verbringe dort täglich etwa zehn Stunden.

Zehn Stunden pro Tag?

Ja, ich bin ein fleißiger Arbeiter. Ich mache das gern. Die Leute sagen, ich sei sehr ehrgeizig, und auch das mag stimmen. Aber ich liebe meine Arbeit. Wenn ich am Schreibtisch sitze, freue ich mich wie ein Kind, das mit seinem Spielzeug hantiert. Natürlich ist es vor allem Arbeit, aber es macht auch großen Spaß.

Orhan, der Erzähler von *Schnee*, der den gleichen Namen trägt wie Sie, beschreibt sich als Angestellten, der sich jeden Tag zur gleichen Zeit an den Schreibtisch setzt. Haben Sie dieselbe Arbeitsdisziplin?

Ich wollte damit die buchhalterische Arbeitsweise des Romanciers im Gegensatz zu der des Dichters hervorheben, der in der Türkei traditionell großes Ansehen genießt. Ein Dichter ist ein angesehener und respektierter Mensch. Die meisten Sultane und Staatsmänner des Osmanischen Reichs waren Dichter. Aber nicht in der Weise, wie wir heute Dichter verstehen. Über Hunderte von Jahren war es eine Art, sich als Intellektueller darzustellen. Die meisten dieser Männer fügten die Manuskripte ihrer Gedichte zu sogenannten Diwans zusammen. Tatsächlich wird die höfische osmanische Dichtung auch als Diwan-Dichtung bezeichnet. Die Hälfte der osmanischen Staatsmänner schuf Diwans. Es war eine kultivierte und gebildete Art des Schreibens, mit zahllosen Regeln und Ritualen. Äußerst konventionell und repetitiv. Als westliche Einflüsse in die Türkei gelangten, verband sich diese Tradition mit der modernen romantischen Vorstellung des Dichters als eines Menschen, der für die Wahrheit brennt. Das Prestige des Dichters gewann dadurch noch zusätzlich an Gewicht. Der Romancier hingegen ist grundsätzlich ein Mensch, der sich mit Geduld fortbewegt, langsam wie eine Ameise. Ein Romancier beeindruckt uns nicht mit seiner dämonischen und romantischen Vision, sondern mit seiner Geduld.

Haben Sie selbst Gedichte geschrieben?

Diese Frage höre ich oft. Als ich achtzehn war, habe ich Gedichte geschrieben und einige davon in der Türkei veröffentlicht, aber dann habe ich es aufgegeben. Meine Erklärung dafür ist, dass mir bewusst wurde, dass ein Dichter ein Sprachrohr Gottes ist. Man muss von der Dichtung besessen sein. Ich hatte mich an der Dichtung versucht, aber ich erkannte nach einiger Zeit, dass Gott nicht durch mich sprach. Ich bedauerte das, und dann versuchte ich mir vorzustellen, wenn Gott durch mich spräche, was würde er sagen? Um das herauszufinden, begann ich, sehr geduldig und minutiös zu schreiben. Die Arbeitsweise, aus der Prosa entsteht. Ich arbeitete wie ein Buchhalter. Einige andere Schriftsteller empfinden diese Ausdrucksweise als Beleidigung. Aber ich akzeptiere sie; ich schreibe wie ein Buchhalter.

Würden Sie sagen, das Schreiben von Prosa ist mit der Zeit leichter für Sie geworden?

Leider nein. Manchmal stelle ich mir vor, meine Figur betritt einen Raum, aber ich weiß dennoch nicht, wie ich sie eintreten lassen soll. Ich mag inzwischen selbstbewusster geworden sein, was manchmal aber wenig hilfreich ist, weil man dann wenig experimentierfreudig ist und einfach das hinschreibt, was einem gewohnheitsmäßig in den Sinn kommt. Ich schreibe seit dreißig Jahren Romane, da sollte man annehmen, dass ich gewisse Fortschritte gemacht habe. Dennoch gelange ich manchmal in eine Sackgasse, von der ich mir nicht hätte träumen lassen. Eine Figur kann nicht in einen Raum eintreten, und ich weiß nicht, was ich tun soll. Auch nach dreißig Jahren nicht!

Die Einteilung eines Buchs in Kapitel ist für meine Art zu denken von großer Bedeutung. Wenn ich beim Schreiben eines Romans den Handlungsverlauf im Voraus kenne – und in den meisten Fällen ist das so –, unterteile ich ihn in Kapitel und entwerfe für jedes einzelne die Details. Ich fange dabei nicht notwendigerweise mit dem ersten Kapitel an und fahre dann chronologisch fort. Wenn ich einmal festhänge, was für mich nicht weiter schlimm ist, mache ich mit dem weiter, was mir gerade in den Sinn kommt. Vielleicht schreibe ich von Kapitel eins bis Kapitel fünf, und wenn ich keine Lust mehr habe, springe ich zu Kapitel fünfzehn und mache dort weiter.

Heißt das, Sie planen die komplette Handlung eines Buchs im Voraus?

Von vorne bis hinten. In *Rot ist mein Name*, beispielsweise, tauchen zahlreiche Figuren auf, und jede einzelne bekam von mir eine bestimmte Anzahl von Kapiteln zugewiesen. Während des Schreibens wollte ich manchmal länger eine bestimmte Figur »sein«. Wenn ich eines der Şeküre vorbehaltenen Kapitel, sagen wir Kapitel sieben, beendet hatte, sprang ich vor zu Kapitel elf, das ebenso ihr gehörte. Mir gefiel es, Şeküre zu sein. Von einer Erzählfigur zu einer anderen zu wechseln, kann deprimierend sein.

Aber das letzte Kapitel schreibe ich immer zum Schluss. Definitiv. Ich diskutiere oft mit mir selbst über die Frage, wie das Ende aussehen soll. Den Schluss kann ich nur einmal schreiben. Bevor ich den Schluss schreibe, gehe ich zurück an den Anfang und überarbeite die meisten vorherigen Kapitel.

Gibt es während der Arbeit an einem Roman einen Leser?

Ich lese meine Arbeit immer der Person vor, mit der ich mein Leben teile. Ich bin stets dankbar, wenn diese Person sagt: »Zeig mir mehr«, oder: »Zeig mir, was du heute geschrieben hast.« Es sorgt nicht nur für ein bisschen notwendigen Druck, sondern hat etwas von einem Vater oder einer Mutter, die einem auf den Rücken klopfen und sagen: »Gut gemacht.« Manchmal sagt die Person aber auch: »Tut mir leid, das nehme ich dir nicht ab.« Auch das ist gut. Ich mag dieses Ritual.

Ich muss dabei immer an Thomas Mann denken, eines meiner Vorbilder. Er versammelte die ganze Familie, alle sechs Kinder und seine Frau. Und dann las er ihnen vor. Mir gefällt das. Daddy erzählt eine Geschichte.

Als junger Mann wollten Sie Maler werden. Wann wechselte Ihr Interesse für Malerei zur Literatur?

Mit zweiundzwanzig. Seit meinem siebten Lebensjahr wollte ich Maler werden, und meine Familie hatte das akzeptiert. Sie alle glaubten, ich würde ein berühmter Maler werden. Aber dann passierte etwas in meinem Kopf – ich erkannte, dass da eine Schraube locker war –, und ich hörte von einem Tag auf den anderen auf zu malen und begann, meinen ersten Roman zu schreiben.

Da war eine Schraube locker?

Ich weiß selbst nicht, warum ich diese Entscheidung traf. Vor Kurzem habe ich ein Buch namens *Istanbul* veröffentlicht. Die erste Hälfte ist meine Autobiographie, bis zu jenem Moment, und die zweite Hälfte ist ein Essay über Istanbul, genauer gesagt, die Beschreibung von Istanbul aus der Sicht eines Kindes. Es ist eine Mischung aus Gedanken über Bilder und Landschaften und die Chemie einer Stadt, der kindlichen Wahrnehmung dieser Stadt, und der Autobiographie dieses Kindes. Der letzte Satz des Buchs lautet,

»›Ich werde nicht Maler‹, sagte ich. ›Ich werde Schriftsteller.‹« Ohne weitere Erklärung. Obwohl die Lektüre des
Buchs vielleicht doch einiges erklärt.

War Ihre Familie glücklich mit Ihrer Entscheidung?

Meine Mutter war damit gar nicht einverstanden. Mein Vater zeigte etwas mehr Verständnis, weil er in seiner Jugend
selbst Dichter hatte werden wollen und Valéry ins Türkische
übersetzt hatte, es aber aufgegeben hatte, als er von den Leuten aus der Oberschicht, zu der er gehörte, verspottet wurde.

**Ihre Familie akzeptierte, dass Sie Maler werden wollten,
aber nicht Ihre Entscheidung, Schriftsteller zu werden?**

Ja, weil sie nicht davon ausgingen, dass ich es zu meinem
Hauptberuf machen würde. Die Familientradition lag im
Bauwesen. Mein Großvater hatte als Ingenieur beim Eisenbahnbau sehr viel Geld verdient. Meine Onkel und mein
Vater hatten dieses Geld wieder verloren, aber sie hatten alle
an der Technischen Universität Istanbul studiert. Von mir
wurde erwartet, ebenfalls dorthin zu gehen, und ich sagte:
»Okay, ich mache es.« Aber da ich der Künstler in der Familie war, sollte ich Architektur studieren. Das schien für
alle eine befriedigende Lösung. Ich schrieb mich also an der
Technischen Universität ein, aber nach der Hälfte des Architekturstudiums hörte ich mit der Malerei auf und begann
Romane zu schreiben.

**Hatten Sie Ihren ersten Roman bereits fertig im Kopf, als
Sie die Malerei aufgaben? War das der Grund?**

Soweit ich mich erinnere, wollte ich Schriftsteller werden,
noch ehe ich wusste, worüber ich schreiben wollte. Tatsäch-

lich scheiterte ich mit meinen ersten Versuchen. Ich besitze davon noch die Notizbücher. Aber nach ungefähr sechs Monaten begann ich ein größeres Romanprojekt, aus dem zuletzt *Cevdet und seine Söhne* entstand.

Der Roman ist bislang nicht ins Englische übersetzt worden.

Es ist im Wesentlichen eine Familiengeschichte, wie die *Forsyte-Saga* oder Thomas Manns *Buddenbrooks*. Kurz nach der Fertigstellung begann ich zu bereuen, etwas so Altmodisches geschrieben zu haben, ganz wie ein klassischer Roman aus dem neunzehnten Jahrhundert. Ich bedauerte das, weil ich mich mit fünfundzwanzig oder sechsundzwanzig Jahren zunehmend als moderner Autor verstand. Als der Roman endlich veröffentlicht wurde, war ich dreißig, und mein Schreiben war sehr viel experimenteller geworden.

Wenn Sie sagen, Sie wollten moderner und experimenteller schreiben, gab es dafür Vorbilder?

Die größten Schriftsteller zu der Zeit waren für mich nicht mehr Tolstoi, Dostojewski, Stendhal oder Thomas Mann. Meine Helden waren Virginia Woolf und Faulkner. Heute würde ich noch Proust und Nabokov hinzufügen.

Der erste Satz von *Das neue Leben* lautet: »Eines Tages las ich ein Buch, und mein ganzes Leben veränderte sich.« Gibt es ein Buch, das eine solche Wirkung auf Sie hatte?

Faulkners *Schall und Wahn* war mit einundzwanzig oder zweiundzwanzig sehr wichtig für mich. Ich kaufte mir damals die englische Penguin-Ausgabe. Ich verstand nur wenig, weil mein Englisch so schlecht war. Aber es gab eine ausgezeichnete türkische Übersetzung, sodass ich die türkische und die englische Ausgabe nebeneinander auf den Tisch legte und nach jedem halben Absatz miteinander verglich. Das Buch prägte mich nachhaltig, indem es mir half, meine eigene Stimme zu finden. Schon bald begann ich in der ersten Person Singular zu schreiben. Meistens fühle ich mich wohler, wenn ich mich in eine Person hineinversetze, anstatt in der dritten Person zu schreiben.

Sie sagen, Ihr Roman wurde erst Jahre später veröffentlicht?

In meinen Zwanzigern hatte ich noch keine literarischen Freundschaften geschlossen. Ich gehörte zu keinem literarischen Kreis in Istanbul. Die einzige Möglichkeit, mein erstes Buch zu veröffentlichen, bestand darin, es bei einem literarischen Wettbewerb für unveröffentlichte Manuskripte in der Türkei einzureichen. Das machte ich und gewann den ersten Preis, der daraus bestand, bei einem großen, renommierten Verlag veröffentlicht zu werden. Zu der Zeit befand sich die türkische Wirtschaft in einer Krise. Sie sagten: »Wir geben dir einen Vertrag«, aber dann legten sie den Roman erst einmal auf Eis.

Lief es mit dem zweiten Roman besser?

Der zweite Roman war ein politisches Buch. Keine Propaganda. Ich schrieb bereits daran, während ich auf die Veröffentlichung meines ersten Romans wartete. Ich hatte für das Schreiben dieses Buchs etwa zweieinhalb Jahre veranschlagt. Doch dann gab es eines Nachts einen Militärputsch. Das war 1980. Am Tag darauf sagte der designierte Verlag für mein erstes Buch, er werde *Cevdet und seine Söhne* nicht veröffentlichen, ungeachtet des existierenden Vertrags. Mir wurde klar, dass selbst wenn ich mein zweites Buch – den politischen Roman – an diesem Tag beenden würde, ich es in den kommenden fünf oder sechs Jahren nicht veröffentlichen könnte, weil das Militär es nicht erlauben würde. Meine Überlegungen waren wie folgt: Mit zweiundzwanzig hatte ich beschlossen, Schriftsteller zu werden, und hatte sieben Jahre lang in der Hoffnung geschrieben, etwas in der Türkei veröffentlichen zu können ... ohne Erfolg. Jetzt bin ich beinahe dreißig und ohne jede Aussicht, etwas zu veröffentlichen. Und ich habe die zweihundertfünfzig Seiten meines noch unfertigen politischen Romans in der Schublade.

Um nicht den Mut zu verlieren, begann ich gleich nach dem Militärputsch mit der Arbeit an einem dritten Buch, *Das stille Haus*, von dem Sie vorhin gesprochen haben. Ich schrieb noch daran, als 1982 mein erster Roman endlich veröffentlicht wurde. *Cevdet und seine Söhne* wurde gut aufgenommen, was bedeutete, dass ich das Buch, an dem ich gerade schrieb, ebenfalls veröffentlichen konnte. So wurde mein drittes Buch meine zweite Veröffentlichung.

Warum konnte Ihr zweites Buch unter dem Militärregime nicht erscheinen?

Die Hauptfiguren waren junge Marxisten aus der Oberschicht. Ihre Väter und Mütter fuhren im Sommer ans Meer, und sie lebten in großen, luxuriösen Villen und genossen es, Marxisten zu sein. Sie stritten sich und waren eifersüchtig aufeinander und schmiedeten Pläne, den Ministerpräsidenten in die Luft zu jagen.

Revolutionäre Snobs?

Junge Menschen aus der Oberschicht, die ein exklusives Leben führten und sich für ultraradikal hielten. Aber es ging mir nicht um eine moralische Verurteilung. Vielmehr war es ein romantischer Blick auf meine eigene Jugend. Allein die Idee eines Attentats auf den Ministerpräsidenten hätte für ein Verbot des Buchs ausgereicht.

Also gab ich es auf. Man verändert sich ohnehin mit jedem neuen Buch. Man kann nicht zweimal die gleiche Figur verkörpern und so weitermachen wie zuvor. Jedes Buch, das ein Autor schreibt, repräsentiert eine bestimmte Phase seiner Entwicklung. Die einzelnen Romane sind gewissermaßen Wegmarken der geistigen Entwicklung eines Autors. Deshalb kann man auch nicht zurückgehen. Sobald das Geschriebene die Kraft des Neuen verloren hat, kann man auf diesem Weg nicht weitermachen.

Wie gelangen Sie beim Experimentieren mit Ideen zur Form Ihrer Romane? Beginnen Sie mit einem bestimmten Bild, einem ersten Satz?

Es gibt dafür keine feste Regel. Aber ich habe es mir zum Vorsatz gemacht, keine zwei Romane gleich zu schreiben. Ich versuche jedes Mal, alles anders zu machen. Deshalb sagen mir viele meiner Leser, ich mochte diesen einen Roman sehr, schade, dass du keine weiteren Bücher in diesem Stil geschrieben hast, oder, ich habe nie viel mit deinen Romanen anfangen können, bis zu diesem einen – gerade bei *Das schwarze Buch* habe ich das oft gehört. Tatsächlich hasse ich solche Kommentare. Es ist eine Freude und eine Herausforderung, mit Form und Stil, der Sprache, Stimmungen und Figuren zu experimentieren und mit jedem Buch etwas Neues zu versuchen.

Der Stoff eines Buchs mag aus verschiedenen Quellen stammen. Bei *Rot ist mein Name* wollte ich über meine Ambitionen schreiben, Maler zu werden. Allerdings ging ich das Ganze falsch an, indem ich mich auf die Geschichte eines einzelnen Malers konzentrierte. Dann machte ich aus dem einen mehrere Maler, die in einem Atelier zusammenarbeiteten. Dadurch änderte sich die Perspektive, weil jetzt verschiedene Maler redeten. Zuerst hatte ich über einen zeitgenössischen Maler schreiben wollen, doch dann erschien mir dieser türkische Maler zu sehr von westlichen Vorstellungen beeinflusst, sodass ich die Handlung in die Zeit der Miniaturmalerei zurückverlegte. So kam ich zum Thema des Romans.

Manche Themen bedingen auch gewisse formale Innovationen oder Erzählstrategien. Manchmal beispielsweise hat man etwas gesehen oder irgendwo gelesen, oder man war im Kino oder hat etwas in der Zeitung gelesen, und man denkt, ich werde eine Kartoffel sprechen lassen, oder einen Hund, oder einen Baum. Im nächsten Moment beginnt man damit, um diese Idee eine Romanhandlung zu konstruieren. Und man spürt: Wunderbar, das hat noch niemand gemacht.

Zu guter Letzt trage ich viele Ideen Jahre mit mir herum. Manchmal erzähle ich guten Freunden davon. Ich habe zahlreiche Notizbücher mit Ideen für zukünftige Romane. Nicht alle davon werden geschrieben, aber wenn ich eins dieser Notizbücher aufschlage und beginne, mir Notizen für einen Roman zu machen, ist die Wahrscheinlichkeit groß, dass ich ihn schreibe. Wenn ich einen Roman beendet habe, findet eins dieser Projekte vielleicht mein Interesse, und zwei Monate später mache ich mich an die Arbeit.

Viele Romanciers reden nicht über ihre aktuellen Buchprojekte. Gehören Sie auch dazu?

Ich rede nie über die Geschichte selbst. Wenn ich bei offiziellen Anlässen gefragt werde, woran ich gerade schreibe, lautet meine Standardantwort: an einem Roman, der in der Türkei von heute spielt. Ich öffne mich nur gegenüber sehr wenigen Menschen, und das auch nur, wenn ich weiß, dass sie mich nicht verletzen werden. Dafür rede ich gern über die Gimmicks – zum Beispiel, dass im Buch eine sprechende Wolke vorkommt. Ich bin immer gespannt, wie die Leute reagieren. Es hat etwas sehr Kindliches. Während der Arbeit an *Istanbul* habe ich es oft gemacht. Mein Verstand ist der eines verspielten Kindes, das seinem Daddy zeigen will, wie clever es ist.

Das Wort »Gimmick« hat einen eher negativen Beigeschmack.

Zunächst ist es bloß ein Gimmick, aber wenn man an seine literarische und moralische Bedeutung glaubt, verwandelt er sich zuletzt in eine ernst zu nehmende literarische Erfindung. Er wird zu einem literarischen Statement.

Kritiker bezeichnen Ihre Romane oft als postmodern. Mir scheint jedoch, dass Ihre erzählerischen Kniffe vor allem aus traditionellen Quellen stammen. Sie verwenden beispielsweise Zitate aus den Geschichten aus *Tausendundeiner Nacht* und anderen Texten der östlichen Tradition.

Das habe ich erstmals in *Das schwarze Buch* gemacht, auch wenn ich Borges und Calvino schon vorher gelesen hatte. 1985 ging ich mit meiner Frau in die Vereinigten Staaten, wo ich erstmals die Bedeutung und den immensen Reichtum der amerikanischen Kultur entdeckte. Als Türke aus dem Mittleren Osten, der sich als Autor einen Namen machen wollte, fühlte ich mich eingeschüchtert. Also kehrte ich zurück zu meinen »Wurzeln«. Mir wurde bewusst, dass meine Generation eine moderne nationale Kultur entwickeln musste.

Borges und Calvino waren eine Befreiung für mich. Das Bild der traditionellen islamischen Literatur war so reaktionär, so politisch aufgeladen und wurde von konservativen Kräften in einer so überholten und dummen Weise verwendet, dass ich mir nicht vorstellen konnte, irgendetwas mit diesem Material anzufangen. Aber als ich in die Vereinigten Staaten kam, erkannte ich, dass ich mich diesem Material mit einer an Calvino und Borges geschulten Haltung nähern konnte. Zuerst musste ich streng zwischen den religiösen und literarischen Bedeutungen der islamischen Literatur unterscheiden, um mich unbefangen ihres großen Fundus an spielerischen Einfällen, Kunstgriffen und Parabeln bedienen zu können. Die Türkei besaß eine hochentwickelte Tradition kunstvoller Erzählliteratur. Doch dann wurde sie durch sozial engagierte Autoren ihres innovativen Charakters beraubt.

Es gibt zahlreiche Allegorien, die sich in den verschiedenen mündlichen Erzähltraditionen wiederfinden, etwa der chinesischen, indischen oder persischen. Ich beschloss, davon Gebrauch zu machen und sie auf das zeitgenössische Istanbul zu übertragen. Es ist ein Experiment, bei dem man alles zusammenbringt, wie bei einer dadaistischen Collage. *Das schwarze Buch* hat etwas davon. Manchmal werden alle Quellen miteinander verschmolzen, und es entsteht etwas Neues. Ich ließ also sämtliche neu erzählten Geschichten in Istanbul spielen, fügte eine Kriminalhandlung hinzu, und heraus kam *Das schwarze Buch*. Der eigentliche Ursprung aber war die kraftvolle Ausstrahlung der amerikanischen Kultur und mein Wunsch, ein ernst zu nehmender experimenteller Schriftsteller zu sein. Ich konnte keinen gesellschaftlichen Kommentar über die Probleme der Türkei schreiben. Sie schüchterten mich viel zu sehr ein. Also musste ich etwas anderes versuchen.

Hat Sie die Idee einer sozial engagierten Literatur je interessiert?

Nein. Mein Schreiben war eine Reaktion auf die ältere Generation von Romanciers, vor allem in den achtziger Jahren. Ich sage das mit allem gebotenen Respekt, aber ihr Themenspektrum war ausgesprochen eng und provinziell.

Lassen Sie uns über die Zeit vor *Das schwarze Buch* sprechen. Was hat Sie zum Roman *Die weiße Festung* inspiriert? Sie behandeln darin erstmals ein Thema, das in Ihren späteren Romanen immer wieder auftaucht – der Wechsel der Identität. Warum, glauben Sie, taucht das Motiv der Verwandlung auch in Ihren anderen Romanen so häufig auf?

Das hat einen sehr persönlichen Hintergrund. Ich habe einen ungemein ehrgeizigen Bruder, der nur achtzehn Monate älter als ich ist. Er war in gewisser Weise mein Vater – mein Freud'scher Vater, sozusagen. Er wurde mein Alter ego, die Verkörperung von Autorität. Auf der anderen Seite verband uns eine kameradschaftliche, brüderliche Rivalität. Ein sehr kompliziertes Verhältnis. Ich habe darüber ausführlich in *Istanbul* geschrieben. Ich war ein typischer türkischer Junge, der gut Fußball spielte und sich für alle Arten von Spielen und Wettbewerben begeisterte. Er war sehr gut in der Schule, besser als ich. Ich war eifersüchtig auf ihn, und er war eifersüchtig auf mich. Er war der Vernünftige und Verantwortliche, an den unsere Vorgesetzten sich wandten. Während ich mich auf das Spiel konzentrierte, konzentrierte er sich auf die gesellschaftlichen Regeln. Wir konkurrierten unablässig miteinander. Und ich stellte mir vor, er zu sein. Daraus entwickelte sich ein Modell. Neid, Eifersucht – das sind für mich tief empfundene Themen. Ich frage mich immer wieder, inwiefern die Charakterstärke und der Erfolg meines Bruders mich beeinflusst haben. Es ist ein bedeutsamer Teil meines Wesens. Ich bin mir dessen bewusst, sodass ich versuche, einen gewissen Abstand zwischen mir und diesen Gefühlen zu schaffen. Ich weiß, dass sie schlecht sind, deshalb bekämpfe ich sie mit der Entschlossenheit eines zivilisierten Menschen. Ich bezeichne mich nicht als Opfer der Eifersucht. Aber dies ist die Galaxie der Nervenpunkte, mit denen ich mich die ganze Zeit auseinandersetze. Und natürlich wird daraus zuletzt das Thema aller meiner Geschichten. In *Die weiße Festung*, beispielsweise, beruht die fast schon sadomasochistische Beziehung der beiden Protagonisten auf meinem Verhältnis mit meinem Bruder.

Auf der anderen Seite spiegelt sich das Motiv des Identitätsverlusts auch in dem Gefühl der Unsicherheit wider, das die Türkei gegenüber der westlichen Kultur empfindet. Nachdem ich *Die weiße Festung* geschrieben hatte, wurde mir bewusst, dass diese Eifersucht – die Angst davor, durch jemand anderen beeinflusst zu werden – der Situation der Türkei beim Blick nach Westen ähnelt. Also sich einerseits dem Westen anzunähern und dann vorgeworfen zu bekommen, nicht mehr authentisch zu sein. Zu versuchen, sich dem europäischen Geist anzuschließen, und sich dann schuldig zu fühlen, auf einen fremden Zug aufzuspringen. Das Auf und Ab dieser Gemütslage erinnert tatsächlich an das Verhältnis zwischen rivalisierenden Brüdern.

Glauben Sie, dass der Konflikt zwischen östlichen und westlichen Einflüssen in der Türkei je friedlich gelöst werden kann?

Ich bin Optimist. Die Türkei sollte sich nicht darum sorgen, zwei geistige Traditionen zu haben, zwei unterschiedlichen Kulturen anzugehören oder zwei Seelen zu besitzen. Schizophrenie fördert die Intelligenz. Man kann den Bezug zur Realität verlieren – als Romancier sehe ich das nicht unbedingt als schlecht an –, aber man sollte keine Angst vor der

Schizophrenie haben. Wenn man sich zu sehr davor fürchtet, dass der eine Teil des Selbst den anderen tötet, bleibt zuletzt nur die eine Hälfte übrig. Das ist schlimmer, als schizophren zu sein. Zumindest ist das meine Theorie. Ich versuche, sie in der türkischen Politik und unter türkischen Politikern zu verbreiten, die verlangen, das Land solle eine einheitliche Seele haben, und die solle entweder dem Osten oder dem Westen angehören oder nationalistisch sein. Ich betrachte solche einseitigen Positionen kritisch.

Wie kommt das in der Türkei an?

Je mehr die Idee einer demokratischen, liberalen Türkei Fuß fasst, desto mehr findet meine Denkweise Gehör. Die Türkei kann der Europäischen Union nur mit dieser Vision beitreten. Es ist ein Weg, den Nationalismus zu bekämpfen, und zugleich die Rhetorik des »Wir« gegen »Sie«.

Und doch scheinen Sie in der Art, wie Sie in *Istanbul* die Stadt romantisch verklären, den Verlust des Osmanischen Reiches zu beklagen.

Ich beklage nicht das Ende des Osmanischen Reichs. Ich bin ein Fürsprecher des Westens. Ich bin froh, dass der Annäherungsprozess an den Westen stattgefunden hat. Ich kritisiere bloß die halbherzige Art der herrschenden Elite – und damit meine ich sowohl den Beamtenapparat als auch die Neureichen –, sich dem Westen zu öffnen. Sie besaßen nicht das nötige Selbstvertrauen, um eine nationale Kultur mit eigenen Symbolen und Ritualen zu begründen. Sie versuchten nicht, eine Istanbuler Kultur zu schaffen, in der Ost und West organisch zusammenfinden; sie setzten einfach westliche und östliche Elemente nebeneinander. Natürlich existierte eine starke gewachsene osmanische Kultur, die aber zusehends verschwand. Sie hätten ihre ganze Kraft dafür einsetzen müssen, eine starke einheimische Kultur zu schaffen, die aus einer Verbindung – nicht aus einer Nachahmung – von östlicher Vergangenheit und westlicher Gegenwart besteht. Ich versuche das Gleiche in meinen Büchern. Kommende Generationen werden diesen Prozess fortführen, und die Aufnahme in die Europäische Union wird die türkische Identität nicht zerstören, sondern sie reicher machen und uns mehr Freiheit und Selbstvertrauen geben, eine neue türkische Kultur zu entwickeln. Die sklavische Nachahmung des Westens oder die sklavische Nachahmung der vergangenen osmanischen Kultur ist keine Lösung. Man muss etwas mit diesen Dingen machen und sollte keine Angst haben, zu sehr zur einen oder anderen Seite zu gehören.

In *Istanbul* scheinen Sie sich aber mit dem fremden, westlichen Blick auf Ihre Stadt zu identifizieren.

Aber ich erkläre auch, warum ein für westliche Einflüsse offener türkischer Intellektueller sich mit dem westlichen Blick identifizieren kann. Die Neuerschaffung Istanbuls ist ein Prozess der Identifikation mit dem Westen. Dennoch gibt es immer diesen Zwiespalt, und man kann sich ohne Weiteres auch mit dem östlichen Zorn identifizieren. Jeder steht manchmal auf der Seite des Westens und manchmal auf der des Ostens. Tatsächlich ist es meistens eine Kombination von beidem. Ich stehe hinter Edward Saids Orientalismus-Kritik, aber da die Türkei niemals unter kolonialer Herrschaft stand, war die romantische Verklärung der Türkei niemals ein Problem für die Türken. Westliche Kolonisatoren haben die Türken nicht in der Weise gedemütigt wie die Araber oder Inder, Istanbul war nur zwei Jahre von fremden Truppen besetzt, und die feindlichen Schiffe legten gleich nach der Landung wieder ab, was dazu führte, dass keine tiefen Narben im Nationalbewusstsein zurückblieben. Der Verlust des Osmanischen Reiches hinterließ eine tiefe Narbe, aber das beklemmende Gefühl, die Menschen aus dem Westen würden auf mich herabblicken, ist mir fremd. Nach der Gründung der Republik existierte eine gewisse Verunsicherung, weil die Türken sich dem Westen öffnen wollten, aber nicht weit genug gehen konnten, wodurch ein Gefühl der kulturellen Unterlegenheit entstand, dem wir uns stellen müssen und das auch ich manchmal empfinde.

Andererseits sind die Narben weniger tief als bei anderen Nationen, die zweihundert Jahre unter Kolonialherrschaft standen. Die Türken wurden nie von westlichen Mächten unterdrückt. Unsere Unterdrückung stammte von uns selbst; wir löschten unsere eigene Geschichte aus, weil es praktisch war. In dieser Unterdrückung liegt eine gewisse Schwäche. Aber die angestrebte Öffnung zum Westen führte auch zu Isolation. Die Inder standen ihren Unterdrückern Auge in Auge gegenüber. Die Türken waren auf seltsame Weise von der Welt des Westens abgeschnitten, der sie nacheiferten. Wenn in den fünfziger und sechziger Jahren ein Ausländer im Istanbuler Hilton-Hotel abstieg, wurde darüber in sämtlichen Zeitungen berichtet.

Glauben Sie, dass ein Kanon existiert oder existieren sollte? Der Begriff des westlichen Kanons ist geläufig, aber wie sieht es mit einem nicht-westlichen Kanon aus?

Ja, es gibt einen anderen Kanon. Er sollte erforscht, entwickelt, geteilt, diskutiert und zuletzt anerkannt werden. Gegenwärtig ist der sogenannte östliche Kanon ein Trümmerfeld. Die berühmten Texte sind überall verstreut, aber es fehlt der Wille, sie zusammenzubringen. Sämtliche Zeugnisse, von den persischen Klassikern über all die vielen indischen, chinesischen und japanischen Texte, sollten kritisch beurteilt werden. Momentan liegt der Kanon in den Händen westlicher Wissenschaftler. Dort ist das Zentrum des Austauschs und der wissenschaftlichen Forschung.

Der Roman ist eine sehr westliche Kulturform. Hat er einen Platz in der Tradition des Ostens?

Der moderne Roman, losgelöst von der epischen Tradition, ist dem Osten im Wesentlichen fremd. Und zwar deshalb, weil der Romancier ein Mensch ist, der außerhalb der Gesellschaft steht, nicht deren natürlichen Gemeinschaftssinn teilt und auf der Grundlage einer anderen Kultur denkt und urteilt als die, die er im Alltag erlebt. Die Tatsache, dass er ein anderes Bewusstsein besitzt als die ihn umgebende Gesellschaft, macht ihn zum Außenseiter und Einzelgänger. Und der Reichtum seiner Texte verdankt sich eben dem voyeuristischen Blick des Außenseiters.

Sobald man sich angewöhnt hat, die Welt auf diese Weise zu betrachten und darüber zu schreiben, sucht man die Loslösung von der Gesellschaft. Über dieses Modell habe ich in *Schnee* nachgedacht.

***Schnee* ist Ihr bislang politischstes Buch. Wie kam es dazu?**

Als mein Name Mitte der neunziger Jahre in der Türkei bekannt wurde, zu einer Zeit, als der Krieg gegen die kurdischen Untergrundkämpfer aufflammte, baten mich altlinke Autoren und Vertreter der neuen Liberalen um Unterstützung, indem ich Petitionen unterzeichnete und mich für andere politische Dinge einsetzte, die nichts mit meinen Büchern zu tun hatten.

Schon bald schoss das Establishment mit einer Rufmordkampagne zurück und begann mich zu verunglimpfen. Ich war darüber sehr wütend. Nach einer Weile fragte ich mich: Was, wenn ich einen politischen Roman schriebe, in dem ich meinen eigenen inneren Widersprüchen nachspürte – aus einer begüterten Oberschichtsfamilie zu stammen und mich dafür verantwortlich zu fühlen, den politisch Unterprivilegierten eine Stimme zu geben? Ich glaubte an die Kunst des Romans. Es ist seltsam, dass man dadurch zum Außenseiter wird. Ich sagte mir, ich werde einen politischen Roman schreiben. Ich begann damit, gleich nachdem ich *Rot ist mein Name* beendet hatte.

Warum spielt der Roman in der Provinzstadt Kars?

Kars ist dafür berüchtigt, eine der kältesten Städte der Türkei zu sein. Und eine der ärmsten. Anfang der achtziger Jahre brachte eine der größeren Tageszeitungen auf der Titelseite einen ganzseitigen Bericht über die Armut in Kars. Jemand hatte ausgerechnet, dass man die gesamte Stadt für etwa eine Million Dollar kaufen könne. Das politische Klima war schwierig, als ich sie besuchen wollte. In der Umgebung der Stadt leben hauptsächlich Kurden, aber im Zentrum mischen sich Kurden, Leute aus Aserbaidschan, Türken und viele andere Volksgruppen. Früher gab es dort sogar Russen und Deutsche. Zudem treffen verschiedene Religionsgruppen aufeinander, darunter Schiiten und Sunniten. Die türkische Regierung führte einen erbitterten Krieg gegen die kurdische Guerilla, sodass ein Besuch als Tourist unmöglich war. Da ich wusste, dass ich nicht einfach als Schriftsteller dorthin konnte, bat ich einen mir bekannten Zeitungsredakteur um einen Presseausweis für die Region. Er besitzt einigen Einfluss und rief eigens beim Bürgermeister und dem Polizeipräsidenten an, um sie von meiner Reise zu informieren.

Gleich nach meiner Ankunft wurde ich beim Bürgermeister vorstellig und drückte dem Polizeipräsidenten die Hand, damit man mich nicht auf der Straße verhaftete. Tatsächlich wurde ich von einigen Polizisten, die über meinen Aufenthalt nicht informiert waren, aufgegriffen und zur Wache gebracht, offenbar mit der Absicht, mich zu foltern. Sofort nannte ich die Namen des Bürgermeisters und des Polizeipräsidenten. Dennoch blieb ich ein suspekter Charakter. Denn obwohl die Türkei theoretisch ein freies Land ist, galt jeder Ausländer bis noch vor wenigen Jahren als verdächtig. Heute hat sich die Situation hoffentlich deutlich gebessert.

Die meisten Personen und Orte im Roman haben reale Vorbilder. Die Lokalzeitung, beispielsweise, die zweihundertzweiundfünfzig Exemplare verkauft, existiert tatsächlich. Auf meiner Reise nach Kars hatte ich einen Fotoapparat und eine Videokamera dabei. Ich filmte alles, fuhr zurück nach Istanbul und zeigte die Aufnahmen meinen Freunden. Alle hielten mich für leicht verrückt. Auch andere Begebenheiten im Roman haben tatsächlich stattgefunden. Etwa die Unterhaltung mit dem Herausgeber der Lokalzeitung, der Ka davon erzählt, was er am Vortag gemacht habe, und als Ka fragt, woher er das wisse, sagt er ihm, dass er den Polizeifunk abgehört habe und Ka die ganze Zeit über von der Polizei beschattet werde. Das ist real. Auch ich wurde bei meinem Aufenthalt von der Polizei beschattet.

Der Moderator des lokalen Fernsehsenders holte mich in seine Sendung und sagte: »Unser berühmter Autor schreibt einen Artikel für die landesweite Zeitung« – was eine große Sache war. Zudem standen Kommunalwahlen an, sodass die Menschen in Kars mir ihre Türen öffneten. Alle wollten mit der überregionalen Zeitung sprechen und die Regierung auf ihre Armut aufmerksam machen. Sie ahnten nicht, dass sie in meinem Roman auftauchen würden. Sie glaubten, ich würde über sie einen Artikel in der Zeitung schreiben. Ich gebe zu, das war zynisch und gemein von mir. Obwohl ich tatsächlich vorhatte, auch einen Artikel über meine Erlebnisse zu schreiben.

Vier Jahre vergingen, in denen ich hin und her reiste. Es gab ein kleines Café, in dem ich manchmal saß und mir Notizen machte. Ein befreundeter Fotograf, den ich eingeladen hatte, mich zu begleiten, weil Kars im Schnee ein zauberhafter Ort ist, hörte, wie die Leute im Café sagten: »Was schreibt der nur für einen Artikel? Der ist jetzt drei Jahre hier, das ist genügend Zeit für einen Roman.« Sie waren mir auf die Schliche gekommen.

Wie waren die Reaktionen auf das Buch?

In der Türkei waren sowohl die Konservativen – also die politischen Islamisten – als auch die säkularen Kreise empört. Nicht in dem Maß, dass sie das Buch verboten oder mich persönlich angriffen. Aber sie waren verärgert und schrieben darüber in der überregionalen Tagespresse. Die Säkularisten waren verärgert, weil ich schrieb, in der Türkei ein säkularer Radikaler zu sein, hieße zu vergessen, dass man auch ein Demokrat sein müsse. Die Macht der Säkularisten in der Türkei beruht auf dem Militär. Das zerstört die türkische Demokratie und die Kultur der Toleranz. Sobald die politische Kultur im Wesentlichen vom Militär abhängt, verlieren die Menschen ihr Selbstvertrauen und übertragen der Armee die Lösung aller Probleme. Sie sagen dann: »Das Land und die Wirtschaft liegen danieder, lassen wir die Armee die Dinge richten.« Aber die Armee richtet nicht nur die Dinge, sondern sie zerstört auch die Kultur der Toleranz. Unzählige Verdächtige werden gefoltert, Hunderttausende ins Gefängnis gesteckt. Das bereitet den Weg für den nächsten Militärputsch. So ist es alle zehn Jahre gewesen. Genau das habe ich den Säkularisten vorgeworfen. Außerdem gefiel ihnen nicht, dass ich die Islamisten als menschliche Wesen darstellte.

Die politischen Islamisten waren verärgert, weil ich von einem Islamisten geschrieben hatte, der vorehelichen Sex hatte. Solche Kleinigkeiten genügten. Den Islamisten erscheine ich stets verdächtig, weil ich nicht ihrer Kultur entstamme und weil ich die Sprache, die Haltung und sogar die Gestik einer vom Westen beeinflussten und privilegierten Person habe. Sie haben ihre eigenen Darstellungsprobleme und fragen sich: Wie kann der überhaupt über uns schreiben? Der hat doch gar keine Ahnung. Auch das hatte ich in dem Roman thematisiert.

Aber ich will nicht übertreiben. Ich habe überlebt. Alle haben das Buch gelesen. Sie mögen verärgert gewesen sein, aber man kann es als Zeichen wachsender liberaler Einstellungen sehen, dass sie mich und mein Buch akzeptierten. Die Reaktionen der Bewohner von Kars waren ebenfalls geteilt. Einige sagten: »Ja, genau so ist es.« Andere, in der Regel türkische Nationalisten, reagierten alarmiert auf meine Erwähnung der Armenier. Der Moderator des Lokalfernsehens, beispielsweise, schickte mir mein Buch in einem symbolischen schwarzen Umschlag und warf mir in einer Pressekonferenz armenische Propaganda vor, was natürlich absurd ist. Aber wir haben eine so engstirnige nationalistische Kultur.

Gelangte Ihr Buch zu ähnlich trauriger Berühmtheit wie der Fall Rushdie?

Nein, ganz und gar nicht.

Es ist ein furchtbar düsteres, pessimistisches Buch. Die einzige Figur im ganzen Roman, die allen Seiten zuhören kann, ist Ka, der am Ende von allen verachtet wird.

Es kann sein, dass ich meine Position als Schriftsteller in der Türkei zu sehr dramatisiert habe. Obwohl ihm bewusst ist, dass er verachtet wird, genießt Ka es, mit allen reden zu können. Darüber hinaus besitzt er einen sehr starken Überlebensinstinkt. Ka wird verachtet, weil man ihn für einen westlichen Spion hält, was man oft auch von mir gesagt hat.

Was die Düsterkeit angeht, stimme ich Ihnen zu. Aber es gibt auch den Humor als Ausweg. Wenn die Leute sagen, das Buch sei düster, frage ich zurück, ob es nicht auch lustig sei. Ich denke, es gibt darin eine Menge Humor. Zumindest war das meine Absicht.

Ihre klare Haltung als Schriftsteller hat Ihnen einigen Ärger eingebracht, was auch in Zukunft so sein wird. Zudem hat sie zu persönlichen Zerwürfnissen geführt. Ist das nicht ein sehr hoher Preis?

Ja, aber es ist eine wunderbare Sache. Wenn ich auf Reisen bin und nicht allein an meinem Schreibtisch sitze, werde ich nach einiger Zeit ganz deprimiert. Ich bin glücklich, wenn ich allein in einem Raum sitze und mir Sachen ausdenke. Mehr noch als die Verpflichtung der Kunst oder dem literarischen Handwerk gegenüber verspüre ich die Notwendigkeit, allein in einem Zimmer zu sein. Noch immer hänge ich dem magischen Glauben an, das, was ich heute tue, werde eines Tages veröffentlicht und so meine Tagträumereien legitimieren. Ich brauche diese einsamen Stunden am Schreibtisch, mit gutem Papier und einem Füllhalter, so wie andere Leute eine Pille für ihre Gesundheit brauchen. Ich bin auf dieses Ritual angewiesen.

Und für wen schreiben Sie?

Je kürzer die verbleibende Lebenszeit wird, desto häufiger stellt man sich diese Frage. Ich habe sieben Romane geschrieben. Ich möchte bis zu meinem Tod gerne noch sieben weitere schreiben. Andererseits, das Leben ist kurz. Warum es nicht mehr genießen? Manchmal muss ich mich tatsächlich zwingen. Warum mache ich das? Was ist der Zweck von allem? Zunächst, wie gesagt, ist da das instinktive Bedürfnis, allein in einem Raum zu sein. Und dann habe ich den beinahe kindlichen Ehrgeiz, immer wieder zu versuchen, ein gutes Buch zu schreiben. Ich glaube immer weniger an die Unsterblichkeit des Schriftstellers. Wir lesen nur noch sehr wenige Bücher, die vor zweihundert Jahren geschrieben wurden. Die Dinge verändern sich so schnell, dass die Bücher von heute in hundert Jahren vermutlich vergessen sein werden. Nur noch sehr wenige davon werden gelesen werden. Und in zweihundert Jahren werden vielleicht fünf der heute geschriebenen Bücher überlebt haben. Kann ich sicher sein, eins dieser fünf zu schreiben? Aber geht es beim Schreiben überhaupt darum? Warum sollte ich mir Sorgen machen, ob man mich in zweihundert Jahren noch liest? Sollte ich mich nicht vielmehr sorgen, heute mehr aus meinem Leben zu machen? Brauche ich den Trost, in Zukunft gelesen zu werden? Ich stelle mir alle diese Fragen und schreibe weiter. Ich weiß nicht, warum. Aber ich gebe nicht auf. Der Glaube daran, dass deine Bücher auch in der Zukunft etwas bewirken werden, ist der einzige Trost, um in diesem Leben Freude zu empfinden.

Sie sind in Ihrer Heimat ein Bestseller-Autor, aber die Zahl der verkauften Bücher im Ausland ist weit höher. Ihre Bücher sind in vierzig Sprachen übersetzt. Denken Sie inzwischen beim Schreiben an eine globale Leserschaft? Schreiben Sie heute für ein anderes Publikum?

Ich bin mir bewusst, dass ich nicht länger ausschließlich für eine nationale Leserschaft schreibe. Aber bereits ganz am Anfang habe ich möglicherweise auf ein breiteres Publikum gezielt. Mein Vater sagte oft hinter vorgehaltener Hand über einige befreundete türkische Autoren, sie würden nur für die Menschen im eigenen Land schreiben.

Es gibt das Problem, sich der eigenen Leserschaft bewusst zu sein, sei diese nun national oder international. Ich muss mich heute diesem Problem stellen. Meine beiden letzten Bücher hatten mehr als eine halbe Million Leser weltweit. Ich kann nicht behaupten, dass mir deren Existenz nicht bewusst ist. Andererseits habe ich nie das Gefühl, Dinge zu machen, bloß um sie zufriedenzustellen. Überdies bin ich mir sicher, dass meine Leser dies merken würden. Ich habe es mir von Anfang an zum Vorsatz gemacht, die Erwartungen der Leser nicht zu erfüllen. Das reicht bis in die Formulierung einzelner Sätze – ich lenke den Leser in eine bestimmte Richtung, um ihn dann zu brüskieren. Vielleicht erklärt das meine Vorliebe für lange Sätze.

Für die meisten Leser im Ausland beruht die Originalität Ihrer Bücher vor allem auf den türkischen Schauplätzen. Worin unterscheiden sich Ihre Bücher im nationalen Kontext von denen anderer türkischer Autoren?

Von Harold Bloom stammt der Begriff der sogenannten »Einflussangst«. Wie alle Autoren litt ich darunter, als ich jung war. Mit Anfang dreißig dachte ich immer, zu stark von Tolstoi und Thomas Mann beeinflusst zu sein, deren sanft fließender, aristokratischer Prosa ich in meinem ersten Roman nacheiferte. Aber zuletzt ging mir auf, so sehr ich meine Techniken anderen abgeschaut hatte, allein die Tatsache, dass ich in diesem Teil der Welt schrieb, weit entfernt von Europa – zumindest schien es mir damals so –, und ein ganz anderes Publikum in einem ganz anderen kulturellen und historischen Klima anzusprechen versuchte, verlieh mir Originalität, wie billig sie auch erkauft sein mochte. Aber es bedeutet auch harte Arbeit, weil diese Techniken sich nicht ohne Weiteres in eine andere Kultur übertragen lassen.

Die Formel für Originalität ist sehr simpel – verbinde zwei Dinge, zwischen denen vorher keine Verbindung bestand. Man nehme nur *Istanbul*, einen Essay über die Stadt und wie sie von einigen ausländischen Schriftstellern – Flaubert, Nerval, Gautier – gesehen wurde und wie ihre Sichtweisen einen bestimmten Kreis türkischer Autoren beeinflussten. Verknüpft ist dieser Essay über die Entdeckung des romantischen Flairs Istanbuls mit einer Autobiographie. Niemand hatte so etwas zuvor gemacht. Wage etwas, und du wirst etwas Neues erschaffen. *Istanbul* sollte ein originelles Buch werden. Ich weiß nicht, ob mir das gelungen ist. *Das schwarze Buch* funktioniert genauso – verbinde eine nostalgische Proust'sche Welt mit islamischen Allegorien, Erzählungen und Späßen, lasse alles in Istanbul spielen, und sieh zu, was passiert.

Istanbul vermittelt den Eindruck, als seien Sie stets ein sehr einsamer Mensch gewesen. Als Schriftsteller in der modernen Türkei sind Sie zweifellos ein Einzelgänger. Sie sind getrennt von Ihrer Umwelt aufgewachsen und halten sich auch heute von den Leuten fern.

Obwohl ich in einer großen Familie aufgewachsen bin und früh lernte, die Gemeinschaft zu schätzen, entwickelte ich später den Drang, mich abzusetzen. Ich habe eine selbstdestruktive Seite und tue in Anfällen von Zorn und Wut Dinge, die mich von den Annehmlichkeiten der Gemeinschaft abschneiden. Schon früh im Leben erkannte ich, dass die Gemeinschaft meine Imagination abtötet. Ich brauche den

Schmerz der Einsamkeit, damit meine Vorstellungskraft geweckt wird. Dann bin ich glücklich. Da ich aber Türke bin, brauche ich nach einiger Zeit die heilsame Nähe der Gemeinschaft, die ich vielleicht unwiederbringlich zerstört habe. Istanbul hat die Beziehung zu meiner Mutter zerstört, die ich nicht mehr sehe. Und natürlich sehe ich auch meinen Bruder nur selten. Mein Verhältnis zur türkischen Öffentlichkeit ist nach meinen jüngeren Kommentaren ebenfalls angespannt.

Wie sehr fühlen Sie sich als Türke?

Zunächst einmal bin ich als Türke geboren. Damit bin ich zufrieden. International spielt meine türkische Herkunft allerdings eine größere Rolle als für mich selbst. Dort gelte ich als türkischer Autor. Wenn Proust über Liebe schreibt, ist er jemand, der generell über Liebe schreibt. Wenn ich, besonders zu Beginn meiner Karriere, über Liebe schrieb, behaupteten die Leute, ich schriebe über türkische Liebe. Als meine Bücher in andere Sprachen übersetzt wurden, waren die Türken stolz darauf. Sie reklamierten mich als einen der ihren. Für sie war ich in erster Linie Türke. Wenn man sich international einen Namen macht, wird zunächst im Ausland die türkische Abstammung hervorgehoben, und anschließend wird man auch im Inland verstärkt als Türke wahrgenommen, wenn die Leute einen für sich reklamieren. Das eigene nationale Identitätsbewusstsein wird zu etwas, das von anderen manipuliert wird. Es wird einem von anderen Leuten aufgezwungen. Mittlerweile sorgen sich die Leute mehr darum, welches Bild der Türkei ich im Ausland vermittle, als um meine Kunst. Das führt in meinem Land zu immer größeren Problemen. Durch Dinge, die sie in der Regenbogenpresse lesen, beginnen immer mehr Menschen, die keins meiner Bücher gelesen haben, sich Sorgen zu ma-

chen, was ich im Ausland über die Türkei sage. In der Literatur gibt es beides, Gut und Böse, Dämonen und Engel,
aber im Augenblick scheinen sich die Leute ausschließlich
für meine Dämonen zu interessieren.

Aus dem Englischen von Georg Deggerich

Orhan Pamuk, The Art of Fiction No. 187,
The Paris Review, 187 / Herbst & Winter 2005.

Kazuo Ishiguro

MEIN STIL IST BESCHEIDEN.
WIRKLICH GUT BIN ICH
ZWISCHEN DEN ENTWÜRFEN.

Mit Susannah Hunnewell (2008)

Der Mann, der *Was vom Tage übrigblieb* mit der täuschend echten Stimme eines englischen Butlers geschrieben hat, ist selbst ein sehr höflicher Mensch. Nachdem er mich an der Tür seines Hauses im Londoner Stadtteil Bolders Green empfangen hatte, machte er sich sofort daran, Tee zu kochen, obwohl das Stöbern im Küchenschrank eher darauf hindeutete, dass er kein regelmäßiger Teetrinker ist. Bei meinem zweiten Besuch standen Teekanne und Zubehör bereits auf dem Tisch in seinem gemütlichen Arbeitszimmer. Geduldig begann er von seinem Leben zu erzählen, stets mit amüsierter Nachsicht für sein früheres Selbst, vor allem für den Gitarre spielenden Hippie, der am College Essays in kurzen, abgehackten Sätzen schrieb. »Die Professoren wollten das so«, erinnerte er sich. »Bis auf einen sehr konservativen Lektor aus Afrika. Er war sehr höflich. Er sagte mir, Mr Ishiguro, es gibt da ein Problem mit Ihrem Stil. Wenn Sie so Ihre Abschlussprüfung schreiben, wäre ich gezwungen, Ihnen eine alles andere als zufriedenstellende Note zu geben.«

Kazuo Ishiguro wurde 1954 in Nagasaki geboren und zog mit fünf Jahren mit seiner Familie in die Kleinstadt Guildford im Süden Englands. Erst neunundzwanzig Jahre später kehrte er nach Japan zurück. (Sein Japanisch bezeichnet er selbst als »furchtbar«.) Mit siebenundzwanzig veröffentlichte er seinen ersten Roman, *Damals in Nagasaki* (1982), der größtenteils in Nagasaki spielt und nahezu ungeteiltes Lob erntete. Sein zweiter Roman, *Der Maler der fließenden Welt* (1986), wurde mit dem renommierten britischen Whitbread Book Award ausgezeichnet. Sein dritter Roman, *Was vom Tage übrigblieb* (1989), brachte ihm den internationalen Durchbruch. Die englische Ausgabe wurde mehrere Millionen mal verkauft, gewann den Booker Prize und wurde als Merchant-Ivory-Produktion mit Anthony Hopkins in der Hauptrolle nach einem Drehbuch von Ruth Prawer Jhabvala verfilmt. (Ein früheres Skript von Harold Pinter, erinnert Ishiguro sich, enthielt »jede Menge erlegtes Wild, das auf Küchenbrettern zerhackt wurde«.) Ishiguro wurde als Officer des Order of the British Empire ausgezeichnet, und für einige Zeit hing sein Porträt in 10 Downing Street. Um nicht zu seinem eigenen Denkmal zu werden, überraschte er seine Leser mit seinem nächsten Roman, *Die Ungetrösteten* (1995), einem vermeintlichen Bewusstseinsstrom über fünfhundert Seiten. Einige ratlose Kritiker übten scharfe Verrisse; James Wood schrieb, der Roman »erfinde seine eigene Kategorie von Versagen«. Andere jedoch verteidigten das Buch leidenschaftlich, darunter auch Anita Brookner, die ihre anfänglichen Zweifel abtat und es »ein beinahe unumstrittenes Meisterwerk« nannte. Neben zwei weiteren gefeierten Romanen – *Als wir Waisen waren* (2000) und *Alles, was wir geben mussten* (2005) – hat Ishiguro auch Drehbücher für Film und Fernsehen geschrieben und hat jüngst als Texter mit der Jazz-Sängerin Stacey Kent zusammengearbeitet. Ihre gemeinsame CD, *Breakfast on the Morning Tram*, war in Frankreich ein großer Erfolg.

In dem freundlichen weißen Haus mit Stuckfassade, in dem Ishiguro mit seiner sechzehnjährigen Tochter Naomi und seiner Frau Lorna, einer ehemaligen Sozialarbeiterin, wohnt, stehen drei glänzende elektrische Gitarren und eine topmoderne Stereoanlage. Das kleine Arbeitszimmer im ersten Stock, in dem Ishiguro schreibt, ist vom Boden bis zur Decke in hellem Holz vertäfelt und enthält Reihen von Ablagen mit streng nach Farben sortierten Heftern. An einer Wand stehen Regale mit Ausgaben seiner Romane in Polnisch, Italienisch, Malaiisch und anderen Sprachen, an der anderen Regale mit Fachliteratur – zum Beispiel *Die Geschichte Europas von 1945 bis zur Gegenwart* von Tony Judt und *Managing Hotels Effectively* von Eddystone C. Nebel III.

Sie hatten gleich mit Ihrem ersten Roman Erfolg. Aber gibt es auch Jugendwerke, die nie veröffentlicht wurden?

Nach meinem Abschluss an der Uni, als ich mit Wohnungslosen im Westen Londons arbeitete, schrieb ich ein halbstündiges Hörspiel und schickte es der BBC. Es wurde abgelehnt, aber ich bekam eine ermunternde Antwort. Es war eher grobschlächtig, aber es ist das erste meiner Jugendwerke, das ich anderen Leuten zeigen würde. Es hieß »Potatoes and Lovers«. Auf dem Titelblatt schrieb ich *potatos* statt *potatoes*. Es handelte von zwei jungen Leuten, die in einem Fish-and-Chips-Shop arbeiteten. Beide schielen furchtbar, und sie verlieben sich ineinander, aber sie verlieren nie ein Wort über ihr Schielen. Die Sache bleibt zwischen ihnen ein Tabu. Am Ende entscheiden sie sich gegen eine Heirat, nachdem der Erzähler einen seltsamen Traum hat, in dem ihm seine Familie auf dem Pier entgegenkommt. Die Eltern schielen, die Kinder schielen, der Hund schielt, und er sagt: »Na schön, wir heiraten nicht.«

Wie sind Sie zu dieser Geschichte gekommen?

Zu der Zeit begann ich mir Gedanken über mein Berufsleben zu machen. Als Musiker war ich gescheitert. Ich hatte zahllose Treffen mit Talentscouts hinter mir. Nach zwei Sekunden sagten sie: »Daraus wird nichts, Mann.« Also dachte ich, ich versuche es mit einem Hörspiel fürs Radio.

Dann stieß ich zufällig auf eine unscheinbare Anzeige für ein Seminar in Creative Writing, das von Malcolm Bradbury an der University of East Anglia angeboten wurde. Heute ist das ein berühmter Kurs, aber damals war es eine lächerliche, durch und durch amerikanische Idee. Im Nachhinein entdeckte ich, dass der Kurs im Jahr davor ausgefallen war, weil sich nicht genügend Teilnehmer gemeldet hatten. Irgendwer sagte mir, Ian McEwan hätte ihn zehn Jahre zuvor absolviert. Zu der Zeit hielt ich ihn für den aufregendsten jungen Schriftsteller überhaupt. Der Hauptanreiz bestand allerdings darin, für ein Jahr zurück an die Uni zu gehen, finanziert von der Regierung, und am Ende müsste ich lediglich einen fünfunddreißig Seiten langen Erzähltext einreichen. Ich schickte Malcolm Bradbury mein Hörspiel, zusammen mit meiner Bewerbung.

Ich war einigermaßen überrascht, als die Zusage kam, weil es plötzlich ernst wurde. Ich dachte, die anderen Kursteilnehmer würden meine Arbeit zerpflücken und es würde beschämend für mich sein. Jemand erzählte mir von einem Cottage zur Miete irgendwo in Cornwall, das früher einmal als Rehabilitationsstätte für Drogenabhängige gedient hatte. Ich rief an und sagte, ich suchte nach einer Wohnung für einen Monat, weil ich mir das Schreiben beibringen müsste. Und genau das habe ich in jenem Sommer 1979 getan. Es war das erste Mal, dass ich über die Form einer Kurzgeschichte nachdachte. Es dauerte unendlich lange, sich über Dinge wie die Erzählperspektive, den Aufbau der Erzählung und so weiter klar zu werden. Zuletzt hatte ich zwei Kurzgeschichten geschrieben und fühlte mich etwas sicherer.

Haben Sie in diesem Jahr in East Anglia zum ersten Mal über Japan geschrieben?

Ja. Ich stellte fest, dass meine Phantasie zum Leben erwachte, wenn ich mich von meiner unmittelbaren Umwelt entfernte. Fing ich eine Geschichte mit dem Satz an: »Ich trat in Camden Town aus der U-Bahn, ging in einen McDonald's, und da war mein Freund Harry von der Uni«, wusste ich nicht mehr weiter. Schrieb ich hingegen etwas über Japan, öffnete sich etwas in mir. Eine der Geschichten, die ich mit ins Seminar nahm, spielte in Nagasaki zum Zeitpunkt des Atombombenabwurfs und wurde aus der Sicht einer jungen Frau erzählt. Die anderen Seminarteilnehmer stärkten mich enorm in meinem Selbstvertrauen. Alle sagten, die japanischen Sachen seien wirklich sehr spannend, und ich mache Fortschritte. Dann bekam ich einen Brief vom Faber-Verlag, der drei Kurzgeschichten für ihre Einführungsreihe junger Autoren annahm, die ausgesprochen erfolgreich war. Ich wusste, dass Tom Stoppard und Ted Hughes dort entdeckt worden waren.

Haben Sie zu der Zeit *Damals in Nagasaki* zu schreiben begonnen?

Ja, und Robert McCrum von Faber gab mir meinen ersten Vorschuss, damit ich es beenden konnte. Ich hatte eine Geschichte angefangen, die in einer Stadt in Cornwall spielte. Sie handelte von einer Mutter mit einer undurchsichtigen Vergangenheit und ihrer behinderten Tochter. In meiner Vorstellung sagte die Mutter abwechselnd, ich werde mich ganz meinem Kind widmen, und, ich habe mich in diesen Mann verliebt, und das Kind steht mir bloß im Weg. Ich hatte während meiner Arbeit mit den Wohnungslosen viele solcher Leute kennengelernt. Aber als ich von den Kursteilnehmern eine so positive Reaktion auf die in Japan spielende Kurzgeschichte bekam, nahm ich mir die Geschichte aus Cornwall noch einmal vor. Ich erkannte, dass wenn ich die Geschichte nach Japan verlegte, alles, was darin spießig und provinziell wirkte, bedeutsamer klingen würde.

Sie waren seit Ihrem fünften Lebensjahr nicht mehr in Japan gewesen, aber wie sehr japanisch waren Ihre Eltern?

Meine Mutter war eine sehr typische Japanerin ihrer Generation. Sie hatte eine bestimmte, heute würde man sagen präfeministisch japanische Art des Auftretens. Wenn ich mir alte japanische Filme ansehe, fällt mir auf, dass viele der Frauen sich genau so verhalten und so reden wie meine Mutter. Japanische Frauen benutzten traditionellerweise eine von Männern leicht unterschiedene Sprache, was sich heute weitgehend verloren hat. Wenn meine Mutter in den achtziger Jahren Japan besuchte, sagte sie, sie sei erstaunt, dass die jungen Mädchen wie Männer redeten.

Meine Mutter war in Nagasaki, als die Atombombe fiel. Sie war noch keine zwanzig. Ihr Haus wurde beschädigt, aber man sah das Ausmaß des Schadens nur bei Regen. Überall tropfte es herein, als hätte ein Tornado das Dach verrückt. Zufälligerweise war meine Mutter die Einzige aus ihrer Familie – vier Geschwister und die beiden Eltern –, die beim Abwurf der Bombe verletzt worden war. Ein herabfallendes Stück Mauerwerk hatte sie getroffen. Sie blieb im Haus, während der Rest der Familie in anderen Stadtteilen Hilfe leistete. Aber sie sagt, wenn sie an den Krieg denkt, dann sei die Atombombe nicht das gewesen, was ihr am meisten Angst gemacht habe. Sie erinnert sich, dass sie in der Fabrik, in der sie arbeitete, in einem Schutzbunker war. Alle standen im Dunkeln in einer Reihe, und die Bomben fielen genau über ihren Köpfen. Sie dachten, sie würden alle sterben.

Mein Vater war alles andere als ein typischer Chinese, weil er in Shanghai aufgewachsen war. Er hatte die chinesische Eigenart, zu lächeln, wenn etwas Schlimmes passierte.

Warum ging Ihre Familie nach England?

Ursprünglich sollt es nur ein kurzer Ausflug werden. Mein Vater war Meeresforscher, und der Leiter des British National Institute of Oceanography hatte ihn eingeladen, um an einer Sache zu forschen, die er entdeckt hatte und die etwas mit Sturmfluten zu tun hatte. Ich bin nie dahintergekommen, um was genau es sich handelte. Das National Institute of Oceanography wurde während des Kalten Kriegs gegründet und war von einer Atmosphäre der Geheimniskrämerei umgeben. Mein Vater ging zu einem Ort mitten im Wald. Ich bin nur einmal dort gewesen.

Wie haben Sie den Ortswechsel empfunden?

Ich glaube nicht, dass ich verstanden habe, was es bedeutete. Mein Großvater und ich waren in Nagasaki in einem Kaufhaus gewesen und hatten dieses phantastische Spielzeug gekauft: das Bild eines Huhns, auf das man mit einem Gewehr schießen musste. Wenn man die richtige Stelle traf, fiel unten ein Ei heraus. Aber ich durfte das Spielzeug nicht mitnehmen. Für mich war das die größte Enttäuschung. Der Flug mit einem BOAC-Jet dauerte drei Tage. Ich weiß noch, dass ich auf meinem Sitz zu schlafen versuchte und das Personal Grapefruit verteilte und mich jedes Mal aufweckte, wenn die Maschine zum Auftanken zwischenlandete. Erst mit neunzehn bestieg ich wieder ein Flugzeug.

Allerdings kann ich mich nicht erinnern, dass ich in England unglücklich war. Wäre ich älter gewesen, wäre es vermutlich sehr viel schwerer gewesen. Ich kann mich auch nicht an Sprachprobleme erinnern, obwohl ich nie Unterricht hatte. Ich liebte Cowboy-Filme und TV-Serien und schnappte dort einiges auf. Meine Lieblingsserie war *Am Fuß der blauen Berge* mit Robert Fuller und John Smith. Und ich verfolgte die Serie *The Lone Ranger*, die auch in Japan erfolgreich gewesen war. Ich verehrte diese Cowboys. Sie sagten *sure* anstatt *ja*. Mein Lehrer sagte, Kazuo was soll das heißen, *sure*? Erst nach und nach ging mir auf, dass der Lone Ranger anders sprach als der Chorleiter.

Wie ist Ihre Erinnerung an Guildford?

Wir kamen an Ostern an, und meine Mutter war überrascht über die scheinbar blutrünstigen, sadistischen Darstellungen dieses ans Kreuz geschlagenen, blutenden Mannes. Und diese Bilder wurden sogar Kindern gezeigt! Wenn man es aus japanischer Sicht – oder auch der Sicht eines Marsianers – betrachtete, wirkte es beinahe barbarisch. Meine Eltern waren keine Christen. Sie glaubten nicht daran, dass Jesus Christus der Sohn Gottes war. Aber natürlich verhielten sie sich sehr zurückhaltend, so wie man die Gebräuche eines fremden Stammes respektiert, wenn man dessen Gast ist.

Für mich war Guildford eine vollkommen andere Umgebung. Es war ländlich und nüchtern und ziemlich eintönig – überall grün. Und es gab kein Spielzeug. In Japan wird einem ganz schwindlig vor lauter Eindrücken, wissen Sie, allein das Gewirr der vielen Stromleitungen. In Guildford ging es beschaulich zu. Ich erinnere mich, wie diese nette englische Frau, Auntie Molly, mit mir in eine Eisdiele ging. Ich hatte so etwas noch nie gesehen. Das Geschäft war vollkommen leer, bloß eine Theke mit einer Person dahinter. Und dann die Doppeldeckerbusse. Ich kann mich noch an eine Fahrt in den ersten Tagen erinnern. Es war ziemlich aufregend. Wenn man mit einem solchen Bus durch schmale Straßen fährt, hat man das Gefühl, über den Hecken am Straßenrand zu schweben. Ich weiß noch, dass ich diesen Eindruck mit Igeln verknüpfte. Sie wissen, was ein Igel ist?

Das englische Nagetier schlechthin?

Heutzutage sieht man keine mehr, nicht einmal auf dem Land. Ich denke, sie sind beinahe ausgestorben. Aber damals in Guildford waren sie überall. Sie sehen aus wie Stachelschweine, nur sind sie nicht so bösartig. Es sind die entzückendsten Kreaturen überhaupt. Sie kamen nachts aus ihren Verstecken und wurden prompt überfahren. Man sah diese stacheligen Häuflein mit den hervorquellenden Innereien neben der Straße im Rinnstein liegen. Ich weiß noch, wie sehr mich der Anblick dieser plattgedrückten, toten Wesen verwirrte, und ich verknüpfte sie in meiner Vorstellung mit den Bussen, die so nahe am Straßenrand fuhren.

Haben Sie als Kind viel gelesen?

Kurz bevor ich Japan verließ, war ein Superheld namens Gekko Kamen sehr populär. Ich sah mir in Buchläden die Bilder seiner Abenteuer in illustrierten Kinderbüchern an und zeichnete dann zu Hause meine eigenen. Anschließend brachte ich meine Mutter dazu, die Seiten aneinanderzunähen, sodass sie wie ein richtiges Buch aussahen.

Die einzigen englischen Texte, die ich als Kind in Guildford las, waren vermutlich Comics aus der Reihe *Look and Learn*. Es war ein britisches Schulmagazin für Kinder mit langweiligen Artikeln darüber, wie Elektrizität entsteht und so weiter. Ich mochte es nicht. Verglichen mit den Sachen, die mir mein Großvater aus Japan schickte, waren die Hefte ziemlich trist. In Japan gab es ein Magazin, das, glaube ich, noch heute existiert, eine sehr viel spritzigere Version von *Look and Learn*. Es waren dicke Sammelbände, und einiges darin war reine Unterhaltung, eine Mischung aus Comicstrip und bebilderten Texten. Wenn man es aufschlug, fielen alle möglichen Lernhilfen heraus.

Durch diese Bände wurde ich auf Figuren aufmerksam, die nach meiner Abreise in Japan berühmt wurden, wie etwa die japanische Version von James Bond. Er hieß zwar James Bond, hatte aber weder mit Ian Flemings noch mit Sean Connerys James Bond viel zu tun. Vielmehr handelte es sich um eine Manga-Figur. Ich fand diesen James Bond ziemlich aufregend. In der ehrbaren britischen Mittelklasse galt James Bond als Inbegriff all dessen, was an der modernen Gesellschaft faul war. Die Filme waren abstoßend, weil unflätige Ausdrücke darin vorkamen. Bond hatte keinen Anstand, weil er Leute auf eine Art zusammenschlug, die sich für einen Gentleman nicht gehörte, und dann waren da die vielen Mädchen in Bikinis, mit denen er vermutlich Sex hatte. Wenn man diese Filme als Kind sehen wollte, musste man zuerst einen Erwachsenen finden, der James Bond nicht für eine Bedrohung der Zivilisation hielt. In Japan hingegen erschien er in diesem erzieherischen, anerkannten Kontext, woran ich erkannte, dass hier sehr verschiedene Auffassungen existierten.

Haben Sie bereits während Ihrer Schulzeit geschrieben

Ja. Ich besuchte eine staatliche Grundschule, in der sie mit modernen Lernmethoden experimentierten. Es war die Zeit Mitte der sechziger Jahre, und meine Schule verzichtete aus Bequemlichkeit auf einen festen Stundenplan. Man konnte sich mit manuellen Rechenmaschinen beschäftigen, eine Kuh aus Ton herstellen oder Geschichten schreiben. Das war bei den Schülern sehr beliebt, denn es war eine gesellige Tätigkeit. Man schrieb etwas, und dann las man es sich gegenseitig laut vor.

Ich erfand eine Figur namens Mr Senior, nach dem Gruppenleiter meines Freundes bei den Pfadfindern. Ich dachte, es sei ein sehr cooler Name für einen Spion. Ich war damals ganz vernarrt in Sherlock Holmes und machte mich an die Nachahmung einer viktorianischen Kriminalerzählung, bei der am Anfang ein Klient auftritt und eine lange Geschichte erzählt. Aber ein Großteil der Energie floss in die Gestaltung unserer Bücher, damit sie genauso aussahen wie die Taschenbücher in den Buchläden, indem wir Einschusslöcher auf die Titelseite malten und Pressestimmen auf die Rückseite schrieben. »Ein eiskalter, spannender Thriller.« – *Daily Mirror*.

Glauben Sie, dass diese Erfahrung Ihre Schriftstellerkarriere beeinflusst hat?

Es war ein Riesenspaß, und es ließ mich glauben, die Geschichten flögen einem zu. Ich glaube, diese Vorstellung hat sich bis heute gehalten. Ich habe nie die Angst empfunden, mir eine Geschichte ausdenken zu müssen. Es ist immer eine vergleichsweise einfache Sache gewesen, zu der eine entspannte Atmosphäre gehörte.

Was war Ihre nächste Leidenschaft, nach den Detektivgeschichten?

Rockmusik. Nach Sherlock Holmes hörte ich bis Anfang zwanzig auf zu lesen. Seit meinem fünften Lebensjahr hatte ich Klavier gespielt. Mit fünfzehn fing ich an Gitarre zu spielen, und mit ungefähr elf hatte ich angefangen, Schallplatten mit Popmusik zu hören – ziemlich furchtbare

Popmusik. Ich allerdings hielt sie für großartig. Die erste Aufnahme, für die ich schwärmte, war Tom Jones' »Green, Green Grass of Home«. Tom Jones ist Waliser, aber »Green, Green Grass of Home« ist ein Cowboy-Song. Er sang Lieder über die Welt der Cowboys, die ich aus dem Fernsehen kannte.

Ich hatte einen kleinen Sony-Recorder, den mein Vater mir aus Japan mitgebracht hatte, und nahm die Musik direkt vom Lautsprecher des Radios auf, eine frühe Form des Musik-Downloads. Anhand der verrauschten Aufnahmen versuchte ich die Songtexte herauszukriegen. Mit dreizehn kaufte ich mir dann *John Wesley Harding*, mein erstes Dylan-Album, das gerade herausgekommen war.

Was gefiel Ihnen daran?

Die Texte. Bob Dylan war ein großer Dichter, das wusste ich sofort. Die zwei Sachen, derer ich mir bereits damals vollkommen sicher war, waren gute Texte und ein guter Cowboy-Film. Dylan war meine erste Begegnung mit surrealen oder als Bewusstseinsstrom verfassten Texten. Und ich entdeckte Leonard Cohen, der mit seinen Texten einen literarischen Anspruch verfolgte. Er hatte zwei Romane und mehrere Gedichtsammlungen veröffentlicht. Für einen Juden war seine Bildsprache ausgesprochen katholisch. Jede Menge Heilige und Madonnen. Er glich einem französischen Chansonier. Mir gefiel die Vorstellung, dass ein Musiker vollkommen unabhängig sein konnte. Man schreibt seine eigenen Songs, singt sie selbst und ist sein eigener Produzent. Mir gefiel das, und ich begann Lieder zu schreiben.

Was war Ihr erster Song?

Er klang wie ein Song von Leonard Cohen. Ich glaube, die erste Textzeile war »Werden sich deine Augen nie wieder öffnen, an der Küste, wo wir einst lebten und spielten.«

War es ein Liebeslied?

Ein Teil des Reizes von Dylan und Cohen bestand darin, dass man nicht genau wusste, worum es in den Songs ging. Man selbst ringt damit, sich verständlich auszudrücken, aber man wird ständig mit Dingen konfrontiert, die man nicht wirklich versteht und bei denen man so tun muss, als hätte man sie verstanden. Wenn man jung ist, ergeht es einem die meiste Zeit so, und man schämt sich, das einzugestehen. Irgendwie scheinen ihre Texte genau diesen Zustand auszudrücken.

Als Sie mit neunzehn schließlich wieder in ein Flugzeug stiegen, wohin ging es da?

Ich flog nach Amerika. Da wollte ich schon immer hin. Ich war besessen von der amerikanischen Kultur. Ich hatte Geld gespart von meiner Arbeit für eine Firma, die Babyprodukte herstellte. Dort hatte ich Babynahrung verpackt und 8-Millimeter-Filme mit Titeln wie »Die Geburt von Vierlingen« oder »Kaiserschnitt« auf Produktionsfehler hin geprüft. Im April 1974 stieg ich in ein kanadisches Flugzeug, was damals der billigste Weg über den Atlantik war. Ich landete in Vancouver und überquerte mitten in der Nacht mit einem Greyhound die Grenze. Ich blieb drei Monate in den Vereinigten Staaten, mit einem Tagesbudget von einem Dollar. Zu der Zeit hatten alle eine romantische Einstellung zu diesen Dingen. Man musste jeden Tag herausfinden, wo man in der Nacht schlafen bzw. »pennen« würde. Es gab ein ganzes Netzwerk junger Leute, die die Westküste entlangtrampten.

Waren Sie ein Hippie?

Ich glaube, ja, zumindest oberflächlich. Lange Haare, Schnäuzer, Gitarre, Rucksack. Ironischerweise hielten wir uns alle für einzigartig. Ich trampte den Pacific Coast Highway hinauf, durch Los Angeles, San Francisco und ganz Nordkalifornien.

Wie beurteilten Sie rückblickend diese Erfahrung?

Sie übertraf meine Erwartungen. Einiges war nervenaufreibend. Ich fuhr mit einem Güterzug von Washington State durch Idaho nach Montana. Ich war mit einem Typen aus Minnesota zusammen, und wir hatten die Nacht in einer Missionsstation verbracht. Es war ein ziemlich schäbiger Ort. Man musste sich an der Tür ausziehen und mit all den anderen Säufern gemeinsam duschen. Danach tapste man auf Zehenspitzen durch dunkle Pfützen, und am anderen Ende bekam man einen frisch gewaschenen Schlafanzug und einen Platz in einem Stockbett. Am nächsten Morgen gingen wir mit diesen altmodischen Hobo-Typen zum Güterbahnhof. Sie hatten nichts mit der Tramper-Kultur zu tun, zu der fast ausschließlich Studenten der Mittelklasse und Streuner gehörten. Diese Typen reisten mit Güterzügen von Stadt zu Stadt und trieben sich dort in den heruntergekommenen Vierteln herum. Sie lebten vom Blutspenden. Alle waren Alkoholiker. Sie waren arm und krank und sahen furchtbar aus. Ihr Leben hatte nichts Romantisches. Aber sie gaben uns viele gute Tipps. Sie sagten zu uns: »Versucht nicht, auf einen fahrenden Zug aufzuspringen, weil das euer Tod ist. Wenn jemand in euren Wagon steigen will, stoßt ihn zurück, egal, ob er dabei umkommt. Sie wollen euch nur bestehlen, und ihr werdet sie nicht eher los, bis der Zug hält. Wenn ihr einschlaft, werfen sie euch aus dem Zug, weil ihr fünfzig Dollar in der Tasche habt.«

Haben Sie je darüber geschrieben?

Ich habe damals ein Tagebuch geschrieben, im Stil von Jack Kerouac. Darin notierte ich die Ereignisse: Tag 36. Soundso getroffen. Das und das gemacht. Als ich wieder zu Hause war, habe ich mich mit diesen dicken Tagebüchern hingesetzt und zwei Episoden zu Geschichten aus der Sicht eines Ich-Erzählers ausgearbeitet. Eine handelte davon, wie mir in San Francisco meine Gitarre gestohlen wurde. Es war das erste Mal, dass ich mir Gedanken über die Konstruktion einer Erzählung machte. Aber ich hatte mir in meiner Prosa diesen eigentümlichen transatlantischen Tonfall angewöhnt, und weil ich kein Amerikaner bin, klang es irgendwie aufgesetzt.

Wie in Ihrer Cowboy-Phase?

Ungefähr so. Der amerikanische Akzent hatte für mich etwas Cooles. Und dann Wörter wie Freeway statt Motorway. Ich liebte es, ganz unbekümmert zu fragen: »Wie weit ist es bis zum nächsten Freeway?«

Es scheint eine Art Muster in Ihren jungen Jahren zu geben: Sie schwärmen für etwas, und dann ahmen Sie es nach. Erst Sherlock Holmes, dann Leonard Cohen und danach Kerouac.

Das ist die Art, wie Heranwachsende lernen. Songs zu schreiben war tatsächlich die einzige Sache, bei der ich begriff, dass man mehr tun musste, als andere nachzuahmen. Wenn meine Freunde und ich auf der Straße an jemandem vorbeiliefen, der Gitarre spielte und wie Bob Dylan klang, empfanden wir nur Verachtung für ihn. Es ging darum, seine eigene Stimme zu finden. Meine Freunde und ich waren uns der Tatsache sehr bewusst, dass wir Briten waren und keine authentischen amerikanischen Songs schreiben konnten. Bei »on the road« dachte man an einen Highway, nicht an die M6. Die Herausforderung bestand darin, einen gleichwertigen Sound zu finden, der ebenso authentisch englisch klang. Im Nieselregen irgendwo auf einer einsamen Straße festzuhängen, aber an einem tristen Kreisverkehr an der schottischen Grenze bei dichter werdendem Nebel, anstatt in einem Cadillac auf einem der legendären Freeways in Amerika.

In Texten zu Ihrer Biographie heißt es, Sie wären Treiber bei der Moorhuhnjagd gewesen. Können Sie das näher erklären?

Im Sommer nach meinem Schulabschluss arbeitete ich für die Königinmutter in Balmoral Castle, wo die königliche Familie die Sommerferien verbringt. In jener Zeit heuerten sie unter den Studenten Treiber für die Moorhuhnjagd an. Die königliche Familie lud Gäste für die Jagd auf ihrem Landsitz ein. Die Königinmutter und ihre Gäste stiegen mit Schrotflinten und Whiskey bewaffnet in Land Rover und fuhren übers Moor von Schießstand zu Schießstand. Dort legten sie ihre Flinten an und feuerten. Fünfzehn von uns liefen in einer Linie im Abstand von einhundert Metern über die Heide. Dort versteckten sich die Moorhühner, und wenn sie uns kommen hörten, flitzten sie davon. Wenn wir uns den Schießständen näherten, hatten wir sämtliche Moorhühner der Umgebung vor die Flinten der Königinmutter und ihrer Freunde getrieben. Vor den Schießständen gibt es keine Heide, sodass den Moorhühnern keine andere

Wahl bleibt, als aufzufliegen. Dann wird geschossen. Und danach geht es weiter zum nächsten Schießstand. Es ist ein bisschen wie Golfen.

Sind Sie der Königinmutter persönlich begegnet?

Ja, mehrere Male sogar. Einmal kam sie zu meinem Schrecken in unsere Unterkunft, als nur ich und eine Studentin dort waren. Wir hatten nicht die leiseste Ahnung, was wir tun sollten. Wir unterhielten uns ein bisschen mit ihr, und dann fuhr sie wieder davon. Aber es war alles sehr zwanglos. Man sah sie oft bei den Schießständen im Moor, obwohl sie selbst nicht schoss. Ich vermute, es wurde ziemlich viel Alkohol getrunken, und es ging sehr gesellig zu.

War es Ihre erste Begegnung mit dieser Welt?

Es war meine letzte Begegnung mit dieser Welt.

Wie dachten Sie darüber?

Ich fand sie interessant. Aber noch faszinierender war die Welt der Leute, die diese Ländereien beaufsichtigten, die sogenannten Gillies. Sie sprachen einen schottischen Akzent, den niemand von uns – einschließlich der schottischen Studenten – verstand. Sie waren mit dem Moor bestens vertraut. Es war ein rauer Menschenschlag. Uns gegenüber zeigten sie sich respektvoll, weil wir Studenten waren – bis die eigentliche Treibjagd begann. Es war ihre Aufgabe, uns streng in Formation zu halten. Wenn irgendwer die Reihe nicht geschlossen hielt, bestand die Gefahr, dass die Moorhühner entkamen. Deshalb verwandelten sie sich bei der Jagd in wild gewordene Feldwebel. Sie standen oben am Abhang und verfluchten uns in ihrem seltsamen Schottisch, ja brüllten sich fast die Lunge aus dem Hals: Du saudummer Mistkerl! Nachher kamen sie zu uns und waren wieder höflich und voller Respekt.

Wie war Ihre Zeit an der Universität?

Ich studierte Englisch und Philosophie an der University of Kent. Aber ich empfand das Studium als öde verglichen mit dem Jahr, das mich vom Angestellten der königlichen Familie über die Verpackung von Babyprodukten bis zur Reise mit Güterzügen quer durch die USA geführt hatte. Deshalb beschloss ich nach dem ersten Jahr an der Uni, ein weiteres Jahr auszusetzen. Ich ging nach Renfrew in der Nähe von Glasgow, wo ich sechs Monate lang freiwillig Sozialarbeit in einer Arbeitersiedlung leistete. Bei meiner Ankunft war ich vollkommen hilflos. Ich war in einer Mittelklasseumgebung im Süden Englands aufgewachsen, und jetzt war ich in einer Zeit der Rezession mitten im industriellen Herzen Schottlands gelandet. Die Siedlungen umfassten in der Regel nicht mehr als zwei Straßenzüge, die sich in zwei einander spinnefeinde Parteien aufteilten. Auf der einen Seite standen die Leute in der dritten Generation, die schon lange hier lebten, und auf der anderen die Familien, die neu waren und erst kürzlich aus ihrer vorherigen Wohnung rausgeflogen waren. Politik war hier sehr lebendig, aber es war echte Politik. Sie war meilenweit entfernt von der Politik an der Uni, bei der es darum ging, ob man beim Protest gegen die jüngsten Nato-Beschlüsse mitmachte oder nicht.

Welchen Einfluss hatten diese Erfahrungen auf Sie?

Ich wurde viel erwachsener. Ich verabschiedete mich von der Person, die überall mitmischt und alles als »abgefahren« bezeichnet. Auf meiner Reise durch Amerika war die dritte Frage, nach »Auf welche Bands stehst du?« und »Woher kommst du?«, »Was ist für dich der Sinn des Lebens?« Dann tauschte man sich über seine Ansichten und schräge quasi-buddhistische Meditationstechniken aus. *Zen und die Kunst, ein Motorrad zu warten* ging damals von Hand zu Hand. Niemand las das Buch tatsächlich, aber es hatte einen coolen Titel. Als ich von Schottland zurückkam, war ich darüber hinweg. Ich hatte eine Welt kennengelernt, in der all dies nicht zählte. Alkohol und Drogen waren dort weit verbreitet. Einige Leute kämpften tapfer dagegen an, aber es war viel leichter, einfach aufzugeben.

Wie ging es dann mit Ihrem Schreiben weiter?

Zu der Zeit wurde nicht viel über Bücher geredet. Man redete über Fernsehspiele, alternatives Theater, Kino, Rockmusik. Dann las ich *Jerusalem – Goldene Stadt* von Margaret Drabble. Zu der Zeit hatte ich angefangen, die großen Romane des neunzehnten Jahrhunderts zu lesen, deshalb war es für mich wie eine Offenbarung, dass man mit den gleichen Mitteln eine zeitgenössische Geschichte erzählen konnte. Man musste nicht darüber schreiben, wie Raskolnikow eine alte Frau ermordet, oder über die Napoleonischen Kriege. Man konnte einfach einen Roman über Leute schreiben, die sich treiben ließen. Ich versuchte mich zu dieser Zeit an einem Roman, aber ich kam nicht sehr weit. Er war ziemlich schlecht. Ich habe ihn oben liegen. Er handelte von einer Gruppe junger Studenten, die sich einen Sommer lang ziellos durch England treiben lassen. Pub-Gespräche, Freundschaften mit Mitgliedern beiderlei Geschlechts.

Das ist eines der auffälligen Merkmale Ihrer Arbeiten. Sie haben nie das gemacht, was heutzutage üblich ist, nämlich über die eigene Geschichte zu schreiben: über das

Leben im heutigen London oder darüber, wie es ist, in einem japanischen Haushalt in England aufzuwachsen.

Ich verrate Ihnen etwas – genau das habe ich getan. Aber nur halbherzig, denn vor allen Dingen wollte ich Songs über eben diese Themen schreiben.

Wenn Sie auf Ihren ersten veröffentlichten Roman, *Damals in Nagasaki*, zurückblicken, wie denken Sie heute darüber?

Ich mag ihn sehr, aber ich glaube nicht, dass es ein wirklich großer Wurf ist. Das Ende ist beinahe wie ein Rätsel. Ich sehe keinen künstlerischen Gewinn darin, die Leute dermaßen zu verwirren. Es lag einfach an meiner Unerfahrenheit und dass ich nicht einschätzen konnte, was zu platt und was zu verzwickt war. Schon damals empfand ich den Schluss als unbefriedigend.

Was schwebte Ihnen damals vor?

Sagen wir, jemand redet über einen gemeinsamen Freund und ereifert sich über dessen Unentschlossenheit in seiner Beziehung. Er wird dabei immer wütender. Und dann erkennt man, dass er die Situation des Freundes dazu benutzt, um über sich selbst zu reden. Ich hielt dies für einen interessanten Ansatz, einen Roman zu erzählen: Jemanden zu haben, der es als zu schmerzhaft oder peinlich empfindet, über sein eigenes Leben zu reden, und dazu die Geschichte eines anderen benutzt. Ich hatte viel Zeit mit Obdachlosen verbracht und ihren Geschichten zugehört, wie sie in diese Situation geraten waren, und war sehr hellhörig dafür geworden, dass sie ihre persönliche Geschichte niemals direkt erzählten.

In *Damals in Nagasaki* ist die Erzählerin eine Frau am

Ende ihrer mittleren Jahre, deren Tochter Suizid begangen hat. Das wird gleich zu Beginn des Buches gesagt. Aber anstatt zu erklären, wie es dazu kam, erinnert sich die Erzählerin an eine zurückliegende Freundschaft in Nagasaki, gleich nach dem Ende des Zweiten Weltkriegs. Ich dachte, der Leser würde sich fragen: »Warum zum Teufel müssen wir das jetzt hören? Was empfindet sie über den Suizid ihrer Tochter? Warum hat die Tochter sich umgebracht?« Ich hoffte, der Leser würde erkennen, dass ihre Geschichte durch die Geschichte ihrer Freundschaft erzählt wird. Aber da ich nicht wusste, wie man das Wesen der Erinnerung treffend darstellt, musste ich am Ende auf einen ziemlich billigen Trick zurückgreifen, indem sich eine Szene, die in der Vergangenheit in Japan spielt, mit einer Szene vermischt, die erst kurz zuvor stattgefunden hat. Noch heute fragen mich Leute bei meinen Lesungen: »Ist das beides die gleiche Frau?« Oder: »Was passiert am Schluss auf der Brücke, wo es statt ›du‹ plötzlich ›wir‹ heißt?«

Würden Sie sagen, dass das Schreibseminar Ihnen auf dem Weg zum Schriftsteller geholfen hat?

Ich sehe es so, dass ich Songwriter werden wollte, sich diese Tür aber nie geöffnet hat. Ich ging nach East Anglia, wo ich jede Menge Zuspruch bekam, und nach wenigen Monaten erschienen Geschichten von mir in Zeitschriften, und ich bekam einen Vertrag für meinen ersten Roman. Technisch gesehen lernte ich als Schriftsteller dazu. Ich habe nie das Gefühl gehabt, ein besonderes Talent dafür zu besitzen, wie man interessante Prosa schreibt. Mein Stil ist eher bescheiden. Wirklich gut bin ich zwischen den einzelnen Entwürfen. Ich sehe mir eine Fassung an und habe jede Menge guter Ideen, was ich in der nächsten Fassung ändern möchte.

Nach Malcolm Bradbury war Angela Carter eine weitere

wichtige Mentorin für mich. Von ihr habe ich viel über das Handwerk des Schreibens gelernt. Sie hat mich mit Deborah Rogers in Kontakt gebracht, die bis heute meine Agentin ist. Und Angela schickte ohne mein Wissen meine Sachen an Bill Buford bei *Granta*. In meiner Mietwohnung in Cardiff gab es ein Münztelefon in der Küche. Eines Tags klingelte es, und ich dachte: Merkwürdig, das Telefon klingelt. Und dann war Bill Buford am anderen Ende.

Was hat Sie zu Ihrem zweiten Roman, *Der Maler der fließenden Welt*, inspiriert, über einen Maler, dessen propagandistisches Eintreten für den Krieg ihn im späteren Leben verfolgt?

In *Damals in Nagasaki* gab es eine Nebenhandlung über einen alten Lehrer, der die Werte, auf die er sein Leben gegründet hat, überdenken muss. Ich sagte mir, ich würde gerne einen Roman über einen Mann in dieser Situation schreiben, in diesem Fall einen Künstler, dessen Karriere davon vergiftet wird, dass er in einer bestimmten Zeit lebt.

Dieser Roman wurde dann zum Auslöser für *Was vom Tage übrigblieb*. Ich betrachtete *Der Maler der fließenden Welt* und dachte, in Bezug auf die Erforschung des Themas einer ruinierten Karriere ist die Darstellung überzeugend, aber was ist mit dem persönlichen Leben? Wenn man jung ist, denkt man, alles habe etwas mit dem Berufsleben zu tun. Später dann erkennt man, dass der Beruf nur ein Teil des Lebens ist. Und genau das Gefühl hatte ich. Ich wollte die ganze Geschichte noch einmal schreiben. Wie scheitert man in seinem Berufsleben, und wie scheitert man in seinem persönlichen Leben?

Wie kamen Sie zu dem Entschluss, dass Japan sich nicht mehr als Schauplatz für die Geschichte eignete?

Als ich mit dem Schreiben von *Was vom Tage übrigblieb* begann, erkannte ich, dass ich den Kern dessen, was ich erzählen wollte, auch an andere Orte verlegen konnte.

Ich denke, dies ist eine Ihrer besonderen Fähigkeiten. Sie besitzen etwas von einem Chamäleon.

Ich glaube nicht, dass es etwas mit einem Chamäleon zu tun hat. Was ich sagen will, ist, dass ich das gleiche Buch dreimal geschrieben habe. Ich bin nur irgendwie damit durchgekommen.

Sie sehen das so, aber jeder, der Ihre beiden ersten Romane und dann *Was vom Tage übrigblieb* gelesen hat, erlebt einen psychedelischen Moment – er sieht sich von einer japanischen Umgebung auf den Landsitz von Lord Darlington versetzt.

Das liegt daran, dass die Leute das Unwichtigste zuerst sehen. Für mich liegt der Kern nicht in der Umgebung. Ich weiß, dass es in manchen Fällen so ist. Wenn man beispielsweise bei Primo Levi den Schauplatz abzieht, zerfällt das ganze Buch. Allerdings habe ich kürzlich eine großartige Aufführung von *Der Sturm* gesehen, die in der Arktis spielte. Bei den meisten Schriftstellern gibt es Dinge, die sie sehr bewusst entscheiden, und andere, die sie weniger bewusst entscheiden. In meinem Fall sind die Wahl des Erzählers und des Schauplatzes bewusste Entscheidungen. Man muss den Schauplatz sehr sorgfältig aussuchen, weil damit alle möglichen emotionalen und historischen Assoziationen verknüpft sind. Aber danach lasse ich einen ziemlich großen Raum für Improvisationen. Der Roman, den ich augenblicklich schreibe, spielt beispielsweise an einem sehr ungewöhnlichen Ort.

Worum geht es?

Ich möchte nicht zu viel darüber reden, aber lassen Sie mich die ersten Entwürfe als Beispiel nehmen. Ich wollte bereits seit einiger Zeit einen Roman über das Erinnern und Vergessen in Gesellschaften schreiben. Ich hatte darüber geschrieben, wie Individuen mit unbequemen Erinnerungen umgehen. Mir schien es, dass die Art, wie Individuen sich erinnern und vergessen, sich stark davon unterscheidet, wie dies in einer Gesellschaft geschieht. Wann ist es besser, einfach zu vergessen? Diese Frage taucht immer wieder auf. Frankreich nach dem Zweiten Weltkrieg ist ein interessantes Beispiel. Man könnte behaupten, De Gaulle hatte recht zu sagen: »Wir müssen das Land wieder zum Laufen bringen. Lasst uns nicht zu lange darüber grübeln, wer mit wem kollaboriert hat. Lasst uns diese Gewissenserforschung auf später verschieben.« Einige würden jedoch einwenden, der Gerechtigkeit wurde damit schlecht gedient, und zuletzt erschafft das nur größere Probleme. Ein Psychoanalytiker etwa würde dies über einen Menschen sagen, der seine Probleme verdrängt. Aber wenn ich über Frankreich schreibe, wird es ein Buch über Frankreich. Ich stellte mir vor, wie ich mich all den Experten für die Vichy-Regierung stellen müsste, die mich fragten: »Was also sagen Sie über Frankreich? Was werfen Sie uns vor?« Und ich müsste antworten: »Tatsächlich sollte es nur stellvertretend für ein viel größeres Thema stehen.« Eine andere Option war die *Star-Wars*-Strategie: »Es war einmal vor langer Zeit in einer weit, weit entfernten Galaxie.« *Alles, was wir geben mussten* ging in diese Richtung, aber auch das hat seine besonderen Herausforderungen. Lange Zeit stand ich vor diesem Problem.

Und wofür haben Sie sich entschieden?

Eine Lösung war, den Roman im Jahr 450 in Britannien spielen zu lassen, nachdem die Römer abgezogen waren und die Angelsachsen die Herrschaft übernommen hatten, die zur Vernichtung der Kelten führte. Kein Mensch weiß, was tatsächlich mit den Kelten passiert ist. Sie sind einfach verschwunden. Entweder durch einen Genozid oder durch Assimilation. Ich rechnete mir aus: Je weiter man in der Zeit zurückging, desto mehr würde die Geschichte metaphorisch gelesen. Die Leute sehen *Gladiator* und interpretieren den Film als moderne Parabel.

Wie kam es dazu, *Was vom Tage übrigblieb* in England spielen zu lassen?

Am Anfang stand eine scherzhafte Bemerkung meiner Frau. Ein Journalist wollte mit mir über meinen ersten Roman sprechen. Und meine Frau sagte: »Wäre es nicht lustig, wenn dieser Mensch dir alle diese ernsten und gewichtigen Fragen zu deinem Roman stellte, und du würdest so tun, als wärst du mein Butler?« Uns gefiel diese Vorstellung. Und von da an ging mir der Butler als Metapher nicht mehr aus dem Kopf.

Als Metapher wofür?

Für zwei Dinge. Einmal für eine gewisse Art emotionaler Kälte. Ein englischer Butler muss furchtbar reserviert sein und darf keinerlei persönliche Reaktion auf das zeigen, was um ihn herum passiert. Ich sah darin eine gute Möglichkeit, nicht nur den englischen Charakter, sondern den Teil in uns allen zu erforschen, der sich vor emotionaler Anteilnahme fürchtet. Die zweite Sache betrifft den Butler als Inbegriff eines Menschen, der die großen politischen Entscheidungen anderer überlässt. Er sagt sich: Ich werde dieser Person auf bestmögliche Weise dienen und so stellvertretend zum Wohl der Gesellschaft beitragen, aber ich selbst werde keine wichtigen politischen Entscheidungen treffen. Viele von uns sind in dieser Position, ob wir nun in einer Demokratie leben oder nicht. Die meisten von uns befinden sich nicht dort, wo die großen Entscheidungen getroffen werden. Wir erledigen unseren Job, und wir sind stolz darauf und hoffen, dass unser kleiner Beitrag Nutzen bringt.

Waren Sie ein Fan von Jeeves?

Jeeves war ein bedeutender Einfluss. Nicht nur Jeeves, sondern alle Butler, die in Filmen im Hintergrund herumliefen. Sie besaßen einen subtilen Humor. Das Gegenteil von Slapstick. Es lag ein gewisses Pathos in der Art, wie sie mit einem trockenen Satz etwas zum Ausdruck brachten, das andere in höchste Aufregung versetzt hätte. Jeeves war darin unnachahmlich.

Zu der Zeit versuchte ich sehr bewusst, für ein internationales Publikum zu schreiben. Es war, glaube ich, eine Reaktion auf den vermeintlichen Provinzialismus der englischen Erzählliteratur der Vorgängergeneration. Rückblickend bin ich mir nicht sicher, ob dieser Vorwurf gerecht war. Aber unter den Autoren meiner Generation herrschte die klare Vorstellung, dass wir uns an ein internationales Publikum wenden mussten und nicht nur an ein britisches. Ich glaubte, einer der Wege, das zu tun, sei, einen international bekannten englischen Mythos zum Thema zu machen, in diesem Fall den englischen Butler.

Haben Sie ausgiebige Nachforschungen betrieben?

Ja, aber ich war überrascht, wie wenig es über Diener gab, das von Dienern selbst stammte, angesichts der Tatsache, dass ein beträchtlicher Teil der Menschen in diesem Land bis nach dem Zweiten Weltkrieg in einem Dienstverhältnis stand. Es war erstaunlich, dass nur wenige von ihnen ihr Leben für wertvoll genug hielten, um darüber zu schreiben. Das meiste in *Was vom Tage übrigblieb* über die Rituale des Daseins eines Dieners ist also erfunden. Wenn Stevens vom »Dienstplan« spricht, ist das erfunden.

In diesem Buch, und in vielen anderen Ihrer Romane, scheint die Hauptfigur auf tragische Weise ihre Chance auf ein Liebesverhältnis um Haaresbreite zu verpassen.

Ich weiß nicht, ob sie es bloß um Haaresbreite verpassen. In gewisser Weise verpassen sie es um Längen. Sie blicken vielleicht zurück und denken: Da war dieser eine Moment, an dem alles hätte anders kommen können. Es ist verführerisch für sie zu denken: Oh, es war bloß eine winzige Fügung des Schicksals. Tatsächlich aber sind es kolossale Dinge, die sie nicht nur die Liebe, sondern etwas ganz Essentielles im Leben verpassen lassen.

Warum, glauben Sie, lassen Sie Ihre Figuren eine nach der anderen so handeln?

Ohne tiefer in meine Psyche einzudringen, kann ich darauf keine Antwort geben. Man sollte einem Autor nie glauben, wenn er einem erklärt, warum er immer wieder zu bestimmten Themen zurückkehrt.

Was vom Tage übrigblieb wurde mit dem Booker Prize ausgezeichnet. Hat der Erfolg etwas für Sie verändert?

Als ich *Der Maler der fließenden Welt* veröffentlichte, war ich ein noch unbekannter Autor. Das alles änderte sich sechs Monate später schlagartig, als das Buch für den Booker Prize nominiert wurde und den Whitbread Book Award gewann. Danach beschlossen wir, uns einen Anrufbeantworter zuzulegen. Plötzlich luden uns Leute zum Dinner ein, die wir kaum kannten. Es dauerte eine Weile, bis ich herausfand, dass ich nicht zu allem Ja sagen musste. Anderenfalls verliert man die Kontrolle über sein Leben. Als ich drei Jahre später den Booker Prize gewann, hatte ich gelernt, wie man Leute abwimmelt.

Beeinflusst der öffentliche Teil der Schriftstellerexistenz – Lesereisen, Interviews – Ihr Schreiben?

Er beeinflusst das eigene Schreiben auf zwei naheliegende Weisen. Einmal, indem er einem ein Drittel der Arbeitszeit raubt. Der zweite Punkt ist, dass man ständig von sehr kenntnisreichen Leuten gefragt wird. »Warum taucht in Ihren Büchern immer eine dreibeinige Katze auf?«, oder »Woher rührt Ihr Faible für Taubenpastete?« Vieles von dem, was in ein Buch einfließt, geschieht unbewusst, oder zumindest werden die tieferen emotionalen Zusammenhänge einzelner Bilder nicht weiter analysiert. Es ist schwierig, es dabei zu belassen, wenn man sich auf eine Lesereise begibt. In der Vergangenheit hielt ich es für höflicher, so offen und ehrlich wie möglich zu sein, aber inzwischen habe ich bemerkt, wieviel Schaden das anrichtet. Einige Schriftsteller werden richtig neurotisch. Sie fühlen sich gekränkt und verletzt. Und auch das eigene Schreiben bleibt davon nicht unberührt. Man beginnt zu schreiben und denkt: Ich bin Realist, aber gleichzeitig habe ich einen Hang zum Absurden. Man wird plötzlich sehr viel befangener.

Denken Sie beim Schreiben auch an mögliche Probleme Ihrer Übersetzer?

Wenn man in unterschiedlichen Teilen der Welt unterwegs ist, wird einem auf irritierende Weise bewusst, dass sich bestimmte Dinge nicht in eine andere Kultur übertragen lassen. Manchmal braucht man vier Tage am Stück, um einem Dänen sein Buch zu erklären. Ich mag es beispielsweise nicht besonders, Markennamen und andere kulturspezifische Details zu verwenden, nicht nur, weil sie sich geographisch nicht übertragen lassen. Sie sind auch ihrer Zeit verhaftet. In dreißig Jahren wird sich niemand mehr daran erinnern. Man schreibt nicht nur für Leute in verschiedenen Ländern. Man schreibt auch für unterschiedliche Epochen.

Haben Sie feste Schreibgewohnheiten?

Normalerweise schreibe ich von zehn Uhr vormittags bis etwa abends um sechs. Bis gegen vier Uhr versuche ich, mich nicht um E-Mails oder Anrufe zu kümmern.

Benutzen Sie einen Computer?

Ich habe zwei Schreibtische. Der eine hat eine schräge Schreibfläche, und auf dem anderen steht ein Computer. Der Computer stammt aus dem Jahr 1996. Er besitzt keine Internetverbindung. Die ersten Entwürfe schreibe ich vorzugsweise mit dem Stift. Ich möchte, dass sie außer für mich selbst mehr oder weniger unleserlich bleiben. Der erste Entwurf ist ein einziges Durcheinander. Ich kümmere mich nicht im Geringsten um Stil und Zusammenhang. Erst einmal muss ich alles zu Papier bringen. Wenn mir plötzlich ein Einfall kommt, der mit dem Text davor nichts zu tun hat, schreibe ich ihn dennoch hin. Ich mache mir lediglich eine Notiz, später noch einmal darauf zurückzukommen und zu ordnen. Ausgehend von diesem Entwurf plane ich den ganzen Roman. Ich nummeriere einzelne Teile und schiebe sie hierhin und dorthin. Wenn ich mich an die zweite Fassung setze, habe ich bereits eine klarere Vorstellung, wo ich hinmöchte. Diesmal bin ich beim Schreiben auch sehr viel vorsichtiger.

Wie viele Fassungen gibt es in der Regel?

Ich schreibe selten mehr als drei Fassungen. Davon abgesehen gibt es einzelne Passagen, die ich wieder und wieder überarbeite.

Sehr wenige Schriftsteller haben für ihre ersten drei Bücher so viel positive Kritik bekommen wie Sie. Dann erschien *Die Ungetrösteten*. Obwohl einige Kritiker es für Ihr bestes Buch halten, schrieben andere, es sei der schlechteste Roman, den sie je gelesen hätten. Wie gingen Sie damit um?

Ich glaube, ich zwang mich beinahe dazu, kontroverseres Terrain zu betreten. Wenn zu meinen ersten drei Büchern Kritik geäußert wurde, lief es meistens darauf hinaus, dass sie zu glatt seien. Ich hatte das Gefühl, da war etwas Wahres dran. In einer scheinbar hymnischen Besprechung von *Was vom Tage übrigblieb* im *New Yorker* hieß es am Schluss: Das Problem dieses Romans ist, dass er abschnurrt wie ein Uhrwerk.

Er ist zu perfekt.

Ja. Es gibt darin keine Unordnung, nichts Überraschendes. Alles ist streng kontrolliert. Manche Leute finden den Vorwurf der Perfektion vermutlich nicht weiter schlimm. Sie sagen: »Wow, was für ein positives Echo!« Aber in diesem Fall traf die Kritik etwas, das ich selbst empfand. Ich verfeinerte wieder und wieder den gleichen Roman. Deshalb verspürte ich zu dem Zeitpunkt den drängenden Wusch, Dinge zu tun, bei denen ich mir nicht so sicher war.

Kurz nach dem Erscheinen von *Was vom Tage übrigblieb* saßen meine Frau und ich in einem billigen Restaurant und diskutierten, wie man Romane für ein internationales Publikum schrieb und universelle Themen fand. Meine Frau bemerkte, dass die Sprache des Traums eine universelle Sprache sei. Jeder kann sich damit identifizieren, unabhängig von seiner Kultur. In den darauffolgenden Wochen begann ich mich zu fragen: Was ist die Grammatik von Träumen? In diesem Moment sitzen wir zu zweit in diesem Zimmer und unterhalten uns, während niemand sonst im Haus ist. Jetzt wird eine dritte Person in die Szene eingeführt. In einem konventionellen Roman würde es an der Tür klopfen und jemand käme herein, und wir würden Hallo sagen. Das Traumdenken ist in diesen Dingen sehr ungeduldig. Typischerweise würden wir zwei hier sitzen, und plötzlich würden wir spüren, dass eine dritte Person bereits die ganze Zeit gleich neben mir saß. Wir wären vielleicht leicht überrascht, die Person bis dahin nicht bemerkt zu haben, aber schon im nächsten Moment würden wir den Anstoß dieser Person aufnehmen und unser Gespräch fortsetzen. Ich fand das sehr interessant. Und ich begann, Parallelen zwischen Erinnerung und Traum zu sehen, indem man beide in Bezug auf seine aktuellen Bedürfnisse manipuliert. Darüber hinaus könnte ich in der Sprache des Traums eine Geschichte erzählen, die nicht als Kommentar auf eine bestimmte Gesellschaft, sondern als metaphorische Erzählung gelesen werden würde. Mehrere Monate lang füllte ich einen Ordner mit Notizen, und zuletzt fühlte ich mich bereit, einen neuen Roman zu beginnen.

Hatten Sie während des Schreibens eine genaue Vorstellung der Handlung?

Es gibt in dem Roman zwei Handlungsstränge. Der eine erzählt die Geschichte von Ryder, einem Mann, der von unglücklichen Eltern großgezogen wurde, die stets kurz davor waren, sich scheiden zu lassen. Als Kind glaubt er, sie allein dadurch versöhnen zu können, dass er alle ihre Erwartungen erfüllt. So wird er zu einem berühmten Pianisten. Er glaubt, dieses eine entscheidende Konzert werde alles heilen. Natürlich ist es dazu viel zu spät. Was auch immer zwischen seinen Eltern geschehen ist, liegt lange Zeit zurück. Und dann ist da die Geschichte von Brodsky, einem alten Mann, der versucht, in einem letzten Akt eine Beziehung zu kitten, die er komplett vermasselt hat. Er glaubt, durch einen erfolgreichen Auftritt als Dirigent die große Liebe seines Lebens zurückzugewinnen. Beide Geschichten spielen in einer Gesellschaft, die davon überzeugt ist, sämtliche ihrer Übel resultierten aus der Entscheidung für die falschen musikalischen Werte.

Wie haben Sie auf Ihre ratlosen Kritiker reagiert?

Ich habe nie die Absicht verfolgt, geheimnisvoll zu sein. Der Roman war an jeder Stelle so klar, wie ich ihn machen konnte, unter der Voraussetzung, dass er einer Traumlogik folgt. Im Traum wird eine Figur oft von verschiedenen Personen beschrieben. Ich machte von dieser Technik Gebrauch, und ich denke, das hat zu einiger Verwirrung geführt. Aber ich würde in *Die Ungetrösteten* kein einziges Wort ändern. Er entspricht genau der Person, die ich damals war. Ich glaube, im Laufe der Jahre hat der Roman seinen Platz gefunden. Zu keinem anderen meiner Bücher bekomme ich so viele Fragen gestellt. Wenn ich auf Lesereise bin, muss ich einen

Teil des Abends immer für *Die Ungetrösteten* reservieren, vor allem an der amerikanischen Westküste. Die Zahl der wissenschaftlichen Publikationen ist größer als zu jedem anderen meiner Bücher.

Als Nächstes erschien *Als wir Waisen waren*, über einen englischen Detektiv, der das rätselhafte Verschwinden seiner Eltern in Shanghai aufzuklären versucht.

Als wir Waisen waren ist eines der wenigen Male in meiner Karriere, dass ich einen Roman an einem ganz bestimmten Ort und zu einer ganz bestimmten Zeit spielen lassen wollte. Ich war fasziniert von Shanghai in den dreissiger Jahren. Es war ein Prototyp für die Weltstädte von heute, mit ihren zahlreichen ethnischen Bevölkerungsgruppen, die auf engstem Raum zusammenleben. Mein Großvater hatte dort gearbeitet, und mein Vater war dort geboren. In den achtziger Jahren hatte mein Vater Fotoalben aus der Zeit meines Großvaters mitgebracht. Viele der Aufnahmen waren in seiner Firma entstanden: Leute in weißen Anzügen in Büros mit Deckenventilatoren. Es war eine andere Welt. Er erzählte mir allerlei Geschichten, zum Beispiel, wie mein Großvater einmal eine Pistole einsteckte, als er sich mit meinem Vater von ihrem Diener verabschieden wollte, der an Krebs erkrankt war und in einem chinesischen Sperrbezirk wohnte. Alle diese Dinge regen die Phantasie an.

Zudem wollte ich eine Detektivgeschichte schreiben. Die Figur des englischen Detektivs – Sherlock Holmes – hat viele Gemeinsamkeiten mit dem englischen Butler. Eher intellektuell als pflichtbewusst, aber gleichfalls auf seine professionelle Rolle festgelegt. Emotional distanziert. Wie bei dem Musiker in *Die Ungetrösteten* ist etwas in seiner privaten Welt zerbrochen. In Christopher Banks' Vorstellung existiert eine seltsame Verbindung zwischen der Aufklärung des Verbrechens an seinen Eltern und der Verhinderung des Zweiten Weltkriegs. Eben diese sonderbare Logik sollte im Zentrum von *Als wir Waisen waren* stehen. Es war ein Versuch, über jenen Teil unseres Selbst zu schreiben, der die Dinge stets so sieht, wie wir es als Kinder getan haben. Aber der Roman funktionierte nicht so, wie ich mir das vorgestellt hatte. Meine ursprüngliche Idee war, dass es im Roman einen Genreroman geben sollte. Ich wollte, dass Banks einen weiteren rätselhaften Fall im Stil von Agatha Christie löst. Zuletzt trennte ich mich von der Arbeit fast eines ganzen Jahres, einhundertneun Seiten. *Als wir Waisen waren* bereitete mir mehr Kopfzerbrechen als alle meine anderen Bücher.

Soweit ich weiß, gab es auch von *Alles, was wir geben mussten* mehrere verworfene Fassungen.

Ja. Meine ursprüngliche Idee war, eine Geschichte über Schüler zu schreiben, junge Menschen, deren Lebensspanne dreißig statt achtzig Jahre dauert. Ich stellte mir vor, sie würden Nuklearwaffen entdecken, die nachts auf riesigen Lastwagen transportiert würden, und dadurch auf irgendeine Weise sterben. Zuletzt kam mir der Gedanke, die Schüler zu Klonen zu machen. Dadurch hatte ich eine utopische Erklärung für ihre kurze Lebenserwartung. Der Reiz, Klone zu benutzen, liegt unter anderem darin, dass die Leute unmittelbar fragen: »Was bedeutet es, ein Mensch zu sein?« Es ist die säkulare Version der Frage von Dostojewski: »Was ist die Seele?«

Gab es einen besonderen Grund, ein Internat als Schauplatz zu wählen?

Es ist eine schöne Metapher für die Kindheit. Es ist eine

Situation, in der die Verantwortlichen zu einem Großteil darüber bestimmen, was die Kinder wissen und was nicht. Das scheint mir gar nicht so weit davon entfernt zu sein, wie wir im Alltag mit Kindern umgehen. In vielerlei Hinsicht wachsen Kinder in einer Blase auf. Wir unternehmen alles, um diese Blase aufrechtzuerhalten. Und zwar so gründlich, dass, wenn man mit einem kleinen Kind auf der Straße unterwegs ist, Fremde sich umstandslos der Verschwörung anschließen. Wenn sie sich gerade streiten, hören sie sofort auf. Sie wollen das Kind nicht mit der traurigen Tatsache konfrontieren, dass Erwachsene sich streiten, geschweige denn sich gegenseitig quälen. Das Internat ist die materielle Verkörperung dieses Phänomens.

Ist es für Sie, wie für viele Kritiker, ein sehr düsterer Roman?

Tatsächlich habe ich *Alles, was wir geben mussten* immer als meinen heitersten Roman betrachtet. In der Zeit davor hatte ich über die Schwächen meiner Figuren geschrieben. Es waren Warnungen an die eigene Adresse oder Bücher darüber, wie man sein Leben nicht führen sollte.

Bei *Alles, was wir geben mussten* hatte ich zum ersten Mal das Gefühl, mir die Erlaubnis gegeben zu haben, mich auf die positiven Aspekte des Menschen zu konzentrieren. Zugegeben, Menschen sind fehlerhaft. Sie sind anfällig für Gefühlsregungen wie Eifersucht, Engherzigkeit und so weiter. Aber ich wollte drei Menschen zeigen, die grundsätzlich anständig waren. Ich wollte, dass, wenn sie zuletzt erkennen, dass ihre Lebenszeit begrenzt ist, sie sich nicht um ihren Status oder ihren materiellen Besitz kümmern. Ich wollte, dass sie sich vor allem um den jeweils anderen kümmern und darum, die Dinge in Ordnung zu bringen. In meinen Augen wurden also in dem Roman positive Dinge über den

Menschen gesagt, vor dem ziemlich trostlosen Hintergrund unserer Sterblichkeit.

Wie kommen Sie zu den Titeln Ihrer Romane?

Es ist ein bisschen so, wie den Namen für ein Kind zu finden. Da gibt es lange Diskussionen. Manche Titel sind gar nicht von mir – *Was vom Tage übrigblieb*, zum Beispiel. Ich war auf einem Literaturfestival in Australien und saß mit Michael Ondaatje, Victoria Glendinning, Robert Mc-Crum und der niederländischen Autorin Judith Herzberg am Strand. Wir suchten spaßeshalber nach einem Titel für meinen Roman, der so gut wie fertig war. Michael Ondaatje schlug *Sirloin: Eine saftige Geschichte* vor. Etwa auf dem Niveau. Ich erklärte immer wieder, dass es darin um einen Butler ging. Und dann erwähnte Judith Herzberg einen Begriff Freuds, ›Tagesreste‹, mit dem er den Charakter von Träumen beschreibt. In ihrer spontanen Übersetzung wurde daraus »remains of the day«. Es schien mir genau passend für die Stimmung des Romans.

Bei meinem nächsten Roman hatte ich die Wahl zwischen *Die Ungetrösteten* und *Klavierträume*. Ein Freund hatte mich und meine Frau davon überzeugt, unserer Tochter den Namen »Naomi« zu geben. Wir waren unentschieden zwischen »Asami« und »Naomi«, und er hatte gesagt, »Asami« klinge wie eine Mischung aus »Saddam« und »Assad«, dem syrischen Diktator. Zum Titel des Romans sagte derselbe Freund, Dostojewski hätte sich wahrscheinlich für *Die Ungetrösteten* entschieden, und Elton John für *Klavierträume*. So wurde es *Die Ungetrösteten*.

Sie sind ein großer Fan von Dostojewski.

Ja. Und von Dickens, Austen, George Eliot, Charlotte

Brontë, Wilkie Collins – all die großen Romane des neunzehnten Jahrhunderts, die ich zuerst an der Universität las.

Was schätzen Sie daran?

Sie sind realistisch in dem Sinne, dass die in ihnen erschaffene Welt mehr oder weniger der Welt gleicht, in der wir leben. Außerdem kann man in diesen Romanen versinken. Es gibt darin ein Vertrauen in das Erzählen, das sich der traditionellen Mittel von Handlung, Struktur und Figurenzeichnung bedient. Da ich als Kind nicht viel gelesen hatte, brauchte ich eine feste Grundlage. *Villette* und *Jane Eyre* von Charlotte Brontë; die vier großen Romane von Dostojewski; Tschechows Erzählungen; Tolstois *Krieg und Frieden; Bleak House* von Dickens. Und mindestens fünf der sechs Romane von Jane Austen. Wenn man dies alles gelesen hat, besitzt man eine solide Grundlage. Und ich mag Platon.

Warum?

In den meisten der sokratischen Dialoge geht es darum, dass ein Mann auf der Straße daherkommt, der glaubt, alles zu wissen, und dann setzt Sokrates sich mit ihm hin und zerpflückt ihn. Das erscheint auf den ersten Blick destruktiv, aber die Idee dahinter ist, dass das Wesen des Guten schwer fassbar ist. Manchmal gründen die Menschen ihr ganzes Leben auf vermeintlich feste Überzeugungen, die sich als falsch erweisen können. Genau darum ging es in meinen frühen Büchern: um Leute, die glauben zu wissen. Aber es gibt darin keinen Sokrates. Die Leute sind ihr eigener Sokrates.

In einem von Platons Dialogen sagt Sokrates, idealistische Menschen würden oft zu Misanthropen, wenn sie zwei- oder dreimal enttäuscht worden sind. Platon deutet an, so könnte es einem auch bei der Suche nach dem Wesen des Guten ergehen. Man solle sich von Rückschlägen nicht entmutigen lassen. Das beweise nur, dass die Suche schwierig ist, aber man habe dennoch die Pflicht, sie fortzusetzen.

Aus dem Englischen von Georg Deggerich

Kazuo Ishiguro, The Art of Fiction No. 196,

The Paris Review, 196 / Frühling 2008.

Olga Tokarczuk

IRGENDWANN HAT MAN
DAS GEFÜHL, DIE WELT WÜRDE EINEM
BEI DER ARBEIT HELFEN.

Mit Marta Figlerowicz (2023)

Olga Tokarczuk ist eine junge Nobelpreisträgerin. Sie erhielt die Auszeichnung vor vier Jahren im Alter von siebenundfünfzig Jahren – für »eine erzählerische Vorstellungskraft, die mit enzyklopädischer Leidenschaft das Überschreiten von Grenzen als Lebensform« symbolisiere. In ihren akribisch recherchierten Romanen, die Bezüge zu Gnosis, Kabbala, den Apokryphen, Tarot und vorchristlichem Heidentum aufweisen, erkundet sie vergessene Phasen der vielsprachigen, multikulturellen Geschichte Ost- und Mitteleuropas. Wegen ihrer beharrlichen Beschäftigung mit der Verflechtung der polnischen und der jüdischen Kultur und ihrer Vorstellung von Geschlecht als sozialem Konstrukt ist sie in ihrer Heimat Polen eine umstrittene Figur. Als der polnische Kulturminister 2019 gefragt wurde, was er von Tokarczuks Werk halte, sagte er, er sei ihm nicht gelungen, auch nur einen einzigen ihrer Romane zu Ende zu lesen.

Olga Tokarczuk wurde in Sulechów im Westen Polens geboren. Als sie neun Jahre alt war, zog ihre Familie in den Süden des Landes, nach Schlesien, dessen nationale Zugehörigkeit im Laufe der Jahrhunderte immer wieder eine andere war und das Teil des europäischen »Sanatoriumsgürtels« ist, zu dem auch das Davos in Thomas Manns *Zauberberg* gehört. Ihr Vater, der aus den ehemaligen polnischen Ostgebieten stammte, floh Mitte des 20. Jahrhunderts nach Polen, kurz bevor die interethnischen Unruhen in der Ukraine eskalierten; ihre Mutter war die Tochter von Bauern aus dem Südosten Polens.

Tokarczuk praktizierte als Psychotherapeutin und leitete einen kleinen Verlag und eine Buchhandlung, ehe sie sich ganz dem Schreiben widmete. Sie debütierte 1993 mit *Podróż ludzi Księgi* (Reise der Buchmenschen), einem parabelhaften Roman, der im Frankreich und Spanien der frühen Neuzeit spielt; es folgten *E. E.* (1995; die deutsche Übersetzung erscheint 2024), eine erzählerische Auseinandersetzung mit C. G. Jung und der Psychoanalyse, und der Roman *Prawiek i inne czasy* (1996; *Ur und andere Zeiten*, 2000), der in Polen ein Bestseller war. *Dom dzienny, dom nocny* (1999; *Taghaus, Nachthaus*, 2001), eine vielstimmige lyrische Ode auf Niederschlesien mit all seinen wahren und erfundenen Geschichten, wurde von der Kritik in ganz Europa gefeiert.

Die englische Übersetzung von *Bieguni* (2007; *Unrast*, 2009) wurde mit dem Man Booker International Prize 2018 ausgezeichnet; im Folgejahr stand die englische Übersetzung von *Prowadź swój pług przez kości umarłych* (2009; *Gesang der Fledermäuse*, 2011) auf der Shortlist für denselben Preis. 2014 erschien Tokarczuks Opus magnum, der um die tausend Seiten starke Roman *Księgi Jakubowe* (*Die Jakobsbücher*, 2019). Darin erzählt Tokarczuk die Geschichte von Jakob Frank, einem jüdischen Mystiker des 18. Jahrhunderts, der sich selbst zum Messias erklärte und einen erstaunlich langlebigen synkretistischen Kult begründete. Zuletzt erschien *Empuzjon* (2022; *Empusion*, 2023), Tokarczuks Replik auf Thomas Manns *Zauberberg*.

Um nach Krajanów zu gelangen – ein winziges Dorf in Niederschlesien, in dem Tokarczuk seit drei Jahrzehnten lebt –, nahm ich in Breslau, der Hauptstadt der Region, einen Zug, der nur einen einzigen Wagen hatte. Tokarczuk, ihr Mann Grzegorz und ihr Hund Timi holten mich in Nowa Ruda ab. Über eine mit Schlaglöchern übersäte Bergstraße ging es zu ihnen nach Hause. Durch die Küchenfenster des geräumigen Hauses starrten mich die Bäume an: Tokarczuk und ihre Schwester Tatiana, die in der Nähe wohnt, malen jeden Frühling blaue Augen auf die Stämme. In der Bibliothek entdeckte ich gegenüber einem schief hängenden Eisenpflug ein Gemälde, das Tokarczuk als Medusa zeigt, mit Schlangenhaaren und einem Spiegel in der Hand. In Wirklichkeit türmen sich Dreadlocks auf ihrem Kopf, einige mit Perlen geschmückt, andere blau oder grün gefärbt. Die Einheimischen hängen dem Aberglauben an, dass diese Frisur, der *kołtun* (seit dem Spätmittelalter als *plica polonica*, polnischer Zopf, bekannt), vor Krankheiten und Flüchen schütze.

Vier Tage unterhielten wir uns, bei reichlich Tee und Kaffee und selbst gemachtem mit Kräutern versetzten Sliwowitz. In den Pausen kochten wir Äpfel ein und sahen uns taiwanesische Horrorfilme an. An einem Nachmittag besuchten wir eine Straßenkapelle, die Wilgefortis geweiht ist, einer bärtigen Volksheiligen, deren fiktive Lebensgeschichte Tokarczuk in *Taghaus, Nachthaus* neu erzählt. Mitglieder der Gemeinde hatten Wilgefortis' verstörende Gesichtsbehaarung abgeschliffen – doch noch immer liegt ein Bartschatten auf der hölzernen Kieferpartie.

Sie leben hier ziemlich abgeschieden. Fühlen Sie sich manchmal einsam?

Ganz und gar nicht. Als wir 1993 herzogen, war ich nach all den Jahren in der Stadt vollkommen ausgelaugt. Wir kauften das Haus von ein paar Hippies, die festgestellt hatten, dass das Leben in der Wildnis doch nichts für sie war. Das

Haus war völlig heruntergekommen. Die Straßen waren nicht befestigt, und wir wurden regelmäßig eingeschneit. Damals hatten wir noch keine Nachbarn. Diese Wildnis, die mich umgab, bedrohte schon seit Urzeiten menschliche Siedlungsversuche. Für mich war das alles ein Geschenk – ich habe hier *Ur und andere Zeiten* beendet und *Taghaus, Nachthaus* geschrieben. Durch die Wände des Hauses drang eine Art Wispern zu mir.

Viele Leute hier, mich selbst eingeschlossen, sind davon überzeugt, dass sie auf den Ruinen einer anderen Kultur leben. Ich hatte immer das Gefühl, irgendwo im Haus Wasser murmeln zu hören. Niemand glaubte mir, bis wir unseren Keller renovierten. Als das Fundament freigelegt war, stellte sich heraus, dass gleich darunter ein Bach floss. So haben die Deutschen früher an Berghängen gebaut – sie haben das Wasser nicht bekämpft, sondern ließen es einfach durch ihre Gebäude fließen. Nach dem Krieg haben sich hier zumeist Exzentriker, Sonderlinge niedergelassen – eigenwillige Menschen, die das Schicksal in diese Gegend verschlagen hatte. Eine Zeit lang waren drei Übersetzer*innen von William Blake unsere Nachbarn, was mich offenkundig zu meinem Roman *Gesang der Fledermäuse* inspiriert hat. Dieser Talkessel scheint Menschen anzuziehen, die eine Neigung zum Mystischen haben und Meister Eckhart oder Jakob Böhme verehren.

Ich habe einen Teil meiner Kindheit in der Nähe verbracht. Meine Eltern lernten sich etwas weiter nordwestlich in einer Kleinstadt bei Zielona Góra kennen, in Sulechów, wo ich später geboren wurde. Beide waren in den fünfziger Jahren dorthin gezogen, um an einem außergewöhnlichen Projekt teilzunehmen, das sich der Bildung der Landbevölkerung widmete und schon in der Vorkriegszeit initiiert worden war. Sie unterrichteten an einer Art Volksuniversität. Diese Schulen boten Sechzehn- bis Zwanzigjährigen eine umfassende Ausbildung, die traditionelle Unterrichtsfächer abdeckte, aber auch lebenspraktische Kompetenzen wie Ackerbau und Autofahren vermittelte. Meine Mutter unterrichtete dort Literatur, darstellendes Spiel und Volkskunde, mein Vater arbeitete als Bibliothekar und leitete eine recht bekannte Volksmusikgruppe. Die Schule war ein Internat, in dem Lehrpersonen und Schüler*innen Seite an Seite wohnten. Die Lehrpersonen wurden nicht Professor oder Professorin genannt, sondern Onkel oder Tante.

Wir blieben in Sulechów, bis ich neun war und meine Schwester Tatiana drei. Dann zogen wir in eine Kleinstadt in der Woiwodschaft Opole, nahe der tschechischen Grenze, wo meine Mutter Polnisch für die Grund- und Sekundarstufe unterrichtete und mein Vater die Schulbibliothek leitete und als Vertrauenslehrer arbeitete.

Wie war es, in einer solchen Schule aufzuwachsen?

Es war immer etwas los – jemand kam kurz bei uns vorbei, jemand anderes sauste zu einem Abendkurs. Die Schule war in einem ehemaligen Jagdschloss untergebracht, das der adligen Familie Radziwiłł gehört hatte; es gab einen gemeinsamen Speisesaal und eine gemeinsame Küche, Schlafsäle für die Schülerinnen und Schüler und drei, vier Wohnungen für die Lehrpersonen. Die meisten von ihnen kamen paarweise, Mann und Frau; aber es gab dort nur wenige Kinder. Ich war oft im Unterricht meiner Eltern dabei, tanzte und sang zusammen mit ihren Schülerinnen und Schülern. Ich dachte, alle Schulen wären so – erst später wurde mir klar, wie besonders diese Schule war und dass ich mich glücklich schätzen konnte, in so eine Umgebung hineingeboren worden zu sein.

Irgendwann tauchte ein anderes kleines Mädchen auf – die Tochter des Geschichtslehrers –, und wir spielten zusammen. Das ganze Schloss stand uns zur Verfügung. Wir fragten uns oft, wer früher in diesem Palast gewohnt hatte und warum er im Krieg nicht zerstört oder geplündert worden war. Der Ballsaal wurde von einem riesigen Kamin beherrscht; wenn man den Abzug öffnete, hallte ein seltsames Echo durch die Rohre. Wir taten so, als wäre der Kamin ein Durchgang in eine andere Welt. Es gab viele alte Bücher, Gemälde und Kunstdrucke. Mein Lieblingsmaler war Paul Klee, weil dort ein Druck von *Tanze, Du Ungeheuer, zu meinem sanften Lied!* hing. Nahe dem unteren Bildrand sieht man eine einfache, fast kindliche Strichzeichnung, in der ich damals ein kleines Mädchen erkannte. Ihre Hände bewegen sich so, als würde sie ein Orchester dirigieren, als würde sie dem über ihr schwebenden Monster befehlen, ihr zu folgen. Ich stand oft vor diesem Bild und stellte mir vor, ich sei dieses Mädchen.

Meine Eltern arbeiteten rund um die Uhr, viel mehr als acht Stunden am Tag. Ich stand selten im Zentrum ihrer Aufmerksamkeit. Sie ließen mich und Tatiana oft bei Kindermädchen, oder wir waren auf uns allein gestellt. So bekam ich auch meine erste Lungenentzündung – ich wachte nachts auf, sie waren nicht da, und ich ging sie suchen. Meine Eltern fanden es amüsant, dass Tatiana mehr an ihrer älteren Schwester hing als an ihrer eigenen Mutter. Wenn sie wegfahren mussten, brachten sie uns zu Freunden von ihnen, zu einer Frau, die ich Oma Kubicka nannte, und ihrem Mann, der in der Verwaltung der Schule arbeitete. Während des Kriegs war Oma Kubicka, ein Gewehr über der Schulter und Reitstiefel an den Füßen, mit General Berlings Armee den ganzen Weg von Sibirien nach Berlin marschiert. Dafür bewunderte ich sie.

Meine Eltern und mich verband eine große Hochachtung für die Literatur. Sie haben mir Bücher empfohlen, was sehr wichtig war. Ich habe die Theorie, dass bei Menschen, die bis zu ihrem vierzehnten Lebensjahr nur wenig lesen, jene Bereiche des Gehirns nicht vollständig entwickelt sind, die Texte in Bilder oder Erfahrungen umwandeln. Wenn man erst im Studium eine richtige Leserin wird, interpretiert man alles analytisch. Das erlebe ich manchmal bei Literaturwissenschaftler*innen – sie sind so intelligent, aber ihnen entgeht etwas.

Stört es Sie, wenn ich eine Zigarette rauche?

Nein, gar nicht. Waren Sie ein gute Schülerin?

Bis zur vierten Klasse war ich mit Abstand die beste, dann ging es los mit Multiplizieren und Dividieren. Zum ersten Mal in meinem Leben lief ich gegen eine Wand – ich verstand Mathe nicht, und etliche Kinder waren besser als ich. Ich glaube, diese Erfahrung war fast traumatisch für mich, da ich mich an meine intellektuelle Allmacht gewöhnt hatte. Also habe ich mir eingeredet, dass ich mich nicht für Naturwissenschaften interessiere – ein Irrtum, denn inzwischen habe ich den Eindruck, dass mein Verstand wissenschaftlich funktioniert.

Kürzlich habe ich einen meiner Grundschullehrer wiedergetroffen; er hat mir erzählt, dass ich damals ziemlich exzentrisch war. Wenn ich mit einer Aufgabe fertig war, habe ich anscheinend oft gefragt: »Darf ich mich jetzt ernähren?« Dann habe ich belegte Brote und eine mit Milch gefüllte Limonadenflasche rausgeholt und gegessen und getrunken, während die anderen Kinder weiterarbeiteten.

Was haben Sie als Kind gelesen?

Tatiana und ich haben schon früh Jan Parandowskis klassische Nacherzählungen griechischer und römischer Mythen entdeckt. Wir haben bestimmt zwei, drei Exemplare dieses

Buchs verschlissen. Ich war wie besessen davon und erfand sogar meine eigenen Wassergöttinnen und Baumgötter. Ich spürte intuitiv die Anwesenheit von etwas Göttlichem in der Natur, und die griechische Mythologie half mir dabei, den verschiedenen Göttinnen und Göttern Namen zu geben und ihnen zu huldigen. Am meisten interessierten mich die Winde – aus welcher Richtung sie wehten, ihre Namen, ihre Eigenschaften.

Meine Mutter war bestens vertraut mit der klassischen polnischen Literatur. Sie drängte darauf, dass ich Schriftsteller wie Stefan Żeromski und Jarosław Iwaszkiewicz las, aber ich interessierte mich nicht sonderlich für polnische Literatur, was hauptsächlich – das muss ich zu meiner Schande gestehen – daran lag, dass das ihre Domäne war. Mein Vater hatte schriftstellerische Ambitionen und ein Abonnement der Monatszeitschrift *Literatura na Świecie* (Literatur aus aller Welt) – so habe ich Gabriel García Márquez kennengelernt.

Den Sommer verbrachten wir immer bei den Eltern meiner Mutter, die eine Art Pension führten. In der Nähe gab es eine öffentliche Bibliothek. Und da wurde mein Lesen rauschhaft, maßlos. Schon als Teenager habe ich zahllose Gedichte von T. S. Eliot auswendig gelernt, auf Englisch und auf Polnisch. Eine zweisprachige Ausgabe seiner ausgewählten Gedichte ist das einzige Buch, das ich je aus einer Bibliothek gestohlen habe. Etwa zu der Zeit hat mich Faulkners *Absalom, Absalom!* umgehauen – eine Zeit lang war kein anderer Schriftsteller wichtiger für mich. Heute finde ich ihn völlig unverdaulich, aber durch *Schall und Wahn* habe ich den *stream of consciousness* entdeckt. 1975 erschien *Jenseits des Lustprinzips* zum allerersten Mal auf Polnisch. Ich war fünfzehn, als ich es las. Freuds Ideen, wie man die Welt deuten kann – die Offenbarung verborgener Bedeutungssysteme, die unser Verhältnis zur Realität und zu uns selbst erklären –, haben mich enorm beeindruckt. Während meiner Gymnasialzeit habe ich einmal in einem Aufsatz versucht, Freuds Modell auf *Absalom, Absalom!* anzuwenden.

Haben Sie früh mit dem Schreiben begonnen?

Meinen ersten Roman, in dem es um Hexen ging, habe ich mit zwölf begonnen. Die Hexen lebten im Wald – eine Mutter mit vier Töchtern, jede hatte ihren eigenen Zauberspruch, ihre eigenen magischen Kräfte. Aber ich hätte nie gedacht, dass ich Schriftstellerin werden würde. Ich wollte Tänzerin werden, Kernphysik oder »Raumfahrtmedizin« studieren. Zu meiner Enttäuschung musste ich feststellen, dass es Letzteres nicht gab. Als Teenager veröffentlichte ich ein paar kurze Texte in der Jugendzeitschrift *Na przełaj* (Querbeet). Das waren überdrehte, unausgegorene Geschichten, die von bizarren Dingen handelten – ich versuchte, José Donoso und Julio Cortázar zu imitieren. Die längste, »Pieśń o psim powstaniu« (Hohelied der siegreichen Hunde), beschrieb eine alternative Realität, in der Hunde die Welt beherrschten. In einer anderen ging es um den polnischen Brauch, einen Karpfen tagelang in der Badewanne am Leben zu erhalten, um ihn dann an Heiligabend zu ermorden – verrückt, dass meine Landsleute so etwas tun. Mein Vater unterstützte mich vorbehaltlos. Das ging so weit, dass er meine Geschichten für mich abtippte. Ich diktierte sie ihm. Es war mir peinlich, dass jemand hörte, was ich geschrieben hatte, aber er verzog keine Miene.

In der Oberstufe veranstalteten meine Freund*innen und ich Treffen, die wir *uposathas* nannten, im Sanskrit sind damit Tage des gemeinsamen Nachdenkens und der inneren Einkehr gemeint. Ich brachte buddhistische Schriften mit, die ich zu der Zeit las. Jemand anderes kam an britische Platten heran, wir hörten Led Zeppelin und Deep Purple. Auch von meinem ersten Freund habe ich viel gelernt – durch ihn habe ich Bruno Schulz entdeckt. Als mein Freund zum Philosophiestudium nach Warschau ging, folgte ich ihm, um dort Psychologie zu studieren.

Wie hat Ihnen das Studium in Warschau gefallen?

Ich hatte angenommen, dass ich im Psychologiestudium jede Menge über Psychoanalyse lernen würde. Aber in der Volksrepublik Polen lehrte niemand Psychoanalyse, und ich merkte zu spät, dass man sich an meinem Institut dem Behaviorismus verschrieben hatte. Ich hörte sehr viele Vorlesungen über Ratten, Reize, Reaktionen.

Warschau selbst hat mich traumatisiert. Ich zog in ein Wohnheim in der Zamenhofstraße und war überwältigt von all den Geschäften, Theatern und Restaurants. Als mein Freund und ich uns trennten, fühlte ich mich völlig verlassen. Ende 1981 geriet Polen in eine politische Krise. Die Welt schien in einem hoffnungslosen Zustand – wenn ich in der Straßenbahn saß, sah ich ringsum nur traurige, müde, abgehetzte Menschen mit Plastiktüten. Am liebsten hätte ich geweint. Ich durchlitt eine lange Phase der Melancholie. Alle gingen ständig auf Partys, teils aus Verzweiflung.

Das Gefühl der Entfremdung, das ich hatte, verstärkte sich noch durch das Klassengefälle. Ich war ein Mädchen aus der Provinz, und Psychologie war im kommunistischen Polen ein elitäres Fach – einer meiner Kommilitonen machte Urlaub in Frankreich, jemand anderes besuchte eine Tante in Glasgow. Im zweiten oder dritten Studienjahr begann ich ehrenamtlich als Therapeutin in einer Ambulanz zu arbeiten. Eine Gruppe Psycholog*innen, die beeinflusst waren von der humanistischen Psychologie amerikanischer Prägung, hatte die Leitung inne. Dort machte ich meine erste psychoanalytische Therapie – eine Art Gruppentherapie – und bekam ein paar Patient*innen. Die Arbeit war sehr anspruchsvoll – heutzutage würde man eine unerfahrene Studentin nicht mehr derart schwere Störungen behandeln lassen.

Wer waren Ihre Patient*innen? Haben Sie je über sie geschrieben?

Einer war ein arbeitsloser Mann, den in seinem Viertel alle nur Jaś Partyzant – Johnny der Partisan – riefen. Er war um die vierzig und vollkommen traumatisiert. Er lief in der Uniform eines Soldaten aus dem Zweiten Weltkrieg herum, samt Holster und Feldgeschirr. Er war von Ängsten zerfressen. Als ich ihn einmal in seiner Wohnung zu beruhigen versuchte, wandte ich eine Technik an, die ich in meiner Ausbildung gelernt hatte – ihn von seinen Wahnvorstellungen zu befreien, indem ich auf sie einging. Er erzählte mir, dass jemand sein Wasser vergiftet habe, dass hinter den Bäumen Menschen stünden, die ihn durch die Äste beobachteten, und dass Panzer durch die Straßen rollten, bereit zum Angriff. »Schauen wir uns das Wasser an«, sagte ich. »Zugegeben, es sieht rostig aus, aber das liegt daran, dass vor Kurzem die Leitungen repariert wurden. Seitdem ist es das beste Wasser in ganz Warschau. Sie müssen also keine Angst haben.« Ich fuhr fort: »Schauen Sie, da draußen ist niemand. Alles ist in Ordnung.« Ich erinnere mich noch an den Schein der Straßenlaternen an diesem Abend, während wir beide hinaus auf den Schnee blickten. Als es ihm schließlich etwas besser ging, machte ich mich auf den Weg zurück in mein Wohnheim und ging dann auf eine Party. Am nächsten Morgen erfuhr ich, dass das Kriegsrecht ausgerufen worden war und Panzer durch die Straßen rollen würden. Dieses Erlebnis beschreibe ich in meiner Kurzgeschichte »Che Guevara« – ich verdanke sie Jaś. Damals schrieb ich vor allem

Gedichte – ich war sehr beschäftigt, und Gedichte gingen mir schneller von der Hand als Prosatexte. Ein Gedicht mit dem Titel »Oddział psychogeriatryczny« (Psychogeriatrische Station) wurde in der Zeitschrift *Mandragora* veröffentlicht. Suchen Sie nicht nach diesen Gedichten – sie sind nicht sehr gut.

Später behandelte ich einen jungen Mann mit einer komplexen Familiengeschichte, die er mir ausführlich erzählte. Ein paar Jahre danach wurde sein jüngerer Bruder mein Patient und berichtete mir in meiner Praxis von denselben Ereignissen. Die Erzählungen der beiden hätten nicht unterschiedlicher sein können. Der eine beschrieb seine Mutter als eiskalte Schlampe – entschuldigen Sie bitte meine Ausdrucksweise – und den Vater als seine einzige emotionale Stütze. Der andere erzählte mir, sein Vater habe ihn missbraucht, die Mutter habe ihn gerettet. Das stürzte mich in eine schwere berufliche Krise. Musste ich nun ein tiefsitzendes grundlegendes Trauma ausfindig machen – zum Beispiel einen bösartigen Onkel –, das diese Diskrepanzen erklären und ihre Psyche heilen konnte? Solche Erfahrungen haben mir die Psychoanalyse in wissenschaftlicher Hinsicht verleidet.

Aber Sie haben eine Weile als Psychotherapeutin praktiziert?

Ja, etwa fünf Jahre lang. Meinen ersten Mann habe ich bei einer therapeutischen Ausbildung kennengelernt – ich leitete den Kurs, er war ein älterer Student. Es war Liebe auf den ersten Blick. Er hatte eine recht große Wohnung in Wałbrzych geerbt, einer Bergbaustadt in der Provinz, und so zogen wir dorthin. Ich weiß noch, wie ich in Wałbrzych ankam und all die Männer in Muskelshirts sah, die rauchend und Bier trinkend vor den Türen verrußter Häuser standen.

Ich fragte mich, was wir dort bloß verloren hatten. Ich fand einen Job in einer psychiatrischen Klinik, wo ich Alkoholiker betreute. Mein Mann und ich gründeten eine lokale Gruppe der Anonymen Alkoholiker, um die Männer bei der Entwöhnung zu unterstützen. Nach der Geburt meines Sohns nahm ich den Kinderwagen mit zu den Treffen. Ich bot auch Einzeltherapien an, bei denen ich einen improvisierten Mix klinischer Methoden anwandte.

Ich war schon bald ausgebrannt. Während der Sitzungen fühlte ich mich wie erstarrt, und ich fragte mich, ob ich gestörter und therapiebedürftiger war als meine Patient*innen. Mir wurde klar, dass ich mich hin- und hergerissen fühlte zwischen dem, was ich für andere tun wollte, und dem, was ich für mich selbst tun wollte. Von klein auf hatte man mir beigebracht, dass man Menschen helfen sollte, und nun sträubte ich mich dagegen. Ich habe noch immer ein Buch, das mich als Kind sehr mitgenommen hat, über einen Gnom, der in einem Wald lebt. Er ist gern allein in seinem Haus, schreibt oder werkelt herum. Aber immer wieder klopfen Ameisen, Heuschrecken und andere Tiere an seine Tür und bitten ihn um Hilfe. Der Gnom ärgert sich darüber. »Lasst mich in Ruhe, ich habe zu tun!«, ruft er – aber dann besinnt er sich und hilft zum Beispiel der Heuschrecke beim Bau einer Brücke. Bei den anderen Tieren spielt es sich genauso ab. Auch heute noch bin ich hin- und hergerissen zwischen meinem Bedürfnis nach Unabhängigkeit und Weltabgewandtheit und der menschlichen Pflicht, anderen zu helfen. Dieser Zwiespalt zeigt sich auch in meinem Geburtshoroskop.

Was ist Ihr Sternzeichen?

Ich bin Wassermann – daher kommt der pro-soziale, neugierige Aspekt meiner Persönlichkeit –, in meinem Geburtshoroskop steht aber Neptun im Skorpion, was all dem entgegenwirkt.

Auf jeden Fall haben mein Mann und ich uns dann einer Arbeit zugewandt, die uns kreativer und konstruktiver erschien – wir gründeten eine Selbsthilfegruppe für junge Lehrerinnen und Lehrer, die sich überfordert fühlten, und 1991 einen Verlag namens Unus. In der Gruppe stellten wir oft Konflikte nach, die sie im Unterricht erlebt hatten. Manchmal kamen dabei tiefe Traumata ans Licht. Noch heute kennen mich viele Lehrpersonen in der Umgebung von Wałbrzych aus diesen Workshops.

Ein paar Jahre zuvor hatte ich C. G. Jung entdeckt, und ich war von seiner Idee des kollektiven Unbewussten ebenso angetan wie von seiner festen Überzeugung, dass wir Teil der organischen Welt sind – dass Pflanzen, Tiere und Pilze entscheidend sind für das Verständnis des menschlichen Bewusstseins. In meinem Enthusiasmus beschloss ich, die polnische Übersetzung eines kritischen Wörterbuchs zur Jung'schen Analyse herauszugeben – ausgerechnet in Wałbrzych. Jung war damals in Polen unbekannt, aber selbst Jahre später reagierten die Leute noch so, als würde ich mich mit Astrologie oder Handlesen befassen, wenn ich mich in meinen Büchern auf Jung bezog. In unserem Verlag veröffentlichten wir vor allem Handbücher zu Gruppentherapie und Kommunikationstraining. Irgendwann eröffneten wir auch eine Buchhandlung. Ich habe dort etwa ein Jahr gearbeitet, und es war eine wunderbare Zeit. All diese Projekte finanzierten mich, bis ich meinen Lebensunterhalt als Romanautorin verdienen konnte. Erst während der Arbeit an *Ur und andere Zeiten* begann ich mit dem Gedanken zu spielen, die nicht-schriftstellerische Tätigkeit aufzugeben. Ich dachte, mit zweieinhalb Büchern auf dem Buckel hätte ich vielleicht eine Chance.

Wie hat die Mutterschaft Ihre Arbeit beeinflusst?

In jungen Jahren ein Kind zu bekommen, hat seine Vorteile – die Mutterschaft ist dann nicht so außergewöhnlich. Ein kleiner Mensch tritt in dein Leben, und du freundest dich mit ihm an. Du hast jede Menge Energie, kannst bis spät in die Nacht feiern und am nächsten Morgen zeitig aufstehen, um zu spielen oder in die Berge zu fahren – all das fühlte sich völlig normal an. Ich folgte dem Beispiel meiner Mutter und bezog die ganze Familie in Zbyszkos Erziehung mit ein. Mein Mann und ich haben weitergearbeitet und sind weiter auf Reisen gegangen. Ich glaube nicht, dass die Mutterschaft mich eingeschränkt hat oder mich davon abgehalten hat, mein Leben zu leben. Die Lektüre von *Jenseits des Lustprinzips* war eine bedeutendere Wende für mich als die Mutterschaft.

Waren Sie in den achtziger und neunziger Jahren politisiert?

Waren das nicht alle? Im Gymnasium verstand ich mich als Anarchistin und dann als Maoistin. Die Solidarność-Bewegung war mir nicht radikal genug – ich wollte den kompletten Umsturz. Als ich die Solidarność in Warschau besser kennenlernte, störte mich immer noch ihre Religiosität: Alles war mit dem Papst, der katholischen Kirche, der Messe und dem Gebet verknüpft. Ich habe voller Überzeugung an den Streiks teilgenommen, aber nicht selbst welche organisiert. Als 1989 die Berliner Mauer fiel, wusste ich, dass sich die Welt verändern würde. Aber in der Arbeit mit Alkoholkranken hatte ich so viel menschliches Leid gesehen, dass es mir nicht gelang, optimistisch zu sein. Für mich war die größte Veränderung, dass ich bis dahin nur kurze Ausflüge nach Ostdeutschland, hatte machen können, in ein Land vor dem Eisernen Vorhang. Sobald der Eiserne Vorhang gefallen war, zog ich nach Großbritannien, um Geld zu verdienen.

Was hat sich für Sie in London geändert?

Als niedergelassene Psychotherapeutin hatte ich einige Jahre nicht geschrieben, jetzt fing ich wieder an. In London ging ich oft in eine radikal-feministische Buchhandlung: Silver Moon in der Charing Cross Road. Ich kaufte nichts – es war zu teuer –, aber ich setze mich in den Laden und las, Clarissa Pinkola Estes' *Die Wolfsfrau* und Bücher jungianischer Autor*innen wie Marie-Louise von Franz. Ich war auf autodidaktischem Weg zu Jung gekommen und hatte mich bisher in der traditionellen Umlaufbahn von Anima und Animus, Weiblich und Männlich, Yin und Yang bewegt. Als ich nach Polen zurückkehrte, hatte ich einen Begriff von Geschlecht als Kontinuum. Diese Idee faszinierte mich so sehr, dass sogar mein Interesse an Jung nachließ.

Mir wurde klar, dass ich schon als kleines Mädchen bemerkt hatte, dass die Bibliotheken, in denen ich meine Zeit verbrachte, von Männern und für Männer eingerichtet waren. In den Büchern, die ich las, hatten die Frauen die Aufgabe, die Männer zu unterstützen oder irgendetwas zu verkörpern. Natürlich gab es Anne von Green Gables und Emma Bovary – aber es gab keine weiblichen Figuren, die philosophierten, die Welt veränderten, überraschende Entscheidungen trafen. Mich selbst in den Büchern, die ich damals las, wiederzufinden, fiel mir sehr schwer. Beim Betreten einer Bibliothek musste ich, gewissermaßen als Eintrittspreis, meine Weiblichkeit ablegen. In London lernte ich allmählich, diese patriarchalischen Muster zu artikulieren. Seither bin ich darauf gefasst, ihnen zu begegnen. Ein paar Jahre später schrieb ich meinen ersten Roman mit Figuren, die sich nicht eindeutig einem Geschlecht zuordnen ließen:

Taghaus, Nachthaus. *Empusion*, mein jüngster Roman, eine Neuerzählung von Thomas Manns *Zauberberg*, ist neben anderem auch eine polemische Antwort auf den Androzentrismus – auf die Misogynie, die sich wie ein Mitesser erhebt, wenn man den Großteil des literarischen Kanons nur streift.

In London arbeitete ich halb legal in einer Fabrik, in der TV-Antennen hergestellt wurden. Meine Arbeitskolleg*innen kamen aus Mittelamerika, Südafrika, Südasien und Argentinien. Wir saßen alle bei der Arbeit zusammen und plauderten. Ich fand auch einen Wochenendjob, als Zimmermädchen. Ich bin ins erste Hotel gegangen, das mir gefiel, und habe gesagt: »Ich möchte hier arbeiten.« Die Dame am Empfang geriet in Panik: »Nicht hier lang, Sie müssen den Hintereingang nehmen!« Man stellte mich trotzdem ein, für die Zimmerreinigung. Die Arbeit dort inspirierte mich zu meiner ersten richtigen Kurzgeschichte, »Numery« (»Zimmernummern«), in der ich das Leben auf links drehte und die ungemachten Betten betrachtete, die die Menschen in Hotelzimmern zurücklassen. Als ich nach Polen zurückkehrte, begann ich außerdem ernsthafter an *Podróż ludzi Księgi* (Reise der Buchmenschen) zu arbeiten.

Ihr erster Roman. Ist Ihnen das Schreiben leichtgefallen? Wie haben Sie einen Verlag gefunden?

Heute denke ich, dieses Buch hat eine Leserin geschrieben, die noch keine Schriftstellerin war – eine Leserin, die so viel gelesen hatte, dass sie es selbst mit dem Schreiben versuchen wollte. Das Buch war schrecklich ambitioniert. Es spielt im Frankreich und Spanien des 16. und 17. Jahrhunderts, obwohl ich nie in Frankreich oder Spanien gewesen war. Mein ganzes Wissen über die Schauplätze stammte aus Büchern, vor allem aus *Życie codzienne*, einer Reihe über den Alltag der Menschen auf der ganzen Welt, die ich schon als Teenager geliebt habe. Ich schrieb den Text in ein riesiges Notizbuch und tippte ihn langsam auf einer Schreibmaschine ab, die nur vier Durchschläge schaffte. Den untersten konnte man kaum noch lesen, wirklich. Deshalb habe ich das Buch nur an drei Verlage geschickt. Die ersten beiden lehnten ab – der eine wollte mir das Manuskript nicht zurückschicken, und beim anderen musste ich selbst danach wühlen, in gewaltigen Stapeln abgelehnter Manuskripte. Aber Jarek Markiewicz, der einen winzigen Untergrundverlag führte, sagte zu. Das Papier für den Druck musste ich selbst bezahlen, aber schließlich wurde der Roman mit einem renommierten polnischen Preis ausgezeichnet. Zur Preisverleihung nahm ich den handschriftlichen Entwurf meines zweiten Romans *E. E.* mit, in einem Schuhkarton. *E. E* war von Jungs Doktorarbeit inspiriert – ich entwickelte darin verschiedene Perspektiven, die den vier Persönlichkeitstypen C. G. Jungs nachempfunden waren.

Haben Sie Ihre Entwürfe immer mit der Hand geschrieben?

Unrast war ein Buch des Übergangs. Erst notierte ich meine Einfälle auf Papierfetzen, dann tippte ich die Notizen sukzessive ins Reine. Wenn ich heute einen Einfall habe, warte ich lieber, bis ich vor meinem Laptop sitze. Ich arbeite mit Microsoft Word und schreibe viele kleine Fragmente, die ich irgendwann in eine Hauptdatei verschiebe, den »Corpus«. Sobald etwas dort gelandet ist, rühre ich es nicht mehr an. In der Entwurfsphase sind viele verschiedene Dateien auf meinem Computer geöffnet, zwischen denen ich Teile hin- und herschiebe. Nachdem ich den Nobelpreis gewonnen hatte, unterbrach ich die Arbeit an dem Roman, an dem ich gerade schrieb, eine Anti-Saga über das Leben im Schlesien der Nachkriegszeit. Als mich wieder dransetzte, stellte ich fest, dass ich unterschiedliche Entwürfe unter demselben Namen auf verschiedenen Computern – ich habe drei – gespeichert hatte, dass ich mich oft wiederholt und manchmal zwei, drei Versionen ein und derselben Szene geschrieben hatte. Etwas Ähnliches ist mir bei den ersten Entwürfen zu *Empusion* passiert: Ich ließ meine Figur in einem Café etwas zu essen bestellen, vergaß dann, was sie gerade gemacht hatte, und ließ sie ein paar Absätze später dasselbe Essen noch einmal bestellen. Es kostet mich so viel Kraft, mir Dinge vorzustellen, dass mit der Kraft auch die Erinnerung daran schwindet, was ich geschrieben habe und was nicht. Ich denke dann: Moment, habe ich das schon einmal gesagt, oder bilde ich mir das nur ein?

Als Studentin musste ich einmal eine Prüfung in Lernpsychologie ablegen – eine schwierige mündliche Prüfung bei einem sehr berühmten Professor, dem Autor unserer Lehrbücher. Ich hatte mich intensiv vorbereitet und bestand die Prüfung. Aber als er mir die Note mitteilte, sagte er: »Sie haben eine seltsame Art, sich zu erinnern und zu lernen. So etwas habe ich noch nie erlebt. Sie erinnern sich an viele kleine Details und Randphänomene, aber nicht an den offenkundigen Kern der Sache.« Er hatte recht – ich kann mir zum Beispiel einen stepptanzenden Matrosen, den ich einmal aus dem Augenwinkel auf einer Pier gesehen habe, ganz genau vorstellen, aber meine Verwandten müssen mir gemeinsame Gespräche oder Reisen wieder ins Gedächtnis rufen. Ich hatte immer Angst, dass mich diese Disposition zu einer schlechten Schriftstellerin machen würde. Aber dann las ich Nabokovs *Erinnerung, sprich*, wo er sich darüber beklagt, unter einem ähnlichen Zustand zu leiden. Ich fühlte mich gestärkt. Ich dachte: Er hat so viel aus seinem seltsamen Gedächtnis gemacht – warum sollte ich das nicht auch können?

Wie haben Sie es geschafft, Ihr seltsames Gedächtnis produktiv zu nutzen?

Beim Schreiben von *Unrast* habe ich verstanden, wie es mein Denken prägt. Ich hatte dieses Buch als Konstellationsroman konzipiert, als Roman in Fragmenten – ich war auf der Suche nach einem neuen Realismus, der die vielen zersplitterten Realitäten, in denen wir leben, abbilden könnte. Diese Herangehensweise erforderte einen roten Faden, der meinen Leser*innen helfen sollte, dem Geschehen zu folgen. Ich begriff, dass ein Ich-Erzähler diese Aufgabe erfüllen würde. Außerdem ist eine Ich-Erzählung leichter zu bewerkstelligen als eine panoptische Erzählung – man setzt sein eigenes Ich als treibende Kraft ein und identifiziert sich mit einer einzigen imaginären Figur. Trotzdem sorgte der fragmentarische Charakter des Plots zunächst für Verwirrung. Nachdem ich das fertige Manuskript an den Verlag Wydawnictwo Literackie geschickt hatte, bekam ich eine E-Mail: Ich hätte wohl die falsche Datei angehängt. Vertraglich vereinbart sei ein Roman gewesen. Was das für unfertiges Stückwerk sei? Verstehen Sie mich nicht falsch, ich liebe diesen Verlag, aber man war dort konventionellere Prosa gewohnt.

Zeigen Sie jemandem Ihre Entwürfe?

Nein, in der Regel nicht. Ich warte, bis der Text reif ist für das Lektorat. Wenn ich weiß, dass ich nicht mehr kreativ daran arbeiten werde, gebe ich das Manuskript meinem Mann Grzegorz. Er ist mein erster Leser.

Woher wissen Sie, dass ein Text fertig ist?

Meine Energie ist aufgebraucht. Ein Trieb hat sich erschöpft. In dieser Hinsicht ähnelt das Schreiben dem Hunger oder

der Lust. Man könnte noch einen Bissen essen oder noch ein Kapitel schreiben, aber man mag einfach nicht mehr. Um an die Sprache meines Studiums anzuknüpfen: Der ganze Prozess hat etwas Biologisches oder Psychosomatisches an sich, ähnlich der Fortpflanzung oder der Triebentladung. So wie man nach einer Geburt die Schmerzen schnell vergisst, so vergisst man, wenn ein Roman fertig ist, nur allzu rasch, wie viel Kraft das Schreiben gekostet hat. Es ist eine enorme Belastung für den Körper – vor allem, die Konzentration aufrechtzuerhalten.

Als ich *Die Jakobsbücher* beendet hatte, fühlte ich mich krank. Einer der Ärzte, die ich aufsuchte, praktizierte traditionelle chinesische Medizin. Nachdem er mich untersucht hatte, rief er aus: »Was in aller Welt haben Sie getan? Sie haben ihre Mitte ausgehöhlt – unersetzliche Lebenskräfte verbraucht!« Ich fürchtete, ich hätte einen Teil von mir endgültig zerstört.

Wie sieht ein typischer Schreibtag bei Ihnen aus? Haben Sie Rituale?

Ich beneide Leute, die eine Routine haben – die früh aufstehen, drei Stunden schreiben und dann joggen gehen. Dazu bin ich nicht in der Lage. Manchmal tigere ich den ganzen Tag durchs Haus. Aber wenn ich einmal einen Rhythmus gefunden habe, arbeite ich von morgens bis abends, ohne Pause. Um in Schwung zu kommen, brauche ich eine Tasse starken Tee und eine Partie Solitär – das ist so, als würde ich mit einem Kamm durch mein Gehirn fahren.

Wo schreiben Sie?

Zu Hause schreibe ich auf dem Dachboden. Ich brauche Stille. Aber ich hänge eher an Computern als an bestimmten Orten – wo ich meinen Laptop hinstelle, da ist ein guter Platz zum Schreiben. Wenn ich länger als drei Tage in einem Hotel bin, breite ich manchmal meine Unterlagen aus und arbeite. Aber wenn ich unterwegs bin, kann ich mich überhaupt nicht konzentrieren.

Gehen Sie offline, um sich zu konzentrieren?

Gott, nein. Ich schaue ständig Sachen im Internet nach – historische Daten, Eigennamen, Synonyme. Das ist beruhigend und hilft mir, meine Vorstellungswelten zu festigen. Als ich *Die Jakobsbücher* schrieb, wandte ich mich an Wikipedia, um herauszufinden, ob ein bestimmter Komet im 18. Jahrhundert auch über Ostpolen aufgetaucht war und wie er aussah; und ich habe Google Street View genutzt, um Orte zu beschreiben, an denen ich nie gewesen war, zum Beispiel die tschechische Stadt Brünn.

Recherchieren Sie ausschließlich online?

Nein, Bibliotheken und Archive sind ebenfalls unverzichtbar – und manchmal auch Reisen. Romane, in denen Sinneserfahrungen nur eine geringe Rolle spielen, mag ich eigentlich nicht – Sätze wie: »Sie setzte sich, trank Tee und schaute durchs Fenster. Autos fuhren vorbei.« Ich möchte wissen, welchen Tee sie trank, durch welches Fenster sie schaute, was für Autos das waren, was sonst noch auf der Straße war, wie sich der Stuhl anfühlte, wie das Zimmer aussah, wie hell es draußen war. Mag sein, dass ich als Leserin nicht sonderlich phantasiebegabt bin, aber ich denke, der Autor oder die Autorin sollte diese Arbeit leisten.

Denken Sie an *Anna In. Eine Reise zu den Katakomben der Welt*, meine Nacherzählung eines alten sumerischen Mythos, ein nicht sehr komplexes Buch. Es schien mir notwendig, so viel wie möglich über das alte Mesopotamien herauszufinden. Was tranken die Sumerer? Die Gelehrten sagen, dass sie Gerstenbier tranken, aber welche Gerste war das? Bestimmt nicht die mir bekannte osteuropäische Gerste. Ich bin nach Syrien gereist, um die antiken Stätten zu besichtigen und die wilde Gerste zu sammeln, die auf den Ruinen und zwischen ihnen wächst. Manchmal erfordert ein einziger Satz umfangreiche Recherchen. Es ist mir egal, ob die Leser*innen merken, wie viel Mühe darin steckt, ich muss für mich selbst ganz genau wissen, worüber ich schreibe.

Wenn man in Archiven wühlt, fallen einem häufig Dinge in den Schoß. Auf den Protagonisten der *Jakobsbücher* bin ich ganz zufällig gestoßen – in einem Antiquariat fand ich ein Büchlein mit Schriften seiner Schüler. Als *Die Jakobsbücher* erschienen, gab es noch keinen polnischen Wikipedia-Eintrag zu Jakob Frank. Ich forschte immer weiter und absolvierte gewissermaßen ein von mir selbst konzipiertes Doktorand*innenseminar über Jakob Frank. Ich wollte alles wissen, was es über jüdische Mystik und Folklore, den Alltag im Osteuropa des 18. Jahrhunderts und das 18. Jahrhundert im Allgemeinen zu wissen gab, über die Aufklärung und ihren Einfluss in Polen, über die Literatur dieser Zeit. Darüber, wer und was in den rund sechzig Lebensjahren von Jakob Frank nebeneinander existiert hatte. Wussten Sie zum Beispiel, dass einige der letzten Frankisten während der Französischen Revolution guillotiniert wurden? Heute bedaure ich, dass das Buch keine Bibliographie hat. Historiker sagen mir, dass ich kaum Fehler gemacht habe. Der einzige größere Fehler hat sich beim Setzen der ersten Auflage eingeschlichen: In einigen hebräischen Zitaten geriet die Reihenfolge der Buchstaben durcheinander, und ich habe es nicht bemerkt.

Wenn man erst einmal tief in einen Forschungsgegenstand

eingetaucht ist, fallen einem viele Dinge auf, die man vorher nicht bemerkt hat, und irgendwann hat man das Gefühl, die Welt würde einem bei der Arbeit helfen. Jemand, dem ich zufällig begegne, erzählt mir, dass seine Vorfahren in Estland lebende Frankisten waren. Jemand anderes erwähnt beiläufig, dass man die Korrespondenz der Kastellanin Katarzyna Kossakowska in der Polnischen Nationalbibliothek einsehen könne ... Ich wünschte, Literaturpsychologen – gibt es so was? – würden sich dieses Phänomens annehmen.

Denken Sie in psychoanalytischen Begriffen über das Schreiben nach?

Ja, das tue ich. Die Psychologie des kreativen Schreibens fasziniert mich – wie sich verschiedene Stimmen und Perspektiven bilden. Die Mitwirkung der Leserin, des Lesers ist ebenfalls entscheidend. Manchmal denke ich, dass die Art und Weise, wie eine Autorin oder ein Autor einen Roman eröffnet, Ähnlichkeiten mit dem Beginn einer klinisch-psychologischen Behandlung hat: Sie beginnt mit einer Art Vertrag zwischen der Leserin – Gott, ich meine natürlich zwischen der Patientin und dem Therapeuten. Man baut Vertrauen auf, und dieses Vertrauen ist das Fundament, das die notwendigen Phasen des Widerstands, der Übertragung und so weiter möglich macht. All dies muss zu einer Befreiung, zu einer Art Katharsis, führen, damit die Patientin am Ende der Behandlung nicht mehr dieselbe Person ist, die sie zu Beginn der Behandlung war. Das Gleiche tut auch eine Schriftstellerin, und genauso wirkt ein fiktionaler Text auf einen Leser. Als Autorin trifft man eine nachvollziehbare Übereinkunft mit dem Leser, an die man sich in der Folge hält. Deshalb liest er weiter, selbst wenn der Text ihn verstört. Am Ende ist er ein anderer geworden. Ich glaube, jeder gute Roman verändert seine Leser*innen auf irgendeine Weise.

Arbeiten Sie manchmal gleichzeitig an mehreren Romanen?

Die Jakobsbücher und *Gesang der Fledermäuse* habe ich gleichzeitig geschrieben, so seltsam das auch klingen mag für jeden, der beide Bücher gelesen hat. Ich hatte einen Vertrag über zwei Bücher, und ich wusste, dass *Jakob* sich hinziehen würde. Zu der Zeit waren Krimis sehr populär in Polen, und ich wollte etwas schreiben, das ich rasch zu Ende bringen konnte.

Ich arbeitete an zwei Schreibtischen. Den einen bedeckte ich mit historischen Karten und mit komplizierten Handlungsskizzen – die ich »Leitern« nenne. Auf diesen Dokumenten finden sich in Bündeln organisierte Wendungen, die so etwas wie die Glieder einer narrativen Kette sind. Einige sind Bedeutungsmodule, die verschoben oder neu zusammengesetzt werden können, aber die Grundstruktur steht – gegliedert in nummerierte Abschnitte mit Stichpunkten, die zum Teil ebenfalls nummeriert sind. Bei den *Jakobsbüchern* fiel es mir schwer, Ordnung zu halten. Die Entwürfe zu *Gesang der Fledermäuse*, die auf dem anderen Schreibtisch lagen, waren dagegen akkurat und viel übersichtlicher.

Ich war damals mit einem Stipendium in den Niederlanden – etwa zu der Zeit habe ich übrigens meinen jetzigen Mann Grzegorz kennengelernt. In meiner Bewerbung hatte ich versprochen, an meinem hochseriösen historischen Roman zu arbeiten. Doch der Drang, *Gesang der Fledermäuse* weiterzuschreiben, war unwiderstehlich. Ich hatte kaum damit angefangen, da war ich schon tief in die Geschichte eingetaucht und identifizierte mich vollständig mit Janina Duszejko. Wenn ich morgens aufwachte, war ich ungeduldig, weil ich wissen wollte, was im nächsten Kapitel passieren würde. Ich begann den Roman in der Annahme, dass die Waldtiere die Mörder der Jäger sein würden. Auf halber Strecke änderte ich meine Meinung: Duszejko selbst musste es sein. Ich habe gehört, dass Agatha Christie etwas ganz Ähnliches in einem ihrer Krimis gemacht hat, aber ich glaube nicht, dass ich das von ihr habe. Als ich das letzte Kapitel beendet hatte, ging ich auf meinen Balkon und rauchte Kette. Duszejko tat mir so leid, dass ich weinen musste. Sie war meine Vertraute geworden.

Gesang der Fledermäuse ist auch sehr lustig. Selbst die Mordwaffen sind lustig.

Das fand ich auch, aber meine buddhistischen Freunde waren beleidigt. Sie haben den Roman als Anstiftung zum Mord gelesen.

Erzählen Sie mir mehr darüber, wie Sie Ihre Bücher strukturieren.

Eine kompliziertere Erzählstruktur erfordert reichlich geistige Anstrengung und viele schwierige Entscheidungen. Denken Sie nur an die Szene in den _Jakobsbüchern_, in der Jakob Frank die Grenze überquert und seinen Pass vorzeigen muss. Aus welcher Perspektive soll der Erzähler in der dritten Person diese Szene beobachten? Sieht er den Pass? Weiß er, was die Menschen um Jakob Frank herum denken? Solche Fragen wirft das Erzählen in der dritten Person – oder, wie ich es nenne, das Erzählen in der vierten Person – ständig auf, vor allem wenn mehrere Protagonisten involviert sind. Am Ende reichte eine Leiter nicht aus, um all die Stimmen zu fassen. Also kaufte ich eine Rolle Packpapier und zeichnete verschiedene Erzählstränge nebeneinander auf. Es wurden schließlich so viele, dass ich das Packpapier noch mit Post-its bekleben musste.

Was meinen Sie mit »Erzählen in der vierten Person«?

Diesen Begriff habe ich mir beim Schreiben der *Jakobsbücher* ausgedacht. Zunächst war das Buch ein historischer Essay, aber dann wurde mir klar, dass die Leser*innen Jakobs Geschichte so nicht auf unmittelbare, intime Weise würden miterleben können. Deshalb entschied ich mich für einen Roman, erzählt in der dritten Person, mit begrenzter Perspektive – mit einem ganz gewöhnlichen körperlosen Erzähler, der wild herumspringt, Dinge bemerkt und Geschichten erzählt und so die Handlung zuverlässig vorantreibt. Aber ich musste subjektive Sichtweisen miteinbeziehen und die Vielschichtigkeit dieser Geschichte ernst nehmen, also fügte ich die Ich-Erzählung von Nahman ein, dem Rabbi aus Busk, Franks treuestem Schüler. Nahman bekam von mir sein eigenes Idiom und Temperament, und ich habe ihn dazu gebracht, sich ein wenig in Frank zu verlieben.

Ich dachte, ich hätte das Problem gelöst – ich konnte hin- und herwechseln zwischen einer Außensicht und einer Innensicht, einer eher objektiven und einer eher subjektiven Perspektive. Aber es tauchten immer mehr Figuren auf, mitsamt ihren unterschiedlichen kulturellen Kontexten und Motivationen, und das Erzählen in der dritten Person wurde ihnen nicht gerecht. Ich brauchte eine stärkere Kraft, die nicht nur Franks Geschichte, sondern auch den gesamten Prozess meiner Niederschrift erfassen konnte – jemanden, der sowohl die Vogel- als auch die Froschperspektive einnehmen konnte. Ich fand diese außerweltliche Perspektive in Yente, die wie ein Geist über dem Roman schwebt, kleine persönliche Details heranzoomt, aber auch gewaltige historische Panoramen in den Blick nehmen kann. Dank Yente fügte sich endlich alles zusammen. Manchmal denke ich, dass ihre Perspektive derjenigen ähnelt, aus der die Bibel erzählt wird. In der Genesis heißt es, dass Gott nach den Schöpfungstagen »sah, dass es gut war«. Aber wer hätte das wahrnehmen können, wer hätte Gottes Gedanken lesen können? In meiner Vorstellung muss das eine psychotische Grenzerfahrung gewesen sein und zugleich ein metaphysisches Erlebnis.

Auf einem Poster in Ihrem Badezimmer steht der Begriff *Gnosis*. Woher kommt Ihr Interesse für die Mystik?

Wie viele Landsleute meiner Generation war ich von der jüdischen Kultur fasziniert, vielleicht hat es also mit der Kabbala zu tun. Die gnostische Theorie, die ich aus der Kabbala übernommen habe, heißt PaRDeS. Sie besagt, dass die Realität vier Ebenen hat, die wiederum ihren je eigenen Zugang haben – Peschat, Remez, Derasch und Sod: wörtliche Bedeutung, Allegorie, Analogie und mystische Offenbarung. Ich empfand die Gnosis als sehr anspruchsvolle, aber auch sehr anziehende Form der Weltbetrachtung – sie verlangte ständige Wachsamkeit, eine ständige Überprüfung dessen, was wir zu sehen glauben.

Ich fühlte mich auch deshalb zur Gnosis hingezogen, weil sie in direktem Gegensatz zu der Religion stand, mit der ich aufgewachsen war. Manchen Berichten zufolge ist die Gnosis älter als das Christentum, aber die beiden Lehren haben sich allmählich miteinander verwoben – die Gnosis wird als dunkle Seite des Christentums betrachtet, als alternative Weltanschauung. Heute scheint sich die Welt vom Christentum abzukehren und wieder der Gnosis zuzuwenden. Ich weiß noch, wie schockiert und aufgeregt ich war, als ich *Matrix* sah. Der Film stellt die Frage: Was ist real und was Illusion? Existiert die reale Welt überhaupt? Welche Schlüssel braucht man, um sich Zugang zu ihr zu verschaffen? Können nur Auserwählte diese Schlüssel finden? Ich sagte zu meinem Sohn: »Das ist reine Gnosis!«

Entscheiden Sie sich für Ihre Romane, oder entscheiden sich Ihre Romane für Sie?

Im Allgemeinen beginnt es mit einer fixen Idee, die ich nicht abschütteln kann. Daraus entwickeln sich der Anfang einer Geschichte, erste Motive und Nebenstränge. Die fixe Idee inspiriert mich dazu, etwas zu lesen. Langsam taucht eine Figur auf – keine voll entwickelte literarische Figur, aber ich erkenne schon ihre Umrisse, erahne, wer sie ist und was sie will. Ich beginne mich mit ihr zu identifizieren. Dann, und das ist entscheidend, beginnt sie zu sprechen. Zunächst verstehe ich nicht, was sie sagt, aber ich höre ihr weiter zu.

Ich glaube, wir alle tragen viele solcher keimenden Geschichten in uns. Als Kind habe ich einmal meiner Mutter dabei zugesehen, wie sie ein ganzes Huhn rupfte und ausnahm, ehe sie es fürs Abendessen kochte. Ich bitte um Nachsicht, das ist etwas makaber. Früher hat niemand das Fleisch für einen pariert; man hat einfach diese gefiederte kopflose Kreatur im Laden gekauft. Als meine Mutter das Huhn aufschnitt – es war ein junges Huhn –, sah ich die Eier. Wir wissen, wie ein Ei aussieht, kurz bevor es gelegt wird, aber dasselbe Ei durchläuft viele Entwicklungsstadien. Zuerst ist es ganz winzig, dann entwickelt sich der Dotter, der von einer zarten durchsichtigen Membran umhüllt ist. Im Inneren erkennt man einen Embryo, und die Hülle wird allmählich härter und undurchsichtig. Diese werdenden Eier waren ineinander verschachtelt, als wollten sie ihre eigene Genese veranschaulichen. Ich war schockiert – ein Ei ist kein fixfertiges Ding, sondern ein Schöpfungsprozess. Ich habe mich gefragt, ob sich auf diese Weise unsere Persönlichkeit formt. Tragen wir neben dem Ei, das wir »legen« und der Welt zeigen, andere Eier in uns, die sich noch entwickeln? Und, wenn wir schreiben, gebären wir dann diese Embryos?

Würden Sie sich selbst als religiös bezeichnen?

In einem allgemeinen, unsystematischen Sinne bin ich wohl religiös. Ich denke viel über Glaubenssysteme nach. Da ich in einer katholischen Gesellschaft aufgewachsen bin, frage ich mich manchmal, ob das eigentliche Fundament des Christentums nicht unser schlechtes Gewissen den Tieren gegenüber ist. Den Tieren gegenüber, die die Menschen einst geopfert haben, um die Götter gnädig zu stimmen. Jesus brachte sich selbst als Opfer dar, anstatt ein Tier zu opfern – er gab seinen Anhängern sein eigenes Fleisch und Blut. In ritueller Hinsicht kam das einer Revolution gleich – zuvor bedeckten das Blut und die Eingeweide von Opfertieren den Tempelboden. In gewisser Weise hat die Menschheit diese blutigen Rituale bis heute nicht aufgegeben. Wir töten immer noch Tiere, um uns zu ernähren, für unsere Kleidung, für die Wissenschaft, ja, sogar zu Unterhaltungszwecken. Vielleicht war die eigentliche Erbsünde damals im Paradies nicht, dass ein verbotener Apfel gegessen wurde, sondern ein Tier getötet. Vielleicht fühlen sich die Menschen deshalb der Natur entfremdet. Unsere Schuld ihr gegenüber lastet auf uns.

Kürzlich stand ich in Gent vor Jan van Eycks berühmtem Altarbild: Auf einem Sockel steht ein Lamm, dem die ganze Welt huldigt. Wenn ich dieses Gemälde betrachte, stelle ich mir vor, all die Könige und Heiligen würden das Knie nicht vor Jesus in der Gestalt eines Lammes beugen, sondern vor einem echten Lamm, vor der Natur selbst, die wir verraten haben.

Wenn ich zum Beispiel einer Ratte oder einem Fuchs begegne und ihnen ins Gesicht sehe, erahne ich hinter ihren Augen einen ganzen Kosmos. Solche Lebewesen herabzuwürdigen, bedeutet zu leugnen, dass dieser Kosmos existiert, dass in ihnen eine Welt ist, von der wir nichts wissen. Bevor

Sie gestern Morgen ankamen, zog eine Hirschherde durchs Tal Richtung Tschechische Republik – ein Hirschbock, gefolgt von dreißig Hirschkühen. Anfang der Woche hatten die Hunde des Nachbarn vor meinem Tor eine Hirschkuh gerissen. Ich habe mich gefragt – ich denke mir gern solche Geschichten aus –, ob das ihre Beerdigung war.

Ich muss aufstehen, meine Wirbelsäule schmerzt vom stundenlangen Sitzen – Berufskrankheit. Wollen wir noch etwas trinken?

Ja, gern. *Die Jakobsbücher* haben die polnischen Nationalisten, die derzeitige Regierung eingeschlossen, in Rage versetzt. Haben Sie das vorausgesehen?

Die ganze Anlage des Buchs ist politisch. Im Ausland merkt man das womöglich nicht, aber im polnischen Kontext wird der Roman als politisches Statement gelesen. Ich habe *Die Jakobsbücher* aus Liebe zur jüdischen Kultur Osteuropas geschrieben und um all jenen zu widersprechen, die die Anwesenheit der Juden in Polen auf den Holocaust und seine Folgen reduzieren wollen. Ich entdeckte Jakob Frank und wollte in Bibliotheken und Archiven unbedingt weiter an den Fäden seiner Geschichte ziehen. In der Korrespondenz der Dichterin Elżbieta Drużbacka stieß ich auf eine Frage, die sie auch in meinem Roman stellt: Drużbacka steht mitten auf dem Marktplatz von Rohatyn, einer polnischen Stadt, und ruft: »Spricht hier jemand Polnisch?« Es stellt sich heraus, dass niemand Polnisch spricht. Rechtsextreme Nationalisten wollen diesen Aspekt unserer Geschichte – die Mehrsprachigkeit und den Multikulturalismus – auslöschen.

Fühlen Sie sich denn der polnischen Sprache nicht verbunden? Machen Sie sich manchmal Sorgen, dass Ihre Bücher in der Übersetzung etwas verlieren?

Es stimmt, dass es in manchen Sprachen leichter ist, meinen Stil zu vermitteln, als in anderen. Im Französischen ist es besonders schwierig – es gibt eine solche Spannung zwischen dem kontrollierten Intellektualismus des Französischen und den bizarren Wendungen, die man sich im Polnischen erlauben kann. Und es stimmt auch, dass viele Polen an ihrer Sprache hängen als Symbol ihrer nationalen Identität. Das geht zurück auf die europäische Romantik, die Entstehung des Begriffs der Nation, der die Polen besonders umtreibt, weil das Land zwischen dem Ende des 18. Jahrhunderts und 1918 nicht unabhängig war. Die polnischen Modernisten haben unsere Sprache gründlich geschliffen, als ob Schönheit und Perfektion ein Wert an sich wären. Ich sehe das anders. Ich betrachte die Sprache als Werkzeug, das Dinge enthüllen kann, die jenseits ihrer Sphäre liegen. Ich fühle mich sehr geschmeichelt, wenn meine Leser*innen sagen: »Olga, ich sehe ich alles, was du beschreibst, sofort vor mir.« Von C. G. Jung habe ich gelernt, wie wichtig Bilder für die Formung des menschlichen Bewusstseins sind, und seitdem versuche ich, sie in meinen Texten zu erzeugen. Als *Ur und andere Zeiten* erschien, kritisierten einige Kritiker die Sprache. Sie sei zu schlicht, fast biblisch. Bei der Überarbeitung hatte ich akribisch alle komplexen Sätze gestrichen. Passivkonstruktionen, Nominalstil, Adverbien – all das konnte ich nicht ausstehen. Ich wollte eine klare Struktur haben. Nichts sollte meinen Leser*innen den Blick auf die Engel verstellen, die die Stadt Ur beschützen.

Sind Sie auch der Meinung, dass Ihre Bücher im Ausland besser aufgenommen werden als in Polen?

Auf jeden Fall. Ich hatte hier nie viel Glück mit den Kritikern. Niemand hat die Anspielungen auf Jung in *E. E.* verstanden – ein Kritiker sprach von »Menstruationsliteratur«, weil die Hauptfigur in der Pubertät ist. Eine Zeit lang hat das männliche Literaturestablishment in Polen dieses Etikett einer ganzen Generation junger Schriftstellerinnen angeheftet. In *Ur und andere Zeiten* habe ich Mythologie, Anthropologie und Historie miteinander verbunden – und in einer polnischen Zeitung wurde der Roman als volkstümliches Gefasel, als unbedarftes Märchen bezeichnet.

Wie das alte Sprichwort sagt: Der Prophet gilt nichts im eigenen Land.

Fühlen Sie sich zu Propheten und Visionären hingezogen?

Als ich in den neunziger Jahren William Blake entdeckte, hatte ich das Gefühl, einem Propheten, aber auch einem vollkommenen Künstler zu begegnen – jemandem, der schrieb, malte, philosophierte und seinen Kopf aus dem Himmelsgewölbe hinausstreckte, wie der Mann auf Flammarions berühmtem Holzstich *Wanderer am Weltenrand*. Das hat mich beflügelt.

Ein anderer Schriftsteller, der mich unter anderem zu *Ur und andere Zeiten* inspiriert hat, ist der polnische Priester Benedykt Chmielowski, Autor von *Nowe Ateny* (Neues Athen), der allerersten Enzyklopädie in polnischer Sprache. Er lebte im 18. Jahrhundert an der Peripherie Europas, wo der Wind der Aufklärung kaum zu spüren war. Was immer er an Neuem herausfand, sammelte und ordnete er mühsam. Er war ein Anhänger des tschechischen Philosophen Comenius und teilte dessen pansophische Überzeugungen – er glaubte, die Erlangung universellen Wissens werde die Menschheit erlösen. In *Nowe Ateny* gehen Fakt und Fiktion häufig durcheinander. Drachen und Zaubersprüche vermischen sich mit jeder Menge unbeholfener Entlehnungen aus dem Lateinischen. Wenn man das Buch mit Diderots *Enzyklopädie* vergleicht, die etwa zeitgleich erschien, erkennt man die große zivilisatorische Kluft. Ich glaube, Chmielowski hatte noch nicht einmal davon gehört, dass man Dinge alphabetisch ordnen kann. Polnische Literarhistoriker bezeichnen ihn als einen Narren, einen Idioten, der gegen Windmühlen kämpfte. Sein Wissensdurst und sein kompliziertes, halb korrektes Weltbild rühren mich trotzdem zutiefst.

Auf ähnliche Weise fühlte ich mich in *Empusion* zu Emerentia hingezogen, einer Figur, die ich ebenfalls als prophetisch empfinde. Sie hat einen kurzen Auftritt in Thomas Manns *Zauberberg*, als ältere Kellnerin, die vom betrunkenen Mynheer Peeperkorn lallend bevormundet wird. Ich habe den *Zauberberg* mindestens sechsmal gelesen, und jedes Mal war es für mich ein anderes Buch. Beim dritten oder vierten Mal fand ich es enorm witzig und ärgerte mich über mein jüngeres Ich, das den Roman so ernst genommen und Diagramme mit Naphtas und Settembrinis Ansichten gezeichnet hatte. Emerentia fiel mir erst später auf. Woher kam diese Figur? Ich stellte Nachforschungen an und erfuhr, dass Emerentia ein äußerst seltener Name ist. In den Apokryphen ist sie die Urgroßmutter von Jesus. Legenden über die heilige Emerentia gibt es unter anderem in Bayern. Auf manchen Ikonenbildern breitet sie ihre Arme aus und legt ihren Mantel schützend um die Heilige Anna, die Jungfrau Maria und Christus – eine hässliche alte weise Frau, die eine unkonventionelle, weil gynozentrische Heilige Familie umarmt. Ich bin davon überzeugt, dass sie eine verdrängte heidnische Gottheit ist, Überbleibsel einer verlorenen matriarchalischen Welt, die das Fundament unserer modernen Welt bildet und hin und wieder schaut, was wir so treiben. Hat Thomas Mann, ein Frauenfeind, aber auch ein sehr gelehrter, verschlossener schwuler Mann, sie bewusst in seine Erzählung aufgenommen? Hat er Emerentia vielleicht auf

einem bayrischen Ikonenbild entdeckt? Oder hat er, un-
gewollt, das kollektive Unbewusste des Patriarchats durch
sich sprechen lassen?

**Sprechen in Ihren Romanen manchmal Menschen durch
Sie?**

Ich will Ihnen eine Geschichte erzählen. Als wir schon eine
Weile in diesem Haus wohnten, hörten wir, dass es von
einem deutschen Ehepaar gebaut worden war, Herrn und
Frau Franz. Nach dem Zweiten Weltkrieg mussten sie flie-
hen und das Haus aufgeben. Drehen Sie sich um – auf dem
Kaminsims steht ein Bild der beiden. Woher ich das Foto
habe? Als ich *Taghaus, Nachthaus* schrieb, meine Hom-
mage auf das Haus hier und den Talkessel, erfand ich eine
Figur namens Marta, eine alte Frau, die in einer verschlisse-
nen Strickjacke herumläuft – sie wurde meine Haupterzäh-
lerin, eine Art Geist des Tals, der alle Handlungsfäden in
Händen hielt. Bei einer Lesung in Deutschland einige Jahre
später sprachen mich die Enkelkinder der Eheleute Franz
an. Wir wurden Freunde, und sie besuchten mich hier. Sie
hatten Familienfotos mitgebracht. Als ich eines der Bilder
sah – ein Porträt ihrer Großmutter, einer älteren Frau in
einer ausgeleierten Strickjacke, die genauso aussah wie die
in meinem Roman, bis hin zu den Knopflöchern –, bekam
ich eine Gänsehaut. Ich fragte sie, wer das sei, und sie ant-
worteten: »Marta«. Seitdem denke ich, dass diese Leute immer noch hier sind.

Aus dem Englischen von Cornelia Künne

Olga Tokarczuk, The Art of Fiction No. 258,
The Paris Review, 243 / Frühling 2023.